익숙한 약물 이야기

술, 담배, 카페인, 의약품

익숙한 약물 이야기

마쓰모토 도시히코 지음 | 오시연 옮김

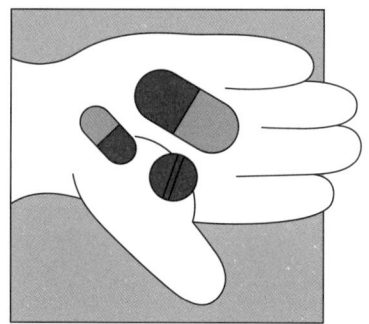

시그마북스

차례

1장 가장 해로운 약물은 무엇인가?   9
가장 큰 규모의 해악을 초래하는 약물   10
기호품과 문화   11
세계로 퍼진 약물 문화와 '사이코액티브' 혁명   12
미국이 겪은 두 번의 오피오이드 위기   14
일본의 의약품 남용 및 의존   16
의약품 남용의 배경   19

2장 알코올(1) '스트롱계 츄하이'라는 괴물   23
스트롱계 츄하이에 대한 경고   24
스트롱계란 무엇인가?   26
스트롱계 츄하이가 위험한 이유   30
스트롱계 츄하이가 사랑받는 이유   32
알코올로 인한 건강 피해   34
알코올이 초래하는 타인과 사회에 대한 위해성   35

3장 알코올(2) 인류와 알코올의 싸움   41
이성을 마비시키는 음료   42
진과의 싸움 - 진 크레이즈와 진 규제   43
미국의 알코올 규제   46
다른 나라들의 알코올 규제   50
알코올 규제가 어려운 이유   56

4장 알코올(3) 인간은 왜 술을 마시는가?   59

생존을 위한 알코올   60
알코올로 모이고 연결되는 사람들   63
어떤 사람이 과음을 하는가   68
알코올 문제의 배경에 있는 것들   74

5장 카페인(1) 독이자 양생약, 그리고 최음제   77

부자연스러운 약물   78
이상하게도 비난받지 않는 의존성 약물   78
카페인의 약리학   80
에너지드링크를 둘러싼 문제   87
독이면서도 몸에 좋은 약   91
최음제로서의 카페인   93

6장 카페인(2) 인류와 카페인의 역사   97

유럽에 '근대'를 가져온 약물   98
카페인의 기원과 인류와의 만남   99
카페인에 대한 사회의 반응   106
카페인이 초래한 비극   113
사람이 모일 수 있는 장소를 만드는 약물   117

7장 일반의약품
셀프 메디케이션은 국민 건강을 증진시켰는가? 121

일반의약품의 남용과 의존 실태 122
젊은이들이 일반의약품에 접근하게 된 이유 124
일반의약품은 정말 안전한가? 129
'남용 우려 의약품' 지정을 둘러싼 여러 문제 132
'물건'의 관리 및 규제뿐 아니라 고통받는 '사람'도 지원해야 137
'절대 안 돼'는 이제 그만 141

8장 처방약
의료 접근성 향상이 만들어 낸 의존증 145

선택적으로 잊히는 약물 피해 146
수면제·항불안제 의존증이란? 147
수면제·항불안제 의존증 주변 154
벤조디아제핀이 이토록 문제가 된 이유 156
대책의 공과와 정신의학과 의료의 과제 160
정말로 해결해야 하는 것은 '불안'인가? 165

9장 담배(1) 두 대륙을 이어 준
이교도의 신성한 도구 169

최근 들어 입지가 좁아진 약물 170
담배의 약리 작용, 유해성, 의존성 171
담배의 기원과 문화적 의미 175
담배에 대한 탄압과 저항 179
담배 혐오의 밑바탕에 깔린 차별 의식 187

10장 담배(2) 사회를 분열시키는 둡 스틱   191

사람을 게으른 바보로 만드는 약물?   192
사회 시스템에 의한 담배 의존증 확대   193
담배의 쇠퇴   200
건강 파시즘의 폭주인가?   204
공중보건 정책은 현대의 '이단 심문관'인가?   209

11장 좋은 약물과 나쁜 약물의 차이   215

빅 쓰리와 리틀 쓰리   216
약물을 사용하는 인류   217
'익숙한 약물'과 '익숙하지 않은 약물'의 차이점   218
대마가 불법이 된 이유   222
국제적 흐름의 대전환   226
'좋은 약물'도 '나쁜 약물'도 없다   230

마치며   234

1장

가장 해로운
약물은 무엇인가?

가장 큰 규모의 해악을 초래하는 약물

배우나 뮤지션, 혹은 명문대 학생 등 사회적으로 주목받는 사람들이 불법 약물로 체포되면 TV 뉴스와 인터넷은 며칠이고 그 소식을 대문짝만하게 다룬다. 그럴 때는 '젊은이들 사이에 약물 오염 확산', '대마 만연, 범죄자 급증'이라는 자극적인 문구가 빠지지 않는다. 이런 보도를 접하다 보면 사람들은 대마나 각성제가 현재 가장 시급한 약물 문제라고 인식하게 된다. 하지만 과연 그 인식이 옳다고 할 수 있을까?

미국의 중독 전문 의사이자 그 자신도 심각한 알코올, 약물 중독자였던 칼 에릭 피셔는 저서 『중독의 역사-우리는 왜 빠져들고, 어떻게 회복해 왔을까』에서 이렇게 말한다.[1]

"의존증을 포함해 규모 면에서 가장 심각한 약물 피해는 거의 언제나 합법적인 제품으로 인해 발생한다는 사실이 반복적으로, 그리고 '선택적으로' 잊히고 있다."

마약과 중독의 역사 연구의 권위자인 데이비드 T. 코트라이트도 저서 『중독의 시대-나쁜 습관은 어떻게 거대한 사업이 되었는가?』에서 비슷한 견해를 밝히고 있다. 그는 인류에게 가장 큰 건강상의 피해를 초래한 약물로 알코올, 담배, 카페인을 꼽으며 이를 '빅 쓰리big three'라고 명명했다. 한편 빅 쓰리만큼 심각한 문제를 일으키지 않는데도 오히려 엄격한 규제 대상이 되어 온 약물로 아편(오피오이드계), 대마, 코카를 들며 이를 '리틀 쓰리little three'라고 불렀다.[2]

요컨대 사회는 피셔의 표현처럼 빅 쓰리가 초래하는 건강상의 피해를 '반복적으로, 그리고 선택적으로' 망각하고 리틀 쓰리야말로 가장 먼저 해결해야 할 사회의 중요 과제인 양 부풀려 선전했다. 그 결과 리틀 쓰리 사용자들에 대한 인권 침해적 엄벌주의 정책을 용인해 온 역사가 존재한다.

기호품과 문화

놀랍게도 약물의 합법과 불법을 가르는 명확한 의학적 기준은 존재하지 않는다. 오히려 그 약물이 문화적으로 주류에 속하는지, 세금이나 대기업의 이해관계와 얽혀 있는지, 혹은 권력층이 선호하는지와 같은 사회·정치적 요인이 훨씬 더 큰 영향을 미친다.

이 책에서 말하는 약물에 대해 내 나름의 정의를 내려 보자면, 약물이란 뇌에 작용해 정신 활동에 영향을 미치는 모든 화학물질을 의미한다. 약물은 기분을 북돋우거나 마음을 안정시키는 등 '기분을 변화시키는' 효과를 가지며, 일부는 의식 상태를 변화시켜 우리에게 '비일상적 체험'을 선사하기도 한다.

이런 물질은 원래 자연 속 다양한 식물에 존재하므로 선조들은 우연히 그런 효과를 지닌 식물을 발견했을 것이다. 그들은 발견 단계에 머무르지 않고 그런 식물을 수집하고 재배하며, 나아가 유효 성분을 추출·정제하고 인공적으로 합성해 다양한 약물을 개발했다. 그렇게 만들어진 약물은 질병 치료와 종교 의식에 쓰였을 뿐만 아니라 단순히 도취감이나 기분이 붕 뜬 상태, 이른바 '하이high'를 즐기기 위한 수단으로도 활용되었다. 이런 점에서 인간은 '약물을 사용하는 존재', 즉 호모 메디카멘토라 불러도 좋을 만큼 약물과 긴밀히 얽혀 살아왔다. 본래 '호모 메디카멘토'는 약사라는 뜻으로, 과거에는 의사와 약사의 역할을 수행했던 이들을 지칭하기도 했다.

도취감이나 '하이'를 경험하기 위한 약물만 살펴봐도 세계 각지의 다양한 민족과 지역, 문화권에는 생활습관 속에 자리 잡은 저마다의 '선호 약물'이 존재한다. 곡물 수확량이 풍부한 유라시아 대륙, 특히 유럽 문화권에서 가장 오랫동안 사랑받아 온 약물은 단연 알코올이다. 특히 기독교 문화권에서는 와인이 '예수 그리스도의 피'로 상징되며 특별한 의미를 지닌다.

반면 종교적 이유로 알코올을 금하는 이슬람권과 힌두교권에서는 대마가 기호품으로 사용되었다. 북아프리카와 중동에서는 커피, 중국에서는 차, 남북아메리카 대륙의 원주민 사회에서는 담배, 남미에서는 코카가 선호되었다. 참고로 아메리카 원주민들은 종교 의식에서 페요테(선인장에서 추출한 환각제) 같은 환각성 약물을 사용했다. 일부 부족은 성인식 때 부족의 장로에게 '올바른 페요테 사용법'을 배우는 전통을 이어 왔다.

세계로 퍼진 약물 문화와 '사이코액티브' 혁명

콜럼버스가 신대륙을 발견하고 대항해시대가 열리면서 지역마다 독특하게 자리 잡았던 약물 문화가 단숨에 전 세계로 퍼지기 시작했다. 이 시기 유럽인들은 코트라이트가 언급한 '사이코액티브(정신 작용) 혁명'을 몸소 경험하게 된다.[2] 남미에서 카페인과 카카오(카카오에도 소량의 카페인이 들어 있다), 아메리카 대륙에서 담배, 중동에서 커피, 중국에서 차가 유입되면서 알코올 외에는 별다른 기호품에 노출되지 않았던 유럽인들은 이 새로운 자극에 열광했다.

식민지 정책과 노예 노동은 이 새로운 정신 작용 물질의 생산 능력을 단숨에 끌어올렸다. 동시에 논란은 있지만 의존성이 높은 물질로 분류되는 '설탕'이 식민지 노예 노동에 힘입어 대량 생산되면서 사람들의 새로운 정신 작용 물질 소비를 부채질했다. 원래는 쓴맛이 강해 접근성이 떨어졌던 커피, 차, 카카오, 담배에 설탕이 첨가되면서 복합적이면서도 부드러운 풍미가 생겼기 때문이다(의외로 잘 알려지지 않았지만 담배에도 풍미를 살리기 위해 설탕이 들어갔다). 제국주의 국가 대부분은 식민지에서 생산한 차, 커피, 담배와 같은 약물과 약물이라 부르기에는 다소 애매하지만 '약물 소비의 촉매제'라 할 수 있는 설탕을 본국으로 들여오거나 다른 나라에 수출함으로써 막대한 이익을 거두었다.

이런 약물이 사람들의 생활에 깊숙이 스며들면 이후에는 자연스럽게 소비가 가속된다. 이 기호품들은 서로의 약리 작용을 상쇄하면서 각각의 소비량을 늘리는 효과가 있기 때문이다. 커피나 차, 카카오(초콜릿)에 설탕을 넣으면 카페인 소비가 늘고, 담배는 카페인의 대사를 촉진해 이 역시 카페인 소비를 더욱 부추긴다. 또 카페인 과다로 각성한 뇌를 진정시키고 잠들기 위해 많은 양의 알코올을 섭취하고, 다음 날 아침에는 숙취로 멍한 뇌를 깨우기 위해 다시 카페인을 찾게 된다. 말 그대로 '가만히 있어도 돈이 쏟아지는' 중독 비즈니스 구조다.

대표적인 사례가 영국이다. 19세기 전반 영국은 본국에서의 차 수요를 충당하기 위해 중국에 아편을 팔아넘겼고, 변제하지 못해 쌓인 차 구매 대금을 상쇄했다. 이런 맥락에서 보면, 아편전쟁의 본질은 아편 자체보다는 차에 함유된 카페인의 위험성과 연관되어 있었다. 담배도 마찬가지다. 영국은 북미 아메리칸 인디언에게서 담배를 사들이는 동시에 술을 팔았고, 그들이 취한 틈을 타 토지를 강탈했다. 그뿐만이 아니었다. 제국주의 시대 열강들은 이런 약물 무역에 세금을 부과해 거둬들인 자금으로 군사력을 강화하고, 세계 각지의 식민지 지배를 더욱 확장했다.

이렇게 보았을 때 약물에 대한 엄벌 정책을 주장하는 권력자들이 종종 입에 올리는 '마약과의 전쟁'은 결국 인류와 약물의 전쟁이 아니라 약물 간의 전쟁, 보다 정확히 말하자면 민족권·문화권 간의 갈등에 더 가깝다는 것을 알 수 있다. 그리고 적어도 지금까지 이 전쟁의 승자는 대부분 알코올이었다. 알코올이 가장 해가 적어서가 아니라 단지 가장 많은 사람이 애용했기 때문이었다(알코올이 초래하는 건강상의 피해나 사회적 폐해에 대해서는 앞으로 이 책에서 자세히 다룰 예정이다).

미국이 겪은 두 번의 오피오이드 위기

피셔가 말한 '최대 규모의 약물 피해를 일으키는 합법적인 제품'이라는 관점에서 본다면 단순히 기호품만을 문제 삼는 것으로는 충분하지 않다. 불법 약물의 대척점에 있는, 일반적으로 '좋은 약'으로 여겨지는 처방약이나 일반의약품 또한 예외가 될 수 없다. 의약품에 대한 의존성 문제를 깊이 들여다볼수록 우리는 '의존'이라는 현상의 본질에 한층 가까이 다가갈 수 있다.

이미 알고 있는 사람도 있겠지만 지난 20여 년간 미국은 전례 없는 오피오이드 위기에 직면해 왔다. 오피오이드란 양귀비 열매에서 추출한 아편과 그 정제 성분, 그리고 인공적으로 합성된 유사 물질을 통칭한다. 여기에는 헤로인 같은 불법 약물뿐 아니라 의료기관에서 진통제로 처방되는 옥시코돈이나 펜타닐 같은 합성 오피오이드도 포함된다. 중요한 사실은 이 위기의 발단이 불법 약물이 아니라 합법적인 의약품이었다는 점이다.

위기는 진통제인 옥시코돈의 부적절한 사용에서 시작되었다. 이후 옥시코돈 처방이 제한되자 오피오이드 특유의 극심한 금단 증상을 견디지 못한 이들은 불법 헤로인을 밀매상에게 구입해 증상을 가라앉히는 수밖에 없었다. 그러나 곧 헤로인보다 수십 배 강력한 의료용 마약 펜타닐이 불법 유통되면서 상황은 걷잡을 수 없이 악화되었다. 특히 펜타닐은 벤조디아제핀 등의 불순물이 섞인 경우가 많아 위험성이 높고, 과다 복용으로 인한 사망자가 지금도 끊임없이 발생하고 있다.

오피오이드 위기의 직접적인 원인은 제약사가 안전성을 과장하며 부정확하게 홍보한 데 있다고 지적된다. 물론 제약사의 홍보를 무비판적으로 받아들이고 오피오이드 진통제를 쉽게 처방한 의사들, 그리고 만성 통증 환자를 심리적 돌봄 대신 약물 치료에 의존하도록 만든 미국의 의료보험 제도에도 일정 부분 책임이 있을 것이다.

하지만 제약사나 의료 시스템만 탓해서는 문제를 근본적으로 해결할 수 없다. 이제는 오피오이드에 빠진 사람들이 왜 그토록 약물에 의존할 수밖에 없었는지, 그들의 상황을 진지하게 들여다봐야 한다.

오피오이드 위기는 미국 중서부, 특히 오대호 주변의 이른바 '러스트 벨트(쇠락한 공업지대)'에서 시작되었으며, 현재도 남용 문제가 가장 심각한 곳으로 꼽힌다. 한때 미국 제조업의 심장이었던 이 지역은 1980년대 후반 미·중 무역 적자 심화로 공장들이 문을 닫으면서 대량 실업과 생활고에 직면했다. 1990년대 들어서는 중장년 남성의 자살이 급증했고, 이 시기와 맞물려 오피오이드 위기가 본격화되었다.

이러한 상황은 다음과 같이 요약할 수 있을 것이다. 러스트 벨트 주민들은 일자리를 잃고 삶이 무너진 현실 속에서 극단적인 선택을 강요받았다.

"굴욕과 절망 속에서 당장 자살할 것인가? 아니면 오피오이드로 감각을 마비시킨 채 서서히 죽음을 향해 나아갈 것인가?"

사실 미국이 오피오이드 위기를 겪은 것은 이번이 처음이 아니다. 19세기 후반 노예제를 둘러싸고 벌인 남북전쟁 이후에도 첫 번째 위기가 있었다. 미국 역사상 유일한 내전이었던 이 전쟁은 막대한 인명 피해를 낳았다. 전사자만 해도 남북 양군을 합쳐 50만 명을 훌쩍 넘었으며, 민간인을 포함하면 70~90만 명에 달한 것으로 추정된다. 오늘날까지도 미국 역사상 가장 많은 사망자를 낸 전쟁으로 기록되어 있다.

남북전쟁은 전사자 수뿐 아니라 모르핀 소비량에서도 미국 역사상 유례없는 사건이었다. 전쟁 중 부상자의 통증 치료를 위해 대량의 모르핀이 사용된 것은 사실이지만 전후에 그보다 훨씬 더 많은 양이 소비되었다는 점에 주목할 필요가 있다. 전쟁으로 가족, 연인, 친구를 잃은 민간인들이 깊은 상실감과 슬픔을 달래기 위해 모르핀을 찾았기 때문이다. 참고로 남부군 출신 약사이자 자신도 모르핀 중독에 빠졌던 존 펨버턴(1831~1888)은 중독에서 벗어나고자 여러 향신료와 코카인을 섞어 약용 음료를 만들었는데, 이것이 바로 코카콜라의 기원이다.

요약하자면 미국을 휩쓴 두 차례의 오피오이드 위기 모두 그 배경에는 극심한 심리적 고통, 즉 절망과 상실이 자리하고 있었다.

일본의 의약품 남용 및 의존

그렇다면 시선을 돌려 일본의 상황은 어떨까?

여기서 하나의 데이터를 제시하고자 한다. 내가 소속된 국립정신·신경의료연구센터 정신보건연구소 약물의존연구부에서는 전국 약 1,550곳에 달하는 병상을 보유한 정신의학과 의료기관(정신의학과 병원이나 대학병원, 혹은 입원 병동이 있는 종합병원의 정신의학과 등)을 대상으로 약물(단 알코올과 담배는 제외) 관련 정신 질환 환자의 실태를 조사하고 있다(이하 '병원 조사'로 약칭).[3]

이 조사는 1987년 이후 거의 격년으로 계속 시행되고 있으며, 일본 유일의 약물 관련 정신 질환 환자에 대한 전수조사다. 매회 조사 연도의 9월부터 10월까지 두 달간을 정점 관찰 기간으로 설정하고, 그 기간 중 외래 또는 입원 치료를 받은 모든 약물 관련 정신 질환자(의존증, 약물 유발성 정신병, 후유증 등)의 데이터를 수집한다. 최근 10년간 의료기관의 협력률은 75~80%로 높은 수준을 유지하고 있다. 이 때문에 일본의 정신의학과 의료 현장에서의 약물 문제를 반영하는 기초 자료로 자리 잡았고, 지금까지 다양한 약물 정책의 수립과 입안에 인용되어 왔다.

이제 그림 1-1을 보자. 이것은 현시점에서 가장 최근에 실시된 병원 조사, 즉 2022년 9~10월까지 두 달간 수집된 약물 관련 정신 질환 환자 데이터를 주요 남용 약물별로 분류한 원그래프다. 한눈에 알 수 있듯이 환자의 절반은 각성제를 주된 약물로 사용하고 있다. 다만 여기에는 이미 수년 전 약물 사용을 중단했지만 단약 유지나 후유증 치료를 목적으로 통원 중인 환자들도 다수 포함되어 있다.

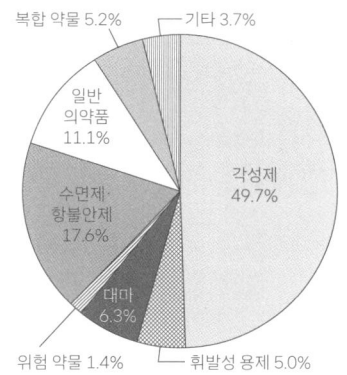

그림 1-1.
2022년 병원 조사 - 전체 2,468사례 중 주요 남용 약물의 비율

이렇듯 약물 의존 임상의 최전선은 '끊지 못하고 멈추지 못하는' 치열한 고투의 현장이다. 따라서 실제 남용 실태를 더 정확히 반영하려면 최근 1년 이내에 약물을 사용한 환자만을 기준으로 주요 남용 약물의 비율을 살펴보는 방법이 타당하다.

그 결과가 그림 1-2에 제시되어 있다. 앞서 제시한 그래프와는 확연히 다른 양상이 나타난다. 가장 많이 사용된 약물은 의료기관에서 처방되는 수면제와 항불안제로, 대부분이 벤조디아제핀 수용체 작용제(이하 '처방약')다. 그

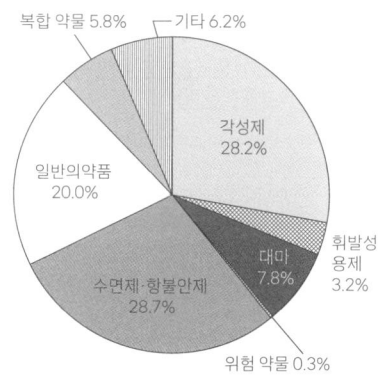

그림 1-2.
2022년 병원 조사 - 최근 1년 이내에 약물 사용이 확인된 1,036사례 중 주요 남용 약물의 비율

뒤를 근소한 차이로 각성제가 잇고 있으며, 이어 일반의약품이 뒤따른다. 처방약과 일반의약품을 합치면 전체 환자의 절반에 이른다.

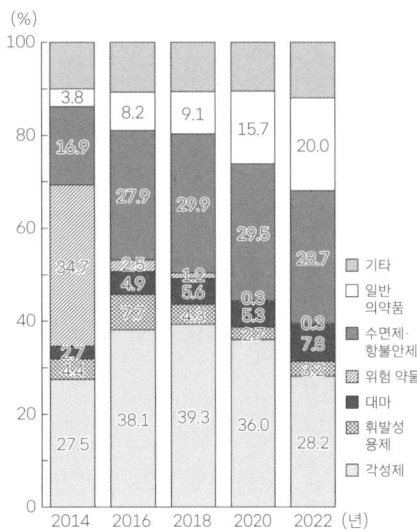

그림 1-3.
병원 조사-최근 1년 이내에 약물 사용이 확인된 사례에서 주요 남용 약물 비율의 추이

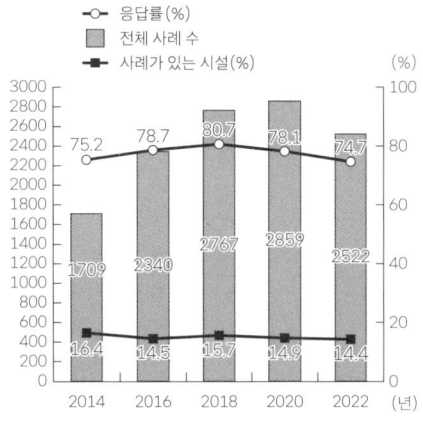

그림 1-4.
병원 조사-연도별 조사 응답률과 전체 사례 수 추이

참고로 최근 언론 보도에서 체포 사례가 자주 다뤄지며 사회적 관심이 높은 대마의 비율은 의외로 극히 낮은 편이다.

이어서 그림 1-3을 보자. 이 그래프는 2014년 이후 10년 동안 다섯 차례에 걸쳐 실시된 병원 조사 데이터를 바탕으로 최근 1년 이내에 약물 사용이 확인된 약물 관련 정신 질환자를 주요 남용 약물별로 분류해 연도별 추이를 나타낸 것이다.

2014년은 바로 법 규제의 그물망을 교묘히 피해 간 탈법적 약물, 즉 '위험 약물' 남용이 정점에 달했던 시기였다. 당시 그래프에서도 위험 약물이 가장 큰 비중을 차지했다. 그러나 2014년 11월 말 약사법이 개정되어 '의심스러운 제품'을 판매하는 점포에 대해 검사 명령이나 판매정지 명령을 내릴 수 있게 되었다. 이로 인해 실질적인 영업이 어려워진 판매점들이 잇따라 폐업하면서 위험 약물의 시중 유통은 중단되었다.

이런 과정을 거쳐 2016년 병원 조사에서는 위험 약물 관련 정신 질환이 급감했다. 그러나 전체 약물 관련 정신 질환 환자 수는 줄기는커녕 오히려 증가하는 추세를 보였다(그림 1-4). 그럴 만도 하다. 이후 병원 조사에서는 처방약이나 일반의약품을 주요 남용 약물로 삼는 환자가 해마다 늘고 있기 때문이다.

이런 경향은 정신의학과 의료 현장에만 국한되지 않는다. 응급 의료 현장에서는 이미 25년 넘게 처방약 과다 복용으로 응급실에 실려 오는 정신의학과 외래 환자들이 중요한 문제로 지적되어 왔다. 물론 위험 약물 남용이 절정에 달했을 때는 각종 신체 합병증을 동반한 환자가 급증했지만 상황이 진정된 후에는 급성 카페인 중독 환자가 늘어났다. 그리고 코로나19 팬데믹 이후에는 일반의약품 과다 복용으로 응급실에 이송되는 10대, 20대 여성 환자가 증가하면서 큰 사회문제로 부상하고 있다.

조사 결과가 시사하는 바는 분명하다. 일본에서 국민 건강에 큰 피해를 주는 것은 위험 약물이나 불법 약물이 아니라 '걸리지 않는 약물', '체포되지 않는 약물'이라는 것이다. 특히 최근 10년간의 현실을 보면 실제로 가장 큰 영향을 미친 것은 '한 번쯤 써도 인생이 망하지 않는다'라는 것을 몸소 경험할 수 있는 우리 주변의 각종 의약품이었다.

의약품 남용의 배경

실제로 일본에서 두 차례에 걸쳐 발생한 일반의약품 남용 유행을 살펴보면, 그 배경에 미국의 오피오이드 위기와 매우 유사한 양상이 드러난다.

앞서 언급했듯이 코로나19 팬데믹 이후 10대와 20대 여성을 중심으로 일반의약품의 남용, 의존, 과다 복용 문제가 정신의학과 진료와 응급 의료 현장을 바쁘게 만들고 있다. 동시에 아동·청소년 자살자 수도 큰 폭으로 증가했다. 특히 여고생의 경우, 자살자 수가 2019년 80명에서 2020년 140명으로 거의 2배 가까이 늘었으며, 현재까지도 높은 수준을 유지하고 있다.[4]

이런 사실은 젊은 여성들이 일반의약품을 권장 용량이나 본래 용도를 벗어나 사용하는 이유가 단순히 규범의식이 약해서가 아니라 자살까지 떠올릴 만큼 깊은 심리적 고통과 절망에 놓여 있기 때문임을 보여 준다.

사실 일본의 약물 남용 역사에는 과거에도 유사한 사례가 있었다. 1950년대 후반 10대를 중심으로 확산된 '수면제 놀이'가 그것이다. 당시에는 '하이미날(일반명: 메타콸론, 현재는 판매 중단되었다)' 등의 일반 수면제 남용이 유행했고, 만취 상태에서 강도·상해·절도·폭행 등의 사건이 잇따라 발생했다. 『쇼와 39년[1]판 범죄 백서』에 따르면, 당시 전국 소년 감별소 수용자의 약 10%가 일반 수면제 남용 경험이 있었던 것으로 나타났다. 또한 이 '수면제 놀이'가 유행하던 1950년대 중반은 제2차 세계대전 종전 이후 처음으로, 특히 젊은 층을 중심으로 자살이 급증했던 시기이기도 하다.

일본과 미국 양국에서 나타난 의약품 남용의 흐름에서 우리는 무엇을 배울 수 있을까? 나는 다음 두 가지를 제시하고자 한다.

첫째, 약물에는 본래 '좋은 약물'과 '나쁜 약물'이 따로 있는 것이 아니라 오직 '좋은 사용법'과 '나쁜 사용법'만이 존재한다는 점이다. 그동안의 약물 정책은 약물을 이분법적으로 나누어 '좋은 약물'의 일탈적 사용은 문제 삼지 않고, '나쁜 약물'만을 법적 규제와 형벌의 대상으로 삼아 왔다. 하지만 지금까지의 사례에서 보듯 질병으로 인한 고통을 완화하기 위한 의약품조차도 사용 방식에 따라서는 의존증을 비롯한 심각한 건강상 피해를 일으킬

---

1) 1964년

수 있다. 그런 의미에서 '절대적으로 안전한 약물'은 존재하지 않는다.

둘째, '나쁜 사용법'을 택한 사람은 어쩌면 어떤 어려움을 겪고 있을 수 있다는 점이다. 처방약이나 일반의약품의 남용과 의존은 단순한 일탈 행위로 치부할 일이 아니다. 그것은 자살을 피하기 위한 선택일 수도 있고, 일시적으로 고통을 완화하며 잠시 죽음을 유예하기 위한 수단일 수도 있다. 다시 말해 그것은 '천천히 죽음을 향해 가는 길'일 수 있다는 관점에서 이해할 필요가 있다.

이 책에서는 의존성을 지닌 약물 중에서도 우리 일상과 밀접한 기호품과 의약품에 초점을 맞춘다. 이를 통해 인류와 약물의 역사적 관계를 살피고 의존증과 같은 부적절한 사용에서 비롯되는 건강상 피해를 들여다볼 것이다.

익숙한 약물이 사실은 얼마나 위험한지 요란하게 경종을 울려 기호품과 의약품에 대한 도덕적 공포를 조장하는 것이 목적은 아니다. 이런 익숙한 약물이 일으키는 문제를 다루는 편이 법 제도의 영향을 넘어 인류와 약물의 관계와 의존증의 본질에 더 가까이 다가갈 수 있다고 믿기 때문이다.

조금 긴 여정이 되겠지만 끝까지 함께해 주기를 바란다.

참고 문헌

1. 칼 에릭 피셔 지음, 조행복 옮김, 『중독의 역사-우리는 왜 빠져들고, 어떻게 회복해 왔을까』, 열린책들, 2024
2. 데이비드 T. 코트라이트 지음, 이시은 옮김, 『중독의 시대-나쁜 습관은 어떻게 거대한 사업이 되었는가?』, 커넥팅, 2020
3. 국립연구개발법인 국립정신·신경의료연구센터 정신보건연구소 약물의존연구부, 「전국 정신과 의료기관에서의 약물 관련 정신 질환 실태 조사」
4. 일본 후생노동성, 「자살 통계-지역별 자살에 대한 기초 자료」

2장

알코올(1)
'스트롱계 츄하이'라는 괴물

스트롱계 츄하이에 대한 경고

2019년 섣달그믐 밤, 즉 코로나19 팬데믹 직전의 일이었다. 인터넷 서핑을 하다가 우연히 눈에 들어온 한 기사에 시선을 빼앗겼다. '스트롱계 츄하이의 뒷이야기. 국가의 횡포에 주류 제조업체 폭발'[1]이라는 제목으로 소개된 일본의 주세 제도를 비판하는 내용으로, 요지는 다음과 같았다.

일본에서는 맥주의 알코올 도수가 비교적 낮음에도 불구하고 세율이 높다. 이를 피하고자 값싼 '발포주'가 등장했지만 이 발포주가 인기를 끌자 정부는 다시 이 술에도 높은 세금을 부과했다. 이런 '세수 확보를 최우선'으로 한 끝없는 술래잡기식 규제는 주류 제조업체를 벼랑 끝으로 몰아붙였고, 그 결과 주스처럼 마시기 쉬운 고농도 합성 알코올음료가 등장했다. 무섭도록 저렴한 괴물 같은 음료, 이른바 스트롱계 츄하이의 탄생이었다.

순간 무릎을 탁 쳤다. "아, 그런 배경이 있었던 거구나."

나는 이미 진료실에서 수많은 '스트롱계 츄하이'(이하 스트롱계) 피해자들을 만났다. 이러한 피해는 술 특유의 쓴맛이나 강한 풍미를 싫어하고 아직 음주 습관이 제대로 형성되지 않은, 다시 말해 '술 마시는 법을 모르는' 젊은 층에서 주로 발생했다.

그들은 "톡 쏘는 맛이 있어서 마시기 쉬워요"라며 스트롱계를 연달아 2캔, 3캔씩 마신다. 그러고는 예기치 못한 깊은 만취 상태에 빠져 이성을 잃는다. 유흥가에서 건장한 남성과 시비가 붙어 싸움을 벌이기도 하고, 연인과 다투다 "죽어버릴 거야!"라며 베란다에서 소란을 피우거나 심지어 반나체로 길거리에서 정신을 잃고 아침을 맞이하기도 했다.

그런 이야기를 들을 때마다 어설픈 불법 약물보다 이 음료가 훨씬 더 위험한 게 아닌가 하는 생각이 들곤 했다. 실제로 어떤 환자는 이렇게 단언했다.

"그거 진짜 위험해요. '마시는 위험 약물'이에요."

그런데도 편의점에서는 이런 종류의 알코올음료가 진열대의 상당 부분을 차지하며 마치 위세를 과시하는 병사처럼 줄지어 놓여 있었다.

"이번 기회에 스트롱계의 위험성을 더 많은 사람에게 알려야겠다."

그렇게 생각한 나는 해당 기사를 내 페이스북에 공유했다. 다음과 같은 문장으로 시작하는 의견을 덧붙여서 말이다.

"스트롱 제로는 위험 약물로 간주해 규제해야 한다.…"

놀랍게도 글을 올리자마자 수많은 사람이 내 타임라인을 찾아와 끊임없이 '좋아요'를 눌렀다. 그 수는 지금껏 본 적이 없을 정도로 순식간에 불어나 게시물이 낯선 이들에 의해 계속 공유되었다. 올린 지 1시간 남짓 만에 '좋아요' 수는 네 자릿수에 육박했다.

"이게 혹시 말로만 듣던 '버즈'라는 현상인가…?"

나는 멍하니 컴퓨터 화면을 바라보다가 문득 두려운 마음이 들어 화면을 닫아버렸다.

완전히 예상 밖이었다. 며칠 뒤 지인에게 들은 바에 따르면, 내 게시물은 '캡처'되어 이미지(그림 2-1) 형태로 트위

그림 2-1.
필자의 페이스북 게시글(2019년 12월 31일)

터(현 X)에 빠르게 퍼졌고, 그 움직임은 설 연휴가 끝날 때까지 멈추지 않았다고 한다. 실제로 연휴가 끝나고 직장에 출근하자 각종 언론 매체의 취재

요청으로 연구실 전화가 쉴 새 없이 울렸다.

 그때 나는 적잖이 당황했다. 특정 상품명을 언급한 탓에 혹시 기업에서 항의하지는 않을지, 아니면 비방이나 명예훼손으로 고소당하지는 않을지 불안했기 때문이다(덧붙이자면 이 책을 집필 중인 현재 시점에서 그 사건은 이미 5년 이상 지난 일이고, 아직까지 소송은 없었다. 주류 제조업체의 관대함에 감사드린다).

 돌이켜 생각해 보면 그 게시물이 이례적으로 큰 반향을 일으킨 이유는 이미 많은 이가 어렴풋이 같은 위기감을 느끼고 있었기 때문일지도 모른다.

스트롱계란 무엇인가?

스트롱계에 익숙하지 않은 독자를 위해 간단히 설명해 두겠다. '스트롱계' 또는 '스트롱계 츄하이'란 명확한 정의가 있는 용어는 아니지만 대체로 알코올 도수 7~9%의 증류주(실제로는 청주가 아닌 여러 차례 증류한 클리어 보드카)를 베이스로 한 탄산 알코올음료를 가리킨다.

 '스트롱'이라는 명칭은 원래 특정 브랜드 제품명에서 유래했다. 해당 제품이 슈퍼마켓과 편의점에서 선풍적인 인기를 얻자 다른 제조사들도 잇따라 유사한 상품을 출시했고, 지금은 유사 제품군 전체를 통칭하는 일반 명사처럼 쓰이고 있다.

 2017년 말, SNS에서는 '#스트롱제로문학'이라는 해시태그가 갑자기 등장해 화제를 모았다. 수많은 이용자가 '스트롱계가 어울리는 풍경'을 문학 패러디 형식으로 표현하며 트윗하기 시작했고, NHK 보도 프로그램 <뉴스 워치9>에서 다뤄질 만큼 사회적 반향을 일으켰다.

 이른바 '스트롱제로문학'의 대부분은 스트롱계를 과음하는 자신의 모습을 자조적으로 묘사한다. 화려한 파티가 아니라 혼자 술에 취하려 마시는 외로운 밤의 풍경이 주된 소재다. 그 가운데에는 맛깔난 표현들이 간간이 눈에 띈다. 예컨대 스트롱계를 두고 '마시는 복지', '빈자의 마약', '허무의 술', '고독을 베개 삼아 마시는 술'이라 부르는 식의 비유는 해학과 자조가 절묘하게 어우러진다.

심야의 고요 속 한 손에는 스트롱계 롱캔, 다른 한 손에는 스마트폰을 들고 이런 문장을 트윗하는 모습은 어쩌면 '술 한 말 마시면 시 백 편을 짓는다'던 이백의 풍류와 일맥상통하는 부분이 있을지도 모른다.

그러나 SNS 속 풍경과 달리 내가 임상 현장에서 마주하는 스트롱계 애호 환자들은 이상하게도 젊은 여성이 많다. 다이어트 중인 사람에게도 부담 없는 '당질·푸린 제로'라는 광고 문구 때문일까? 정확한 이유는 알 수 없다. 다만 그들 대부분은 연인의 정서적 학대나 직장 상사의 갑질·성희롱에 시달리고 있었고, 그런 고된 일상과 타협하거나 때때로 밀려오는 괴로운 감정을 달래기 위해 스트롱계를 찾았다. 그 모습은 마치 뇌를 마비시켜 인위적으로 무통 상태를 만들어 내는 값싼 마취제를 연상시킨다. 이러한 스트롱계의 음용 방식은 소설가 가네하라 히토미가 2019년에 발표한 단편소설 「스트롱 제로」[2]에서도 절묘하게 묘사되었다.

"아침에 일어나자마자 스트롱(스트롱계 츄하이)을 한 캔 비운다. 화장을 하면서 두 번째 스트롱을 즐긴다.… 점심은 편의점에서 대충 때우거나 세나 다른 동료들과 구내식당을 가거나 외식을 하며, 식사 중 또는 돌아가기 전에 맥주나 스트롱을 마신다."

"출근하기 전에 스트롱을 하나 더 마시려고 편의점에 들렀다가 깨달았다. 냉동 코너에 놓인 아이스커피용 얼음컵에 스트롱을 부으면 회사에서도 당당히 술을 마실 수 있다는 것을. 이런 획기적인 아이디어를 떠올리다니, 난 좀 대단해."

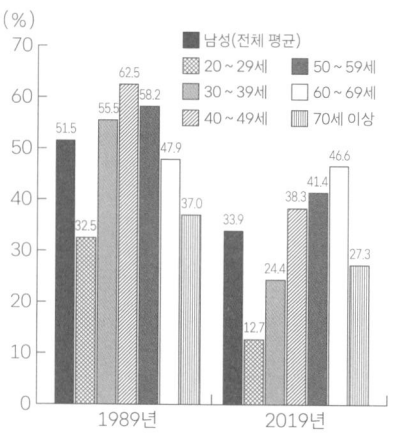

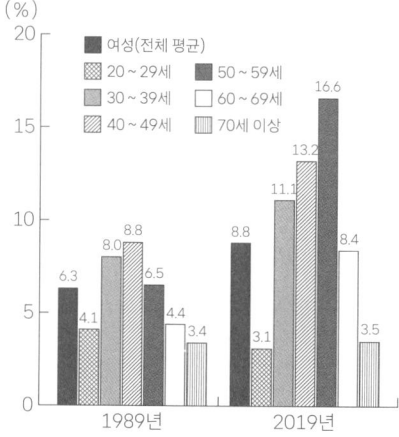

위: 그림 2-2.
연령대별 음주 습관 비율
(남성, 1989년/2019년)

아래: 그림 2-3.
연령대별 음주 습관 비율
(여성, 1989년/2019년)

(모두 일본 후생노동성 e-헬스넷
「일본의 음주 패턴과 알코올 관련 문제의 변화」)

명백히 알코올 의존증 환자에게서 나타나는 전형적인 음주 패턴이다. 이 사례에서도 스트롱계는 누군가와 즐거운 한때를 공유하기 위한 기호품이 아니라 고통스러운 현실과 감정을 견디고 인생을 무감각하게 만들기 위한 '약'처럼 묘사된다. 물론 스트롱계 주류를 즐기는 모든 여성이 이런 식으로 마시지는 않을 것이다. 하지만 그 배경이나 동기를 떠나 스트롱계가 여성 소비자층을 성공적으로 확보했다는 사실은 부인하기 어렵다.

최근 고령화의 영향으로 '습관적 음주자'는 해마다 감소하고 있으며, 이에 따라 국민 전체의 알코올 소비량도 줄어드는 추세다. 일본 후생노동성에 따르면, 성인 1인당 알코올 소비량은 1992년 101.8리터로 정점을 찍은 후 완만하게 줄어 2019년에는 78.2리터까지 감소했다.

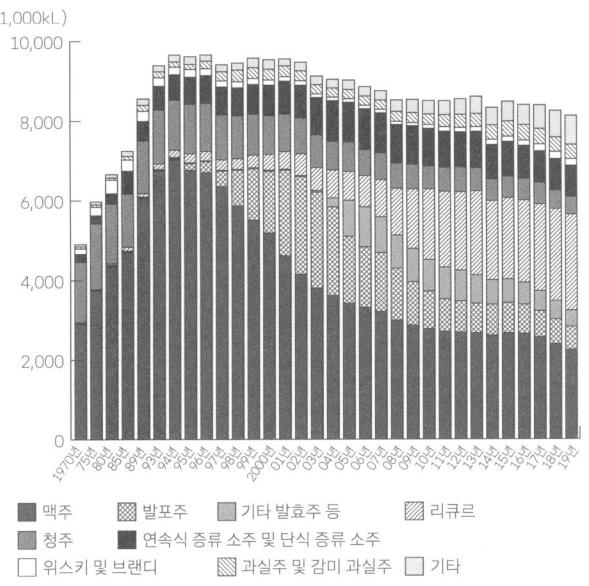

그림 2-4.
주류 판매량 추이
(일본 국세청 과세부
주세과 「술의 안내서
(2021년 3월)」)

그러나 실제 음주 행태를 보면, 오히려 양극화가 진행되고 있다. 젊은 남성층에서 음주를 기피하는 경향이 뚜렷해지면서 습관적 음주자의 수는 줄고 있는 반면(그림 2-2), 여성의 습관적 음주는 거의 전 연령대에서 증가세를 보이고 있기 때문이다(그림 2-3). 이와 맞물려 여성 음주자의 증가에 따라 맥주 판매량은 눈에 띄게 감소하고, 반대로 리큐르류(스트롱계 주류가 여기에 속한다)의 판매량이 증가하고 있다(그림 2-4).

이 변화는 내 주변에서도 실감할 수 있다. 요즘 회식이나 식사 자리에서 건배용 첫 잔을 주문하는 일이 예전보다 훨씬 복잡해졌다. 나처럼 1990년 이전에 태어난 세대는 물어볼 필요도 없이 "우선 맥주로!"라며 인원수만큼 주문하곤 했지만 요즘은 그렇게 할 수가 없다. 젊은 세대, 특히 여성들 사이에서 '맥주는 쓰다'라며 기피하는 사람이 늘었기 때문이다. 그런 점에서 스트롱계는 실로 그들의 니즈에 부합하는 알코올음료라고 할 수 있다.

스트롱계 츄하이가 위험한 이유

여기서 스트롱계 주류가 왜 위험한지 생각해 보자. 가장 먼저 꼽아야 할 이유는 역시 높은 알코올 도수다. 하지만 이는 단순히 처음부터 강했던 것이 아니라 발매 이후의 '마이너 체인지(소폭 변경)' 과정을 거치며 형성된 결과라는 점을 주목할 필요가 있다.

스트롱계의 인기를 이끈 제품은 산토리의 '스트롱 제로'였다. 그러나 2009년 출시 당시만 해도 이 제품은 '무엇이 어떻게 스트롱하다는 건지' 모호한, 이름값을 못하는 술이었다. 당시 알코올 도수는 8%였고, 이미 1984년에 출시된 타카라주조의 '타카라 can 츄하이'와 동일한 수준이었다. 또한 해당 제품이 채택한 '동결분쇄법(과일을 통째로 냉동시킨 뒤 보드카에 섞을 때 분쇄해 신선한 과일 향을 살리는 방식)'도 새로운 기술은 아니었다. 기린은 2001년 '효케츠('빙결'이라는 뜻)'라는 제품에 과즙을 짜자마자 냉동하는 유사한 방식을 이미 도입했고, 당시 도수는 7%(현재는 4~5%)였다.

임상 현장에서 스트롱계로 인한 피해가 본격적으로 눈에 띄기 시작한 시기는 2010년대 초반, 일본 전역을 휩쓸었던 '위험 약물 사태'가 어느 정도 진정된 이후였다. 정확히 이 시기에 중요한 마이너 체인지가 있었다. 2014년 산토리가 '스트롱 제로 더블 레몬'의 알코올 도수를 8%에서 9%로 상향 조정한 것이다.

이렇게 말하면 '알코올 농도가 1% 올라갔을 뿐인데 취하는 데 무슨 큰 차이가 있을까?'라는 의문이 들 것이다. 애초에 9%라는 도수가 그렇게 호들갑을 떨 만한 수치인가 싶을 수도 있다. 충분히 타당한 의문이다. 맥주보다는 높지만 와인이나 사케에 비하면 훨씬 낮은 도수이기 때문이다. 그러나 우리가 주목해야 할 것은 알코올 섭취 속도다.

스트롱계 주류의 위험성은 높은 도수에 더해 청량음료처럼 빠르게 마시기 쉬운 특성에서 비롯된다. 발포성 음료가 주는 청량감과 '더블 레몬' 같은 강한 감귤 향은 알코올 특유의 쓴맛과 냄새를 감춘다. 그 결과 '술'이라는 인식 없이 음료처럼 들이키게 되는 것이다.

스트롱계는 350ml, 500ml 두 가지 용량으로 판매되지만 애호가들은 대체로 500ml 캔을 기본으로 여긴다. 더구나 이 500ml 캔을 한 번에 2~3캔씩, 맥주보다 훨씬 빠른 속도로 마시는 경우도 적지 않다. 이때 문제가 되는 것이 바로 순수 알코올 섭취량이다. 순수 알코올의 양은 다음과 같은 공식으로 계산할 수 있다.

$$\text{알코올 도수} \div 100 \times \text{음료량(ml)} \times 0.8(\text{비중})$$

이 공식을 적용하면 알코올 도수 9%의 350ml 캔에는 약 25g, 500ml 캔에는 약 36g의 순수 알코올이 들어 있다. 일반적으로 알코올로 인한 건강 피해를 최소화하려면 순수 알코올의 하루 섭취량을 20g 이하로 제한하는 것이 바람직하다.[2] 반대로 하루 60g 이상 섭취하면 일본 후생노동성이 정의한 '다량 음주자'에 해당하며, 알코올로 인한 내과 질환이나 알코올 의존증 고위험군으로 분류된다.

따라서 스트롱계를 하루 1,000ml 마시는 사람은 순수 알코올 섭취량이 72g에 달해 단숨에 다량 음주자 대열에 편입된다.

---

2) 적정 음주량은 개인의 상태와 성별에 따라 차이가 있으며, WHO는 하루 알코올 섭취량을 50g 이하(남성 40g, 여성 20g)로 권장하고 있다. 남성의 경우 소주 3잔, 여성은 소주 2잔에 해당하는 양이다.

스트롱계 츄하이가 사랑받는 이유

맛에 대한 평가는 호불호가 갈리지만 스트롱계 주류의 가장 큰 매력은 단연 가격이다. 일본 슈퍼마켓에서는 350ml 1캔이 100엔 이하, 말 그대로 '물보다 싸게' 팔리는 풍경을 어렵지 않게 볼 수 있다.

이렇게 저렴한 가격이 가능했던 배경에는 서두에서 언급한 인터넷 기사 내용, 즉 일본 특유의 '왜곡된 주세 체계'가 있다. 일본의 주세 구조는 알코올 도수가 가장 낮은 맥주에 높은 세율을 매기면서 정작 건강에 더 큰 위해를 끼칠 수 있는 고도수 와인, 일본주, 리큐르에는 어째서인지 낮은 세율을 적용한다. 담배가 '건강증진법'을 근거로 매년 세율이 인상되는 것과 비교하면 모순적이며, 전혀 다른 논리에 따른 과세라고 할 수 있다. 결과적으로 원래는 건강 피해가 상대적으로 적어 가장 서민적인 음료가 되어야 할 맥주가 오히려 비싼 사치품이 되어버렸다.

1990년대 이런 상황에 맞서 주류 제조업체들이 내놓은 대항마가 바로 '맥주 맛 발포주'였다. 즉 저가 절세 맥주였다. 하지만 이 제품이 인기를 끌게 되면서 대박을 터뜨리자 '세수 확보'라는 발상에 치우친 일본 정부는 주세법을 개정해 발포주의 가격 경쟁력을 떨어뜨려버렸다. 주류 회사의 상품 개발자들은 억울해 죽을 지경이었을 것이다. 기술력을 총동원해 저가 제품 개발에 간신히 성공했는데 정부가 세금 정책으로 사다리를 걷어찬 셈이기 때문이다.(참고로 2026년 이후에는 주류별 세율 격차가 완화되는 방향으로 조정될 예정이다.)

이런 상황에서 고육지책으로 나온 것이 바로 '스트롱계'다. 맥아를 사용하지 않은 츄하이 등과 같은 발포성 주류는 세율이 낮은 리큐르류로 분류되는데, 그중에서도 특히 세율이 낮은 것이 '알코올 도수 10% 미만' 제품이다. 이 기준에 맞춰 알코올 도수를 9% 안팎으로 설정한 '싸고 빨리 취하는'

괴물 같은 음료가 시장에 등장한 것이다.

9% 스트롱계 주류의 등장은 알코올 의존증 임상 현장의 풍경도 완전히 바꾸어 놓았다. 과거에는 중증 알코올 의존 환자들이 주로 '다이고로' 같은 값싼 연속식 증류 소주(고류 소주)를 마셨다. "나와 너 그리고 다이고로"라는 캐치프레이즈로 유명했던 다이고로는 일종의 '2인칭적 세계관'을 지닌 술이었다. 하지만 스트롱계가 그 자리를 차지하면서 알코올 의존증 환자의 대다수가 스트롱계를 애용하게 되었다.

스트롱계와 고류 소주는 두 가지 공통점을 지닌다. 하나는 값싸고 빨리 취할 수 있다는 점이다. 즉 '취함의 가성비(비용 대비 효율성)와 시간 효율(타임 퍼포먼스)'이 탁월하다. 알코올로 인해 직장을 잃고 경제적으로 궁지에 몰린 데다 잊고 싶은 일이 많은 사람이 이 술에 빠져드는 것은 어쩌면 자연스러운 일이다.

또 하나는 구역질 없이 마실 수 있다는 점이다. 알코올로 간이 손상되고 장에 부종이나 복수가 찬 상태가 되면 청주나 와인 같은 양조주는 냄새만 맡아도 속이 울렁거려 마실 수 없게 된다. 억지로 마시면 바로 토하기 일쑤다. 하지만 술을 마시지 않으면 이번엔 식은땀, 손떨림 같은 금단 증상이 찾아와 그것 또한 고통스럽다.

그런 상황에서 스트롱계 주류나 고류 소주는 예외적으로 비교적 수월하게 넘어간다. 이들 술에 들어 있는 알코올은 여러 차례 증류 과정을 거쳐 원재료의 풍미나 잡내가 거의 제거된, 일종의 '정제된 에틸알코올'에 가깝다. 마시는 감각도 약품처럼 맹렬하지만, 동시에 부드럽게 목을 타고 내려간다.

결국 이 두 술은 신체가 이미 알코올을 감당하지 못할 정도로 망가진 사람도 마실 수 있다는 점에서 역설적이게도 '죽음을 재촉하는 술', 혹은 '저승으로 가는 급행열차'라 불릴 만하다.

알코올로 인한 건강 피해

요시오카 타카시[3] 연구팀은 일본에서 스트롱계 주류를 즐겨 마시는 사람들의 특징을 조사했다. 이에 따르면 일본의 습관적 음주자 중 절반 이상이 스트롱계를 애용한 경험이 있었으며, 스트롱계를 자주 마시는 사람은 그렇지 않은 사람에 비해 위험하고 해로운 방식으로 술을 마시는, 다시 말해 문제가 있는 음주 행태를 보일 가능성이 컸다.

하지만 스트롱계 주류만을 표적으로 삼아 "스트롱계 절대 금지!"라고 외치는 것은 공정하지 않다. 스트롱계가 '취함의 가성비와 시간 효율' 면에서 탁월한 것은 사실이지만 문제의 근본 원인은 어디까지나 알코올 자체, 즉 에틸알코올에 있다. 그런 의미에서 스트롱계의 위험성은 결국 모든 알코올 음료가 지닌 본질적인 위험성과 다르지 않다.

여기서 강조하고 싶은 점은 알코올이 어떤 의미에서는 매우 해로운 약물이라는 사실이다. 물론 의존성만 놓고 보면 다른 유해 약물들도 많다. 하지만 간, 췌장, 심혈관계, 중추신경계에 미치는 의학적 손상을 고려할 때 알코올은 모든 불법 약물을 능가하는 '최악의 약물'이라 할 수 있다.

이 점은 각종 통계에서도 확인된다. 세계보건기구WHO의 『알코올과 건강에 관한 보고서 2018년 판』[4]에 따르면, 2016년 한 해 동안 전 세계에서 약 300만 명이 알코올의 유해한 사용으로 사망했다. 전체 사망자의 5.3%에 해당하는 수치다. 보고서는 알코올에 의한 사망률이 결핵, HIV/AIDS, 당뇨병보다 높으며 소화기 질환, 심혈관 질환, 암 등 감염병이 아닌 다양한 질환의 사망 원인에도 알코올이 직간접적으로 영향을 미친다고 지적한다.

알코올은 자살 행동에도 무시할 수 없는 영향을 미친다. WHO 보고서에 따르면, 알코올의 유해한 사용과 관련된 자살 사망자는 전 세계적으로 연간 약 15만 명으로 추정되며, 알코올 의존증은 우울증과 함께 자살 위험이 높은 정신 질환으로 꼽힌다.

디에고 데 레오[3]와 러셀 에반[5]은 알코올이 자살 행동에 미치는 경로를 세 가지로 설명했다.

첫째, 알코올은 기존의 정신 질환을 악화시킨다. 습관적인 과음은 우울증을 심화시키고 항우울제 등 약물 치료 효과를 떨어뜨려 치료를 더욱 어렵고 만성적으로 만든다. 둘째, 심리적·사회적 상황을 악화시킨다. 근무 중 음주, 만취 상태에서의 폭력, 음주 운전 등은 해고, 체포·수감, 이혼 등으로 이어지며, 그 결과 사회적 고립이 심화된다. 마지막으로, 알코올의 직접적인 약리 작용은 충동성을 높인다. 만취 상태에서는 충동성이 증가하고, 죽음이나 고통에 대한 두려움이 약화되어 자살 행동에 쉽게 이른다. 또한 알코올 중독은 자살자 특유의 심리 상태인 '심리적 시야 협착', 즉 이 고통에서 벗어나는 길은 죽음뿐이라는 왜곡된 인식을 더욱 강화한다. 이는 자살 행동에 대한 심리적 장벽을 무너뜨리는 요인으로 작용한다.

알코올이 초래하는 타인과 사회에 대한 위해성

알코올의 해악은 음주자 개인의 건강 피해에만 머물지 않는다. 오히려 더 심각한 문제는 타인과 사회 전체에 끼치는 폐해다. 이와 관련해 매우 흥미로운 연구가 있는데, 그 내용을 소개하기 전에 먼저 해당 연구 프로젝트를 이끈 데이비드 너트 박사를 소개하겠다.

너트 박사는 영국의 저명한 정신의학과 의사이자 정신약리학자로 한때 영국 약물남용 자문위원회 위원장을 지냈다. 그러나 그는 오래전부터 "불법 약물보다 알코올이 더 해롭다"[6]라고 주장해 왔고, 이로 인해 정부의 눈 밖

---

[3] 이탈리아 출신의 정신의학과 의사이자 학자로, 특히 자살 예방 분야의 세계적 권위자다.

에 났다. 2009년 그는 "MDMA는 승마보다 건강 피해가 적다"[7]라는 내용의 논문을 발표했는데, 이 논문은 당시 영국 내무장관의 심기를 건드렸다. 이를 계기로 약물 정책에 대한 그의 태도와 발언이 정부의 비판을 받게 되었고, 결국 위원장직에서 해임되고 말았다.

이 사건은 뜻하지 않게 약물 규제의 '어두운 이면'을 드러내는 계기가 되었다. 앞서 언급했듯이 약물이 합법이냐 불법이냐는 구분에는 의학적 근거가 없으며, 어디까지나 정치적 사정에 따라 결정된다. 그런 규제의 모순을 지적하는 연구를 하면 정부의 비위를 거스를 뿐 아니라 연구자의 지위까지 잃을 수 있다. 남용 약물에는 불법 약물은 물론 기호품과 의약품도 포함되며, 여기에는 정부의 수사·단속 기관, 알코올·담배 산업, 제약사 등 복잡한 이해관계가 얽혀 있다. 따라서 거침없는 발언은 이들을 불쾌하게 만들 가능성이 매우 크다. 여기서 굳이 너트 박사를 소개하는 데 지면을 할애한 이유는 바로 이 같은 뒷사정을 독자들에게 알려 주고 싶었기 때문이다.

다시 본론으로 돌아가자. 요직에서 물러난 이후에도 너트 박사는 위축되기는커녕 오히려 더 활발하게 연구를 이어 갔다. 그는 정부의 약물 규제가 과학적 근거 없이 자의적으로 결정되는 상황에 이의를 제기하며, 이듬해인 2010년 정부의 간섭 없이 약물의 위해성을 평가하는 단체인 '약물에 관한 독립과학평의회(ISCD, 현재는 Drug Science로 개칭)'를 설립했다. 그리고 의존증 연구자 및 전문의 등으로 구성된 평의회 멤버들과 함께 사용자 본인에 대한 건강 피해 9항목, 폭력이나 교통사고 등 타인과 사회에 대한 폐해 7항목을 포함한 총 16개 항목의 다차원적 평가 기준을 마련해 알코올과 담배를 포함한 다양한 약물의 위해성을 점수화했다. 이것이 바로 내가 '흥미롭다'라고 말했던 연구다.[8]

그 연구에서 가장 중요한 성과를 정리한 것이 그림 2-5다. 실제로 사용자에게 끼치는 위해성만 따지면 크랙 코카인, 헤로인, 메스암페타민(각성제)의

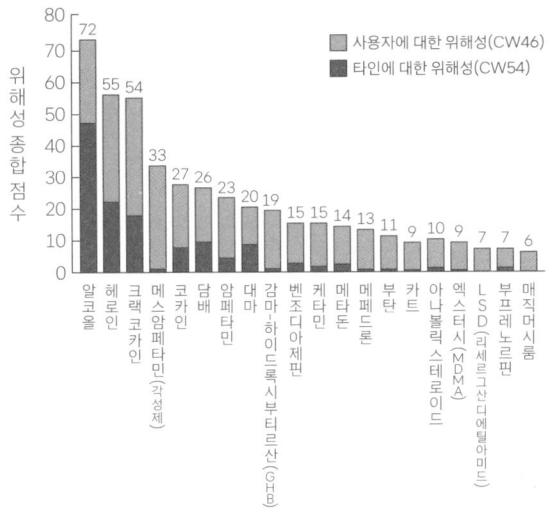

그림 2-5. 각 의존성 약물의 '사용자에 대한 위해성'과 '타인에 대한 위해성', 그 종합 점수 (Nutt, D. J., King, L. A., Phillips, L. D., 외, "Drug harms in the UK: a multicriteria decision analysis")[8]

점수가 더 높게 나타난다. 하지만 타인과 사회에 끼치는 위해성에 관해서는 알코올이 압도적으로 높다.

그리고 사용자 개인에 대한 해악과 타인 및 사회에 대한 해악을 종합적으로 고려하면, 가장 유해한 의존성 약물은 누가 봐도 알코올이라는 사실을 알 수 있다. 참고로 이 '약물 위해성 목록'은 발표된 지 15년 가까이 지난 지금도 전 세계 연구자들이 꾸준히 인용하고 있다.

말할 필요도 없이 알코올이 초래하는 타인과 사회에 대한 위해성은 심각하다. 그 폐해는 크게 두 가지로 정리할 수 있다.

하나는 음주 운전이다. 해외 연구에 따르면 음주 운전으로 적발된 사람들의 60% 이상이 알코올 의존증을 가지고 있을 가능성이 크다. 이들은 의존증 치료를 받지 않는 한, 아무리 형사 처벌을 가해도 재범을 막기 어렵다고 한다.[9]

또 하나는 폭력이다. 국제 연구의 체계적 검토에 따르면 상해 및 살인 사건의 40~60%, 강간 사건의 30~70%, 가정폭력 사건의 40~80%에서 가해

자의 알코올 만취가 관련되어 있는 것으로 나타났다.[10] 앞서 언급한 WHO 보고서에서도 알코올의 유해한 사용과 관련된 교통사고 사망자 수는 약 37만 명, 폭력으로 인한 사망자 수는 약 9만 명으로 추정된다.

이렇게 생각해 보면, 알코올이라는 이토록 해로운 약물이 왜 규제되지 않고 방치되어 왔는지 다소 의문이 들지 않는가? 아마도 알코올이 인류의 역사와 함께 오랫동안 자리 잡으며 사회 전반에 깊숙이 뿌리내려 새삼스레 규제하기 어려운 것일지도 모른다. 하지만 만약 인류가 알코올을 훨씬 뒤늦게, 좀 더 최근에 이르러서야 처음 접했다면 틀림없이 어느 나라, 어느 사회에서든 알코올은 불법 약물로 지정되어 규제 대상이 되었을 것이다.

그렇다고 해서 인류가 손 놓고 있었던 것은 아니다. 다음 장에서는 인류와 알코올의 긴 싸움, 즉 규제를 둘러싼 시행착오의 역사를 되짚어 보겠다.

참고 문헌

1 구라레, 「스트롱계 츄하이 비화. 국가의 횡포에 주류 제조업체 폭발!」 MAG2 NEWS, 2019년 10월 20일 (https://www.mag2.com/p/news/420186)

2 가네하라 히토미, 『스트롱 제로』 중 「언소셜 디스턴스」 신초문고, 2024

3 Yoshioka, T., So, R., Takayama, A., et al., "Strong chū-hai, a Japanese ready-to-drink high-alcohol-content beverage, and hazardous alcohol use: A nationwide cross-sectional study," Alcohol, Clinical and Experimental Research, 47 (2), 2023

4 WHO, "Global status report on alcohol and health 2018"(https://www.who.int/publications/i/item/9789241565639)

5 De Leo, D., Evans, R., "Chapter 10: The impact of substance abuse policies on suicide mortality," in: (De Leo, D., Evans, R.) International Suicide Rates and Prevention Strategies, Hogrefe & Huber, Cambridge, 2004

6 Nutt, D. J., King, L. A., Saulsbury, W., Blakemore, C., "Development of a rational scale to assess the harm of drugs of potential misuse," Lancet, 369(9566), 2007

7 Nutt, D. J., "Equasy: An overlooked addiction with implications for the current debate on drug harms," Journal of Psychopharmacology, 23(1), 2009

8 Nutt, D. J., King, L. A., Phillips, L. D., 외, "Drug harms in the UK: A multicriteria decision analysis," Lancet, 376(9752), 2010

9 Lapham, S. C., C'de Baca, J., McMillan, G., et al., "Accuracy of alcohol diagnosis among DWI offenders referred for screening," Drug Alcoh ol Depend, 76(2), 2004

10 Johns, A., "Substance misuse: A primary risk and a major problem of comorbidity," International Review of Psychiatry, 9(2-3), 1997

3장

알코올(2)
인류와 알코올의 싸움

이성을 마비시키는 음료

알코올은 인류가 마주한 가장 오래된 의존성 약물이지만 인류는 그 매력과 함께 위험성 또한 일찍이 눈을 떴다.

기원전 450~200년경의 변론을 모아 놓은 『전국책』에는 중국에서 알려진 술의 기원에 얽힌 전설이 기록되어 있다.[1] 중국 최초의 왕조로 전해지는 하나라(일설에는 기원전 2000~1700년경)의 시조 우왕에게 북방 이민족 출신인 의적이라는 인물이 찾아와 "곡물로 술이라는 음료를 처음 만들었으니 그것을 바치고 싶다"라고 말했다. 우왕은 술을 한 모금 맛본 뒤 그 맛과 도취감에 크게 놀랐다. 그러나 곧 정신을 가다듬고 이렇게 말했다.

"후세에는 이 맛있고 사람을 도취시키는 음료 때문에 나라를 망칠 자가 나올 것이다."

그는 이후 술을 끊고 의적을 추방했다고 한다.

한편 고대 그리스 아테네인들은 술을 '끊는' 대신 '잘 다루는' 길을 택해 음주 규칙을 정했다. 예를 들어 와인은 반드시 물로 3배 희석해서 마셔야 한다는 규정이 있었다. 이를 토대로 볼 때 당시 아테네인들이 마신 와인의 알코올 도수는 약 4% 정도였을 것으로 추정된다.[2] 아테네인들은 물을 섞지 않고 와인을 마시는 행위를 교양 없고 야만적인 풍습으로 간주했으며, 그렇게 마시면 흉포해지거나 정신이 이상해질 것이라 여겼다. 작가 톰 스탠디지에 따르면, 아테네의 철학자 플라톤은 와인을 희석하지 않고 마시는 스키타이인과 트라키아인을 가리켜 '교양이 없는 민족'이라 평했다고 한다.[2]

그런 의미에서 마케도니아의 알렉산더 대왕은 야만과 무교양의 전형이었다. 그는 밤마다 와인을 원액 그대로 마시고 만취해 쓰러지곤 했으며, 정복한 도시들을 술김에 불바다로 만들어 원한을 샀다. 뿐만 아니라 간언하는 측근을 분노로 살해하는 등 치명적인 과오를 반복했다.[3] 결국 폭음으로 인해

30대 초반이라는 젊은 나이에 세상을 떠나 끝내 대업을 완수하지 못했다.

이렇게 알코올은 인간의 이성을 흐리게 한다. 평범한 사람들은 '나라를 망칠' 정도의 영향력은 없지만 '자신의 삶을 무너뜨린' 사례는 헤아릴 수 없을 만큼 많다. 바로 이런 이유 때문에 인류는 자신을 지키기 위한 수단으로 알코올 규제를 시도해 온 것이다.

이 장에서는 알코올 규제의 역사를 살펴보겠다.

진과의 싸움-진 크레이즈와 진 규제

◦ 증류주의 발명

근대 이전에도 술로 인생을 망치는 사람들이 없었던 것은 아니지만 사회 전체적으로 보면 극히 일부에 불과했다. 맥주와 와인은 귀하고 값비싼 음료였기 때문에 정신을 잃을 만큼 만취하거나 장기에 손상을 입고 중독에 이를 정도로 매일 마실 수 있는 사람은 왕후 귀족이나 부유층에 한정되었다.

그러나 과학기술의 발전은 생산 비용을 낮추고 섭취 효율을 높이면서 인간과 약물의 관계 자체를 바꾸어 놓았다. 오피오이드의 경우 모르핀의 분리와 주사기 발명, 담배의 경우 궐련 제조 기계의 개발과 대량 생산의 실현이 그런 변화를 이끌었다. 원래는 신성한 기호품이었던 의존성 약물들이 점차 '악마적 독'으로 성격을 바꾸어 간 것이다. 알코올 역시 증류 기술의 발명으로 인해 비슷한 전환을 겪게 되었다.

증류주의 기원은 의약품이다. 알코올 증류 기술은 10세기경 아랍의 연금술사들에 의해 확립되었고, 이후 프랑스와 네덜란드에서 순수한 에탄올을 얻기 위해 포도껍질이나 곡물을 증류하게 되었다.[4] 중세 의학에서는 증류한 와인을 '아쿠아 비타(생명의 물)'라고 부르며 기절한 사람을 깨우는 약이나 페스트 감염을 막는 소독약, 즉 없어서는 안 될 의약품으로 여겨졌다.[5] 시대가 흘러 대항해시대에 접어들자 증류주는 새로운 쓰임을 얻게 된다. 장기 항해에 필수적인 수분 보충원과 상업 거래 시 인간관계를 원활하게 하는 윤활유로 기능한 것이다. 더불어 부피가 작고 휴대하기 쉬우며 장기 보존이 가능하다는 특성 덕분에 해상 무역에서는 대체 화폐 역할까지 담당했다.

그중에서도 네덜란드 라이덴대학교 의과대학 교수 프란시스쿠스 실비우스가 1658년부터 1672년까지[4] 만든 해열·이뇨용 약용주 '예네베르(jenever의 네덜란드식 발음. 영어식 발음은 주니퍼)'는 획기적인 성공작이었다. 이 술은 보리나 호밀 등 곡물을 증류한 뒤 해열·이뇨 작용이 있다고 여겨진 노송나무 열매(주니퍼베리)로 향을 낸 것에 불과했지만, 의외로 일반 음료로도 꽤 맛있었기 때문이다.

이 예네베르가 오늘날 진의 기원이다. '주니퍼'라는 영어식 발음이 축약·변형되어 '진'으로 불리게 된 것이다. 원래는 약용주로 시작된 이 증류주는 곧 약효를 넘어 널리 음용되기 시작했고, 인류는 이 고농도 에탄올 음료를 단순히 '취하기 위해' 마시게 되었다. 바로 이 순간부터 증류주는 인간과 알코올의 관계를 근본적으로 바꾸어 놓게 된다.

◦ 영국을 덮친 진 크레이즈

곧 진은 도버해협을 건너 영국에 상륙했다. 1689년 영국 정부가 일정한 면허세만 국가에 납부하면 누구나 증류업을 할 수 있다는 포고령을 내리자 런던에는 전례 없는 '진 붐'이 일어났다. 17세기 후반부터 18세기에 걸쳐 진의 소비량은 폭발적으로 증가했고, 그때까지 일반적인 알코올음료였던 맥주를 완전히 압도했다. 때마침 프랑스산 브랜디 수입이 제한되고, 1694년에는 맥주에 중과세가 부과되면서 진은 상대적으로 훨씬 저렴한 술이 되었다. 이는 불길에 기름을 부은 격이었다.

이 시기는 훗날 진 크레이즈$^{gin\ craze}$, 즉 '진에 미친 시대'라고 불린다.

당시 런던은 산업혁명이 막 시작되던 시기로 많은 사람이 농촌을 떠나 도시로 와서 낮은 임금을 받으며 공장 기계에 예속된 삶을 살았다. 그런 사람들에게 진은 값싸고 소량으로도 쉽게 취할 수 있으며, 고단한 삶의 피로와 시름을 잠시나마 잊게 해주는 술이었다. 음주 인구의 저변은 단숨에 넓어졌고, 런던 거리는 술에 취한 하층민들로 넘쳐났다.

위기감을 느낀 정치인과 종교 지도자들은 진을 맹렬히 비난했다. 그들의 눈에 진은 인간을 무기력하게 만들고, 범죄를 조장해 사회 질서를 붕괴시키며 정신 질환까지 유발하는 독이었다. 어딘가 2장에서 언급한 일본의 '스트롱계의 폐해'를 연상시킨다.

당시 런던의 참상을 생생하게 담아낸 대표적 작품이 바로 윌리엄 호가스의 〈진 골목〉(1751년 작, 그림 3-1)이다. 이 그림에는 진에 미쳐버린 런던 시민들의 비극적인 모습이 묘사되어 있는데, 특히 진 때문에 이성을 잃은 어른들의 희생양이 된 아이의 모습이 강렬하게 부각된다.

물론 영국 정부도 사태를 수수방관하진 않았다. 1729년에는 과세를 통해 진 판매를 규제하려는 최초의 '진 법안'을 통과시켰고, 이후 1751년까지 네 차례에 걸쳐 법을 개정하면서 그때마다 판매자에 대한 세율과 판매 라이선스 요금을 인상했다. 그러나 시민들 대부분은 규제를 따르지 않았고, 몰래 자가 제조한 진을 계속 만들었다. 역설적으로 실질적인 진의 증류량은 오히려 증가했다.

결국 영국 정부는 강력 규제를 포기하고 정책의 방향을 바꾸었다. 판매 라이선스 요금은 낮게 유지하되 고품질 진의 생산과 판매를 장려해 이를 과세에 활용하는 쪽으로 전환한 것이다. 흥미롭게도 이 정책 변화 이후 진 크레이즈는 조금씩 진정되기 시작했다.

다만 사태의 진정에는 정부 정책보다 더 중요한 요인이 두 가지 있었다.

첫째, 1757년 밀 흉작으로 인해 진의 원료인 곡물 가격이 폭등하면서[6] 자가 제조 진 생산이 어려워졌다. 곡물 가격 상승은 곧 식료품 가격의 상승으로 이어져 하층민들의 삶을 더욱 궁핍하게 만들었다. 영국에서의 삶을 포기하고 신천지를 찾아 당시 영국령이었던 미 대륙이나 호주로 이주한 이들도 적지 않았다.

그림 3-1. 윌리엄 호가스 <진 골목>

둘째, 영국 동인도회사의 홍차 수입량이 증가했다. 실제로 이 시기부터 많은 이들이 일상 음료를 진에서 홍차로 바꾸었다고 한다.[7]

미국의 알코올 규제

◦ 건국 초기 미국의 음주 문화

영국에서의 삶에 종지부를 찍고 대서양을 건너 뉴잉글랜드에 정착한 사람들에게 럼주는 특별한 의미를 지닌 증류주였다.

당시 영국인에게 럼주는 항해 필수품이었다. 높은 알코올 도수 덕분에 살균 효과가 있었기 때문에 맥주나 와인처럼 긴 항해 중에 쉽게 상할 걱정을 하지 않아도 되었기 때문이다. 실제로 럼주에 물을 타고 설탕과 라임으로 맛을 낸 음료 '그로그'는 영국 해군의 공식 음료였다. 배 안에 저장된 탁한

물은 럼을 섞어 마시면 정화되었고, 라임에 들어 있는 비타민 C는 선원들의 직업병인 괴혈병을 예방해 주었다. 참고로 1805년 트라팔가 해전에서 프랑스·스페인 연합 함대가 영국에게 패한 이유 중 하나로 당시 프랑스 해군이 병사들에게 배급했던 음료가 순수한 브랜디여서 비타민 C가 들어 있지 않았기 때문이라고도 한다.[2]

럼주는 또한 신대륙에서 대체 화폐이자 원주민을 지배하고 이익을 창출하는 무기였다. 즉 럼주로 노예를 사고, 그 노예로 하여금 사탕수수 농장에서 설탕을 만들게 하고, 설탕 생산 과정에서 생긴 찌꺼기를 증류해 럼주를 만든 뒤 또다시 노예를 사는 식이었다. 다시 말해 럼주는 악몽 같은 '영구기관'을 돌리는 연료였던 셈이다.

한편 북미 내륙에서는 위스키 제조가 활발해지며 전례 없는 위스키 붐이 일어났다. 특히 켄터키주에서 옥수수를 주원료로 해서 만든 새로운 증류주(버번위스키)는 신대륙만의 독자적인 음주 문화를 형성했다. 당시 미국 사회에서는 사람들이 밤낮을 가리지 않고, 일하는 중이든 아니든 위스키를 수시로 마시는 생활이 용인되고 있었다.[8] 이에 대해 토머스 제퍼슨은 다음과 같은 쓴소리를 했다.

"위스키는 독이다. 값싼 와인이 있는 나라에는 술주정뱅이가 없지만, 와인이 비싸 대신 독한 술을 일상적으로 마시는 나라에는 맨정신인 사람이 없다."[2]

이렇게 해서 건국 초기 미국인들은 럼주와 위스키 같은 증류주에 하루 종일 취해 살면서 구세계의 관습에 얽매이지 않는 신대륙만의 자유를 만끽했다.

◦ 금주법의 제정

미국은 이율배반적인 도덕관과 가치관이 공존하는 나라다. 앞서 살펴본 것처럼 이기적이고 향락적인 면이 있는가 하면, 독실한 프로테스탄트적 가치관에 뿌리내린 근면과 금욕을 미덕으로 삼는 면도 지니고 있다. 그리고 곧 후자의 힘이 반격에 나서면서 금주 운동이 움트기 시작한다.

19세기 말부터 미국 각지에서 본격화된 금주 운동의 발단은 1840년대에 고조된 반가톨릭 운동까지 거슬러 올라간다. 가톨릭 신자가 많은 아일랜드계 이민자들(이들 중에는 술고래가 많았다고 한다)에 대한 차별 의식에서 그들의 음주 습관을 비난하는 목소리가 나오기 시작한 것이다.[9]

이 목소리에 공명한 것은 독실한 프로테스탄트 여성들이었다. 그들은 평소 가정을 소홀히 한 채 술집에서 어울리는 남성들의 '호모소셜'[4] 한 행동 방식에 불만을 품고 있었다. 그리고 시대의 흐름을 읽고 "지금이야말로 기회다"라며 불만을 터뜨렸다. 그들은 술집에 들이닥쳐 진열된 위스키 병을 망치로 부숴버리기도 했다.

여기에 KKK(큐 클럭스 클랜) 같은 인종차별주의자들, 그리고 흑인 노예의 음주로 인한 생산성 저하를 우려하던 대농장주들의 이해관계가 얽히면서 운동은 점차 전국적인 금주 운동으로 확대되었다.

처음 금주 운동가들이 문제 삼은 것은 어디까지나 증류주였다. 그러나 1917년 미국이 제1차 세계대전에 참전하면서 상황은 급변했다. 국내에서 불관용적 민족주의가 고조되었고 적국 독일에 대한 증오가 당시 독일계 이민자 기업이 독점하다시피 했던 맥주 제조업계로 향했다. 그 결과, 금주 운동의 타깃은 맥주를 포함한 모든 알코올음료로 확대되었다.

그리고 같은 해 국민 전체를 뒤덮은 집단 히스테리와도 같은 사회 분위기 속에서 금주법이 통과되었고 1920년부터 시행되었다.

---

4) homosocial. 미국의 여성 비평가 이브 세즈윅이 처음 사용한 용어로 성별이 같은 사람들끼리의 사회적 유대를 가리킨다.

◦ 금주법의 폐지

안타깝게도 금주법 시행 이후의 세상은 독실한 프로테스탄트 여성들이 꿈꾸던 이상과는 거리가 멀었다. 금주법이 낳은 것은 조악한 밀주의 범람, 비밀 술집의 성행, 알 카포네와 같은 범죄 조직의 비대화, 그리고 무엇보다 도시 치안의 악화였다. 물론 간경변증 환자의 감소 같은 긍정적 효과도 있었지만 메틸알코올 등 공업용 알코올이 섞인 저질 증류주가 유통되면서 실명과 사망에 이르는 심각한 건강 피해가 속출했다.

실제로 금주법은 과음을 억제하기는커녕 오히려 부추겼고, 수천 명의 목숨을 앗아갔다. 1930년대 초 메트로폴리탄 생명보험사는 충격적인 데이터를 발표했다. 금주법이 시행된 1920년 당시보다 알코올 의존증으로 인한 사망자 수가 6배나 증가했다는 것이다(보험 가입자 1,900만 명 기준). 푸르덴셜 생명보험사의 보고 역시 비슷했다. 금주법 초기만 해도 미국 내 급성 알코올 중독 사망자는 연간 약 1,000명 수준이었지만 10년 뒤에는 5,000명에 육박했다.[10]

전환점은 1929년 대공황이었다. 대량 실업자가 발생했음에도 불구하고 주세를 포기한 미국 정부는 충분한 복지 정책을 마련할 재원을 확보하지 못했다. 이로 인해 금주법에 대한 비판 여론이 급격히 불거지기 시작했고, 국민의 반발심을 등에 업고 등장한 인물이 제32대 대통령 프랭클린 D. 루스벨트였다. 그는 금주법 폐지를 공약으로 내세워 대선에서 압승을 거두었고, 마침내 금주법은 1933년 공식적으로 폐지되었다.

금주법 폐지가 미국인의 건강과 복지에 어떤 영향을 주었는지를 단언하기는 어렵지만 한 가지 분명한 변화는 있었다. '상습적인 음주 습관은 더 이상 도덕의 문제가 아니며 형벌로 해결할 수 없다'라는 인식이 사회 전반에 확산된 점이다.

금주법 폐지 2년 후인 1935년 알코올 의존증 당사자들의 자조 모임인

'알코올 중독자 갱생회Alcoholics Anonymous, AA'가 탄생했다. AA의 중심 교리는 '상습적 음주는 질병 때문이다'라는 것인데 이런 '질병'이라는 인식은 만취를 법과 형벌로 통제하려 했던 금주법의 실패가 남긴 중요한 교훈이었다.

다른 나라들의 알코올 규제

애초에 교리상 음주가 금지된 이슬람권 국가들을 제외하면 20세기 이후 금주법 또는 이에 준하는 강경한 알코올 규제를 시행한 나라는 다른 곳에도 존재한다. 러시아, 캐나다, 노르웨이, 핀란드, 아이슬란드 등이 그 예다.

예를 들어 노르웨이에서는 1917년부터 1927년까지 증류주 판매가 금지되었고, 핀란드에서는 1919년부터 1932년까지 모든 알코올음료가 금지되었다. 또한 아이슬란드에서는 1915년부터 전면적인 금주령이 시행되어 증류주와 와인은 1935년까지, 맥주는 1989년까지 합법화되지 않았다. 더 나아가 최종적으로 법안이 통과되지는 않았지만 금주법의 시행 여부를 둘러싸고 국민투표까지 실시한 나라로는 스웨덴과 뉴질랜드가 있다. 이러한 나라들의 알코올 정책에 대해서도 아래에서 소개하고자 한다.

◦ 러시아

러시아에서 가장 사랑받는 증류주는 두말할 것 없이 보드카다. 제정 러시아 시절 러시아 황제의 군대는 보드카에 관대하기로 유명했다. 말 그대로 '흠뻑' 마시는 것이 군대생활의 관습이었고, 이런 관습은 군대를 넘어 러시아 사회 전반으로 확산되었다. 사실 이 문화의 뿌리는 15세기로 거슬러 올라간다. 이반 3세가 전쟁 자금을 마련하기 위해 보드카 제조를 국영화하면서 국민이 보드카를 마시면 마실수록 국가 재정이 불어나는 구조가 형성된 것이다. 그러나 한편으로 이와 같은 보드카 문화는 국민의 나태와 생산성 저하를 초래했으며, 러시아 남성의 수명이 짧은 주요 원인이 되었다.

　이 같은 상황을 우려한 러시아 황제 니콜라이 2세는 1914년 러시아 전역에서 보드카 판매 금지 조치를 단행했다. 하지만 이것은 명백한 실책이었다. 세수가 끊기자 정부 재정이 크게 흔들렸고 경제 활동마저 위축되어 국민의 불만이 고조되었다. 그 여파로 1917년 러시아 혁명이 일어났고, 이듬해 니콜라이 2세는 처형당했다.[11]

　그런데 의외의 사실은 소비에트연방(소련)이 탄생한 이후에도 한동안 보드카 판매 금지령이 폐지되지 않았다는 점이다. 그뿐 아니라 레닌은 "술에 반복적으로 취하는 자는 공산당에 입당할 수 없다"라고 공언하며 강경한 태도를 고수했다. 아마 그만큼 러시아인의 알코올 문제는 심각했을 것이다. 보드카 판매 금지령이 폐지된 것은 레닌 사망 다음 해인 1925년 스탈린이 권력을 장악한 뒤였다.

　그러나 그로부터 60년이 지나 소련은 다시금 알코올 규제에 나섰다. 1985년 3월 서기장에 취임한 고르바초프는 페레스트로이카(구조 개혁)와 글라스노스트(정보 공개)라는 대담한 정책과 함께 '절주령'을 공표하고, 국가 차원의 반 알코올 캠페인을 시작한 것이다. 배경에는 숙취로 인한 결근과 생산성 저하가 사회문제로 부각되었기 때문이었다. 그는 주류 공장의 상당수를 폐쇄하고, 주류 생산량을 기존의 절반으로 줄였으며, 주류 판매점을 축소했다. 또한 보드카 가격을 대폭 인상하고, 오후 2시 이후에만 판매 및 음용을 허용하는 한편, 거리에서 만취한 사람이나 숙취로 결근한 사람을 체포해 벌금을 부과하도록 했다.

　그 결과는 말 그대로 '역사는 반복된다'였다. 실제로 국민 전체의 알코올 소비량이 감소하고 자살자 수도 줄어드는 등 공중보건 측면에서는 주목할 만한 성과가 있었다. 그러나 밀주와 불법 거래가 성행하면서 정부의 신뢰가 추락했고 국민의 불만은 커져만 갔다. 결과적으로 이 일련의 사태는 소련 해체를 촉발한 간접적인 원인 가운데 하나로 평가된다.[12]

◦ 스웨덴

20세기에 들어서면서 스웨덴에서도 금주 운동이 확산되었고, 1920년부터 '할당 배급제'(아래 참조)가 시행되었다. 마침내 1922년에는 금주법 제정 여부를 묻는 국민투표까지 실시될 만큼 금주 분위기가 고조되었다. 그 결과 찬성 49%, 반대 51%라는 근소한 차이로 금주법은 부결되었지만 할당 배급제는 그대로 유지되었다.[13] 이 제도는 음주와 개인의 자기결정권을 존중하면서도 알코올이 야기하는 폐해를 최대한 억제하는 것을 목표로 하고 있었다.

이 제도하에서는 구매 자격이 있는 25세 이상의 국민에게 '예방 수첩'이라는 것이 배포되었으며, 주류를 구매할 때는 반드시 이 수첩을 제시해야 했다. 판매점 직원은 고객이 구매한 주류의 종류(와인, 맥주, 아크바빗-감자 증류주 등)와 양을 수첩에 기입하고 동시에 매장 장부에도 구매자의 이름과 날짜, 시간, 주류의 종류 및 양을 기록했다.[14]

증류주에 대해서는 월별 음주량 상한이 정해졌다. 초기에는 기혼 성인 남성에게 한 달 최대 4리터의 아크바빗 구매가 허용되었지만 1941년에는 3리터로 줄었다. 미혼 남성과 미혼 여성의 주류 할당량은 더 적었고, 기혼 여성은 수첩을 소지할 권리조차 없었다. 대신 배우자에게 배정된 할당량에서 자신의 몫을 나누어 써야 했다(기혼 남성에게 더 많은 할당량이 주어진 것은 이를 개인 몫이 아닌 가구 단위의 몫으로 간주했기 때문일 것이다). 또한 판매자는 만취자나 잦은 구매자에게 판매를 거부할 권한을 가졌고, 실제로 지역에서 악명 높은 상습 음주자나 알코올 중독 치료 이력이 있는 사람에게는 술을 판매하지 않기도 했다.[14]

이 제도는 일부 긍정적인 효과를 낳았다. 적어도 1940년대까지는 국내 아크바빗 소비량이 해마다 감소했기 때문이다. 하지만 1950년대에 들어서면서 알코올 소비량은 다시 증가세로 돌아섰고, 그에 따라 이 제도에 대한 비판의 목소리가 터져 나왔다. 주류 판매자의 권한이 지나치게 커져 지역사회에 일종의 경찰 조직 같은 감시 체계가 형성되었다는 불만이었다.

1955년 법 개정을 통해 스웨덴 정부는 배급제와 예방 수첩 제도를 폐지했다. 대신 주류 전매 제도를 도입하고, 알코올 도수에 따른 세금 부과라는

그림 3-1. 스웨덴, 미국, 일본의 기본적인 알코올 정책 비교

		스웨덴	미국	일본
제조 판매 소매 규제		면허제 전매제 시간, 날짜, 장소, 점포 수	면허제 면허제 시간, 장소, 점포 수	면허제 면허제 점포 수 (이후 철폐)
주류 구입 가능 연령		18세(레스토랑) 20세(소매점)	21세	20세
판매 가격	맥주 와인 증류주	상당히 저렴함 상당히 저렴함 매우 비쌈	매우 저렴함 매우 저렴함 매우 저렴함	상당히 저렴함 알 수 없음 매우 저렴함
주세	맥주 와인 증류주	상당히 낮음 중간 정도 매우 비쌈	알 수 없음 알 수 없음 알 수 없음	매우 비쌈 알 수 없음 중간 정도
광고	국영 TV 국영 라디오 인쇄물	금지 금지 금지	제한 있음 제한 있음 제한 있음	제한 있음 규제 없음 제한 있음
주류 소비량(L) 알코올 의존증(%)		6.86 알 수 없음	8.51 7.70	7.38 4.10
사망률(%)	교통사고 간 질환 구강후두암	5.84 3.97 1.69	15.00 7.47 2.00	7.38 6.15 2.23
금주 가구(%)		11.30	33.90	13.50

(소비량은 15세 이상 국민 1인당 연간 음주량을 순수 알코올로 환산한 것. 알코올 의존증은 성인 남녀의 발병률. 사망률은 인구 10만 명당 수치. 나카모토 신이치 『미국 및 스웨덴의 알코올 정책』[13]에서 표의 일부를 인용)

정교한 가격 전략을 활용해 건강 관련 피해가 큰 주류 소비를 통제하는 방식을 채택했다. 그 결과 도수가 비교적 낮은 맥주나 와인은 구매하기 쉬워진 반면, 아크바빗과 같은 증류주는 접근이 어려워졌다.

그 밖에도 그림 3-1에서 확인할 수 있듯이 미국이나 일본과 비교했을 때 엄격한 판매 시간 및 요일 제한, 광고 규제 등이 시행되었다.[13] 이런 정책 덕분에 현재까지는 국민 전체의 알코올 소비량과 교통사고 및 간경변증에 의한 사망률을 낮은 수준으로 억제하는 데 성공하고 있다.

◦ 핀란드

핀란드는 스웨덴과 같은 스칸디나비아 반도에 위치한 나라로 20세기 초반 금주법 실패를 겪은 후 알코올 전매제로 정책을 전환했다. 이로써 알코올 도수 4.7% 이상의 주류(도수가 높은 스트롱 맥주, 와인, 보드카, 위스키 등 증류주, 리큐르 등)에는 높은 주세가 부과되었고, 국민은 반드시 국영 전매점을 통해서만 이를 구매할 수 있었다.

현재 전매점 영업시간은 원칙적으로 금요일을 제외한 평일은 오전 9시부터 오후 6시 또는 9시까지, 금요일은 오전 9시부터 오후 9시까지, 토요일은 오전 9시부터 오후 6시까지로 제한되며 일요일에는 영업하지 않는다.

이런 정부 주도의 전매 및 판매 제한에는 국내 알코올 관련 건강 문제나 사회문제가 심각해졌을 때 세율이나 영업시간을 조정함으로써 국민의 알코올 소비를 쉽게 통제할 수 있다는 장점이 있다. 그러나 1995년 EU 가입을 계기로 이전처럼 알코올음료에 터무니없이 높은 세금을 부과하기 어려워졌고, 다른 회원국과 비슷한 수준으로 조정할 필요가 생겼다. 동시에 지금까지 전매라는 형태로 정부가 독점해 오던 알코올 시장의 자유화를 요구하는 목소리도 커졌다.

결국 핀란드 정부는 증류주에는 기존의 높은 세율을 유지하는 대신 맥주와 와인에 대해서는 세율을 대폭 인하하고 와인 농가가 와인을 소매 판매할 수 있도록 허용했다. 또한 그동안 금지되었던 공원이나 해변 등 야외에서의 음주도 허용했다.[15]

　이 과감한 정책 전환에는 한 가지 목적이 있었다. 바로 핀란드 국민의 음주 문화를 바꾸는 것이었다. 북유럽 국가들의 알코올 소비량은 지중해 연안의 유럽 국가들과 비교하면 결코 많은 편은 아니지만 음주 방식은 크게 다르다. 프랑스 등 지중해 연안 국가에서는 평일에도 식사와 함께 와인을 곁들이는 경향이 있다(이른바 '콘티넨털 음주 문화'). 반면 북유럽에서는 평소에는 술을 거의 마시지 않다가 주말 파티 등에서 '취하기 위해' 증류주를 집중적으로 마시는 '빈지 음주binge drinking 문화'[16]가 자리 잡고 있다. 일반적으로 콘티넨털 음주 문화는 간 질환 등 만성 중독을 유발하기 쉬운 반면 빈지 음주 문화는 급성 중독으로 인한 폭력 사건, 교통사고, 자살을 촉발하는 경향이 있다. 특히 후자의 해악을 문제시한 핀란드 정부는 국민의 음주 문화를 '빈지형'에서 '콘티넨털형'으로 바꾸고자 한 것이다.

　핀란드의 새로운 알코올 정책은 일단 성공했다고 볼 수 있다. 국내에서 맥주와 와인의 소비량은 증가했지만 증류주의 소비량은 계속 감소했고 남성의 자살 사망률도 줄었기 때문이다. 이는 놀랄 일이 아니다. 세계 여러 나라에서 남성의 자살 사망률은 국내 알코올 소비량과 양(+)의 상관관계를 보인다. 과거에 '자살 대국'이라 불렸던 핀란드는 국가 차원의 노력으로 자살률을 30%나 감소시켰으며, 국제적으로는 자살 예방 정책의 모범 사례로 평가받는다. 그러나 그 과정에서 알코올 정책의 기여는 의외로 간과되고 있다.

　하지만 핀란드의 알코올 정책은 이후 새로운 과제에 직면했다. 분명 '국민의 음주 문화를 바꾸겠다'라는 목적은 달성했다. 실제로 1995년 이후 고령자를 중심으로 맥주와 와인의 국내 소비량은 확실히 증가했으며, 순수 알코올 소비량으로 보아도 과거보다 증가했음에도 불구하고 현재까지 핀란드에서는 자살률 증가가 관찰되지 않고 있다. 아마도 증류주 소비량이 억제되고 있기 때문일 것이다. 그러나 동시에 1998년부터 2008년까지 10년 동안 간 질환으로 인한 사망자 수는 2배로 증가했다. 즉 '콘티넨털 음주 문화'는 이전과는 다른 방식으로 핀란드 국민의 건강에 해를 끼친 셈이다.

알코올 규제가 어려운 이유

이번 장에서는 20세기 이후를 중심으로 각국의 알코올 규제 시도를 돌아보았다. 그러나 이것은 전체 중 극히 일부에 불과하다. 더 작은 규모이긴 하지만 예로부터 많은 통치자들이 금주령을 내렸다가 실패하거나 혹은 유야무야 무효화된 역사가 있다.

일본이라고 예외는 아니다. 코로나19 사태 당시 정부가 음식점에서의 주류 제공 자제를 요청했었다. 술에 취해 침 튀기며 떠드는 사람들이 코로나19 바이러스를 퍼뜨릴 것이라는 우려에서 비롯된 요청이었다.

그러나 팬데믹을 벗어난 지금 당시의 '모임 자제'가 과연 얼마나 효과적이었는지는 의문이다. 물론 당시 음식점들은 조기 영업 종료를 했거나 손님이 거의 없었다. 그러나 번화가 근처 공원 주변에서는 스트롱 계열의 캔맥주를 손에 든 채 거리에서 술을 마시는 젊은이들의 무리가 눈에 띄게 늘어나 있었다. 뿐만 아니라 사람들의 불만은 들불처럼 서서히 번져 나가 내각 지지율은 꾸준히 하락했고, 결국 총리가 교체되는 사태에 이르렀다.

그렇다. 알코올 규제는 통치자의 실각을 초래한다. 사람들은 취하는 것을 매우 좋아하기 때문이다. 작가 마크 포사이스는 자신의 저서[11]에서 "인간은 술을 마시도록 설계되어 있다"라고 자포자기하듯 말한 뒤 이렇게 덧붙인다. "사람들은 흔히 '마약과의 전쟁'을 말하지만 이는 어리석은 짓이다. 마약은 언제나 존재한다. 사실 이는 마약들 사이의 전쟁일 뿐이고, 이 전쟁에서 알코올은 거의 반드시 승리한다."

그렇다면 왜 인간은 이토록 알코올을 갈망하는 것일까? 다음 장에서는 이 점에 대해 생각해 보겠다.

참고 문헌

1. 요코야마 유이치「인류-술과 관련된 역사적 변천과 음주의 공과 개념 (1) 고대에 대한 고찰-음주 문화의 싹과 그 확산」『게이오 보건 연구』제39권(1), 2021

2. 톰 스탠디지 지음, 김정수 옮김, 『세상을 바꾼 6가지 음료, 석기 시대의 맥주부터 21세기 코카-콜라까지』, 캐피털북스, 2020

3. Benoît Franquebalme 지음, 『Ivresses: Ces moments où l'alcool changea la face du monde』, JC Lattès, 2020

4. Leslie Jacobs Solomonson 지음, 『Gin: A Global History』, Reaktion Books, 2012

5. 미야자키 마사카츠 지음, 정세환 옮김, 『처음 읽는 술의 세계사-한 잔 술에 담긴 인류 역사 이야기』, 탐나는 책, 2023

6. Difford's guide: Gin(https://www.diffordsguide.com/g/1108/gin/history-of-gin-1728-1794)

7. THE COLLECTOR, "What was the shocking London gin craze?"(https://www.thecollector.com/london-gin-craze/)

8. Levine, H. G., "The alcohol problem in America: From temperance to alcoholism," British Journal of Addiction, 79(4), 1984

9. 칼 에릭 피셔 지음, 조행복 옮김, 『중독의 역사-우리는 왜 빠져들고, 어떻게 회복해 왔을까』, 열린책들, 2024

10. Deborah Blum 지음, 『The Poisoner's Handbook』, Tantor Media Inc, 2010

11. 마크 포사이스 지음, 임상훈 옮김, 『주정뱅이 연대기-술 취한 원숭이부터 서부시대 카우보이까지, 쉬지 않고 마셔온 술꾼의 문화사』, 비아북, 2024

12. 핫토리 미치타카, 「지금이야말로 '러시아인과 술'에 대한 진실을 말하자」, 『The Asahi Shimbun GLOBE+』(https://globe.asahi.com/article/12269444)

13. 나카모토 신이치, 「미국 및 스웨덴의 알코올 정책」, 『동지사 정책과학 연구』 9(1), 2007

14. 히시무라 마사타카, 「스웨덴의 알코올 문제」, 『해외 사회보장 정보』 50, 1980

15. Karlsson, T. Ed., "Alcohol in Finland in the early 2000s: Consumption, harm and policy," National Institute for Health and Welfare, Finland, 2009

16. Karlsson, T., Mäkelä, P., Österberg, E., et al., "A new alcohol environment: Trends in alcohol consumption, harms and policy: Finland 1990-2010," Nordic Studies on Alcohol and Drugs, 27, 2010

4장

알코올⑶
인간은 왜 술을 마시는가?

2장과 3장에서 우리는 알코올이 심각한 건강 및 사회적 폐해를 일으키는 동시에 다양한 규제 정책이 큰 효과를 내지 못했으며, 오히려 강력한 금지법은 통치자의 입지를 흔들리게 할 수 있다는 점을 알 수 있었다. 그렇다면 인간은 왜 이처럼 알코올을 갈망하고 집착해 온 것일까? 그 이유를 들여다보자.

생존을 위한 알코올

◦ 유전자 돌연변이를 통해 얻은 것

알코올 섭취는 인류의 진화를 앞당겼을 가능성이 있다. 그 출발점은 바로 유전자 돌연변이다. 언론인이자 작가인 브누아 프랑크발름은 저서 『만취의 역사: 술이 세상을 바꾼 순간들』에서 이렇게 말한다.

"1,000만 년 전 우리 조상에게 먼저 유전자 변이가 일어났고… 그 결과 알코올에 포함된 에탄올을 더 빠르게 분해(대사)할 수 있게 되었다."

이런 유전자 돌연변이의 가능성을 처음 제기한 사람은 캘리포니아대학교 버클리캠퍼스의 생리학자 로버트 더들리였다. 그는 '술 취한 원숭이 가설'[2]을 통해 인류의 조상은 잘 익은 과일 속 에탄올의 냄새와 맛을 학습했고, 이를 통해 진화적 이점을 얻었다고 주장한다.

과일에 풍부한 포도당, 과당, 자당은 발효 과정을 거치면서 에탄올을 생성한다. 에탄올은 중요한 열량 공급원이지만 발효가 진행되어 에탄올을 포함하게 된 과일은 특유의 부패 냄새를 풍기기 시작한다. 인류는 이 냄새를 민감하게 감지하는 능력을 발달시킴으로써 더 효율적으로 열량을 섭취할 수 있게 되었다.

이런 능력이 필요하게 된 배경에는 우리 조상이 상대적으로 '몸치'였다는 사실이 작용했을 가능성도 있다. 같은 나무에서 생활하던 다른 영장류들보다 민첩성이 떨어져 나무 위의 과일을 차지하지 못하고 땅에 떨어져 발효된 과일에 만족해야 했던 것은 아닐까? 그렇다면 인류는 생존을 위해 부패한 냄새에 민감하게 반응하는 후각을 발달시켰고, 동시에 '취하게 만드는 물질'에 끌리는 본능을 얻게 되었다고 볼 수 있다.

더구나 부패한 음식을 식량 자원으로 삼는 데는 의외의 장점도 있었다. 더들리는 인류의 조상이 비교적 이른 시기부터 에탄올이 정신에 미치는 영향, 즉 모험심을 고취시키는 효과를 인식했을 가능성을 지적한다.[1] 이 밖에도 에탄올은 과일의 세균 오염을 억제하고 식욕을 증진시키며, 소화를 촉진해 체내에 지방을 축적할 수 있도록 돕는 등 여러 가지 이점을 제공했다.

더들리의 가설은 이후 매튜 캐리건의 유전학 연구로 뒷받침되었다. 약 1,000만 년 전 일어난 돌연변이로 인해 인류 조상의 에탄올 대사 능력이 비약적으로 향상된 것이 확인된 것이다. 같은 영장류라 해도 비교적 습관적으로 술을 마시는(혹은 즐기는) 종은 인간, 고릴라, 침팬지 등 일부에 불과한데 이는 진화 과정에서 오랑우탄 계열과 갈라질 무렵 ADH4(알코올 탈수소효소 4) 유전자에 변이가 일어나 알코올 분해 능력이 생겼기 때문이다. 이 돌연변이 덕분에 에탄올 대사 능력은 무려 40배나 높아졌고, 술에 취해 나무에서 떨어지거나 맹수가 도사린 곳에서 곯아떨어지는 위험을 크게 줄일 수 있었다.[1]

물론 그럼에도 때때로 사고는 일어났던 듯하다. 300만 년 전 우리 조상 오스트랄로피테쿠스 루시는 추락사했다. 발굴된 오른쪽 위팔뼈의 골절 양상으로 미루어 볼 때 낙하 거리는 12m, 낙하 속도는 시속 60km로 추정되며 다리, 고관절, 갈비뼈, 어깨, 아래턱, 내장까지 손상되어 치명적인 부상을 입은 것으로 보인다. 맹수에게 습격당한 흔적이 없는 점으로 보아 이것은 순수한 사고였다.

그렇다면 루시는 왜 그렇게 높은 곳에서 부주의하게 떨어진 것일까? 프랑크발름은 루시가 '발효된 과일의 유혹을 뿌리치지 못했을' 가능성, 즉 만취 상태였을 가능성을 제기한다.[1]

◦ '기다림'에서 '직접 만들기'까지

발효된 과일을 먹는 것은 당연히 인류의 전유물이 아니다. 침팬지나 고릴라 같은 유인원은 물론, 야생 코끼리나 일부 설치류도 썩은 과일을 먹고 취한다는 사실이 알려져 있다. 그러나 인류가 다른 '술 좋아하는 동물'들과 뚜렷하게 구별되는 점은 스스로 술을 만든다는 데 있다.

네 번째 빙하기가 끝난 뒤 기원전 1만 년경부터 시작된 중석기 시대, 즉 인류가 농경을 시작하기 전 단계부터 인류는 이미 알코올음료를 만들고 있었다.[3] 인류가 처음 만든 알코올음료의 원재료는 곡물도 과일도 아닌 꿀이었다.

아마도 인류는 우연히 꿀술을 발견했을 것이다. 꿀은 물과 함께 두면 자연스럽게 발효가 시작된다. 처음에는 나무줄기 속의 빈 공간에 꿀과 밀랍이 고이고, 그곳에 빗물이 흘러들어 꿀술이 만들어진 것을 우연히 발견하지 않았을까? 그리고 한동안 인류는 꿀술을 발견할 때마다 뜻밖의 행운에 환호하며 손뼉을 치고 춤을 추었을지도 모른다.

하지만 그저 '기다리는' 입장에 만족하지 못하는 것이 인류다. 상상해 보면 아직 빙하가 지표면에 남아 있던 중석기 시대부터 이미 동굴 속 모닥불 옆에서 몸을 녹이며 꿀술을 나누었을 가능성이 크다.

이윽고 빙하가 완전히 녹고 기후가 따뜻해지자 인류는 점점 더 활동적으로 변해 간다. 수렵 문화가 막을 열고 기원전 9000~8000년경에는 개를 가축으로 길들이고 양을 사육했으며, 곧이어 정착 생활과 곡물 재배를 시작한다.[4] 그리고 이른바 세계 4대 문명이 꽃피우던 시기, 인간은 곡물과 과일을 원재료로 삼아 본격적인 대규모 주조를 시작하게 되었을 것으로 보인다.

알코올로 모이고 연결되는 사람들

◦ 수메르 문명과 맥주

인류가 농경과 정착을 시작하면서 많은 사람이 밀집해 공동체를 이루어 살게 되자 알코올의 역할은 더욱 중요해졌다. 이런 모습은 이른바 세계 4대 문명 중 가장 오래된 메소포타미아 문명의 유적에서 엿볼 수 있다.

메소포타미아 문명의 주역인 수메르인의 유적에서는 그들이 맥주와 깊은 관계를 맺고 있었다는 증거가 다수 발굴되었다. 점토판에는 종종 맥주 제조법이나 효능을 기록한 쐐기문자가 새겨져 있었다. 두 사람이 각자 빨대를 꽂아 같은 항아리에서 맥주를 마시는 모습을 묘사한 그림도 남아 있다(그림 4-1). 수메르 사회에서는 사람들이 항아리를 중심으로 둘러앉아 맥주를 함께 나누어 마셨던 것으로 보인다.

맥주는 수메르 사회에서 단순한 음료가 아니라 삶에 필수적인 존재였다. 앞 장에서도 소개한 포사이스의 저서 『주정뱅이 연대기』[4]에 따르면, 수메르 속담에 "그는 무섭다. 마치 맥주를 모르는 사람 같다"라는 말이 전해진다. 수메르 사회에서는 맥주가 야만인을 문명인으로 만든다고 여겨졌다는 뜻이다.

그림 4-1.
항아리에 둘러앉아 빨대로 맥주를 나누어 마시는 수메르인(CDLI Seals 008800 [physical] artifact entry [2023] Cuneiform Digital Library Initiative)

한때 '인류가 보리로 처음 만든 것은 빵인가, 맥주인가?'라는 논쟁이 있었지만 현재는 결론이 났다. 맥주가 먼저다. 신전이 세워지기 이전, 그리고 본격적인 농경이 시작되기 이전부터 맥주는 존재했다. 이를 근거로 포사이스는 인류사에 관해 대담한 가설을 제기한다. 인류가 정착 생활과 농경을 시작한 이유는 빵(음식)이 필요해서가 아니라 술이 필요해서였다는 것이다. 포사이스는 맥주가 빵보다 먼저 존재했고, 인류가 술을 마시고 싶어 정착과 농경을 시작했다는 견해를 뒷받침하는 이유로 다음 여섯 가지를 들었다.

첫째, 맥주는 가열 조리가 필요하지 않아 빵보다 훨씬 간단하게 만들 수 있다.

둘째, 맥주에는 인간이 건강을 유지하는 데 필요한 비타민 B군이 들어 있다. 포식동물은 다른 동물을 잡아먹음으로써 비타민 B군을 섭취할 수 있지만 곡물 위주의 식사를 하는 농경민의 경우 빵만으로는 비타민 B군 부족으로 빈혈이나 각기병 같은 질병에 걸리기 쉽다. 그러나 보리를 발효시켜 만든 맥주는 이런 문제를 해결해 줄 수 있었다.

셋째, 맥주는 빵보다 뛰어난 열량 공급원이다. 효모가 영양분을 어느 정도 미리 분해해 두었기 때문에 인체는 이를 훨씬 빠르고 쉽게 흡수할 수 있다.

넷째, 맥주는 장기간 저장이 가능해 비축 식량으로 활용할 수 있다.

다섯째, 맥주 속 알코올은 살균 작용이 있어 물을 정화한다. 정착 생활의 가장 큰 문제 중 하나는 공동체 자체가 다양한 전염병의 온상이 되었다는 점인데, 이는 이동 생활을 하던 수렵 시대에는 신경 쓸 필요가 없었던 새로운 문제였다.

여섯째이자 가장 큰 이유는, 진정한 행동 변화를 일으키기 위해서는 문화적 동기가 필요하다는 점이다. 만약 맥주가 굳이 먼 길을 떠나서라도 구할 가치가 있는 특별한 음료로 여겨지고, 종교적 의미까지 지니게 되었다면 어땠을까? 아무리 뛰어난 사냥꾼이라 할지라도 수렵 생활을 접고 정착해 양조용 보리를 재배하려는 마음이 생기지 않았을까? 최소한 포사이스는 그렇게 지적하며 다음과 같이 단언한다.

"기원전 9000년경, 우리는 매일 취하기 위해 농경을 발명했다."[4]

◦ 고대 그리스에서의 향연

알코올은 공동체의 질서와 유대를 형성하는 데 중요한 역할을 했을 가능성이 있다. 포사이스는 고대 그리스의 향연(심포지움)을 예로 들며 음주를 다양한 규칙으로 의례화함으로써 폴리스(도시국가)의 질서와 시민 간의 평등성에 이바지했을 가능성을 지적한다.4 물론 이를 위해 일정한 훈련도 필요했다. 포사이스는 다음과 같이 서술했다.

"플라톤은 술을 마시는 행위는 헬스장에 가는 것과 같다고 매우 구체적으로 말했다. 처음에는 잘 되지 않고 고통스럽지만 연습을 거듭하면 완벽해진다. 많이 마시고도 자신을 통제할 수 있다면 그것이 이상적인 인간이다.⋯"

향연은 남성들만의 방에서 열렸다(거기서 일하는 노예를 제외한 여성은 출입할 수 없었다. 이 점에서 시민 간의 평등은 어느 정도 실현되었지만, 동시에 노예제를 용인하고 남녀평등이 실현되지 않았다는 폴리스의 어두운 단면을 엿볼 수 있다). 성인 남성들은 긴 의자에 비스듬히 누운 채 와인을 마셨다. 물론 3장에서 언급했듯이 와인은 3배의 물로 희석된 것이었다.

아테네의 향연에서는 각자가 원하는 대로 자신의 속도에 맞춰 마시는 것이 허용되지 않았다. 향연이 시작되면 먼저 세 번의 헌작을 올렸다. 첫 번째는 신에게, 두 번째는 전사한 영웅들에게, 마지막은 신들의 왕 제우스에게 바쳤다. 헌작한 술은 입에 대지 않고 바닥에 붓는 것이 규칙이었다.

헌작이 끝난 뒤에는 리더의 지시에 따라 일제히 술을 마셨다. 이때도 제멋대로 술을 따라 마셔서는 안 되었으며, 반드시 리더의 지시를 기다려야 했다. 또한 리더가 술을 더 마시라고 지시하면 잔에 남아 있는 와인을 모두 비워야 했다. 술을 따를 때 잔에 와인이 남아 있는 것은 무례한 행동으로 간주되었다. 물론 술을 과하게 마셔 만취한 채 추태를 부리는 것은 두말할 나위 없이 금기였다.

또한 참가자 전원이 같은 크라테르(와인이 담긴 항아리)에서 술을 나누어 마셔야 했다. 여기서도 수메르인들과 마찬가지로 '하나의 항아리를 함께 나눈다'라는 원칙이 철저히 지켜졌다. 톰 스탠디지는 "건배할 때 서로의 잔을 부딪치는 행위는 잔과 잔을 하나로 합쳐 같은 그릇에 담긴 같은 술을 함께 마신다는 사실을 상징적으로 드러내는 것"[5]이라고 설명한다.

향연에 쓰이는 크라테르는 3개만 마련되었다. 첫 번째는 건강을 위해, 두 번째는 사랑과 기쁨을 위해, 그리고 세 번째는 잠을 위해서였다. 그 이상은 알코올의 폐해가 드러나 불손한 행동이나 다툼을 일으키고, 심하면 혼란 상태에 빠질 수 있다고 여겨졌다.

무엇보다 중요한 규칙은 참가자 모두가 본질적으로 평등하게 대우받아야 한다는 점이다. 향연에서 음주를 시작하거나 술을 더 마시기 위해서는 리더의 지시가 필요하긴 했지만 그것은 어디까지나 형식적인 역할에 불과했다. 리더가 특별히 더 높거나 사회적 신분이 뛰어나다는 의미는 아니었다.

이처럼 고대 그리스의 향연에는 알코올의 폐해를 최대한 억제하면서도 사람과 사람이 대등하게 연결되고 친목을 다지는 장치가 곳곳에 마련되어 있었다.

하지만 이런 향연의 전통은 고대 로마에 계승되면서 변질되었다. 로마의 향연에서는 평등성이 사라지고, 길게 놓인 의자의 배치마저 계급에 따라 엄격히 구분되었다. 제공되는 와인과 음식 역시 질과 양에서 큰 차이를 보였고, 결국 향연은 계급적 위계를 드러내는 무대가 되었다.[4]

○ 알코올이 만들어 내는 연결고리

생각해 보면 술을 마시기 위해 농경과 정착 생활을 시작했다는 인류는 대단한 애주가다. 그런데 왜 인류는 그렇게까지 술에 집착했을까?

포사이스는 그 이유를 설명하며 훗날 알코올 의존증 환자들의 자조 모임인 AA(알코올 중독자 익명 모임)의 이념에 큰 영향을 미친 철학자 윌리엄 제임스의 주장을 인용한다.[6] 알코올이 그토록 인류를 지배할 수 있었던 이유는 인간의 특별한 정신적 능력을 자극하기 때문이다. 그 능력은 평소에는 냉혹한 현실과 맨정신일 때의 건조한 비판에 의해 쉽게 깨져버린다. 맨정신일 때 인간은 축소하고, 구별하며, 상대에게 "아니오"라고 말하는 데 익숙하다. 그러나 술에 취한 상태는 반대로 확장하고, 통합하며, 상대에게 무심코 "예"라고 응답하기 쉬운 정신 상태를 만들어 낸다. 다시 말해 술에 취한 상태는 인간 내면의 수용 기능, 곧 "예"라고 하는 기능을 강하게 자극해 의견을 하나로 모으거나 연대하기 쉽게 만들어 준다는 것이다.[4]

이런 특성은 정착 생활을 시작한 인간에게 매우 중요한 의미를 지녔을 것이다. 수용과 연대가 있어야만 다양한 상황에서 협력과 분업을 실현하기 쉽기 때문이다. 예를 들어 자연재해나 외부의 공격에 직면했을 때 사람들이 일치단결해 맞서 싸워 공동체를 지켜낼 수 있다.

그렇기에 통치자들은 알코올의 효과를 두려워하기도 했다. 중국 고대사 연구자인 가키누마 요헤이는 저서 『고대 중국의 24시간』에서 고대 중국, 특히 한나라 시대에는 세 명 이상이 술자리를 함께하는 것이 법으로 금지되었다고 말한다.

"한나라 시대의 법률에서는 세 명 이상이 함께 술을 마시는 것을 '군음群飮'이라고 해서 금지했다. 이는 그들이 술에 취해 의기투합하거나 음주를 구실로 반역을 꾀할 가능성이 있다고 보았기 때문이다."[7]

즉 통치자들은 알코올이 가진 사회적 힘, 곧 사람들을 연대하게 만드는 힘을 누구보다 잘 이해하고 있었다.

어떤 사람이 과음을 하는가

지금까지 알코올이 인류에게 얼마나 중요한 의미를 지녔는지, 또 공동체를 형성하고 유지하는 데 어떤 역할을 해왔는지 살펴보았다. 그러나 한편으로는 지나친 음주로 건강을 해치거나 취중에 폭언이나 폭력을 행사해 주변에 피해를 끼치고, 결국 공동체에서 배제되는 사람들도 있다.

특정 사람들이 과음을 하는 이유는 무엇일까? 또 어떤 특성이나 상황이 사람을 위험한 음주 습관으로 이끄는 것일까?

◦ 동물 실험에서 알 수 있는 것들

이 질문의 실마리를 찾기 위해 흥미로운 동물 실험 두 가지를 소개하겠다.

첫 번째는 태어난 지 얼마 되지 않은 새끼 쥐를 젖을 뗀 후 집단에서 격리해 기르는 방식으로 진행된 실험이다.[8] 연구 결과 어린 시절의 사회적 고립은 성체 쥐에게 심각한 인지·행동 장애를 일으키며, 알코올에 대한 민감성에도 뚜렷한 변화를 일으킨다는 사실이 밝혀졌다. 실제로 고립된 쥐는 그렇지 않은 대조군에 비해 오퍼런트 자기투여 실험[5]에서 반응률이 훨씬 높았고 알코올 소비량 또한 크게 증가했다.

두 번째는 쥐들을 '24시간 영업하는 무제한 술집'에 가둬 두는 실험이다.[9] 쥐들을 언제든 원하는 만큼 술을 마실 수 있는 환경에 두었더니 처음 며칠간은 모든 쥐가 자제하지 않고 폭음을 했다. 그러나 곧 대부분의 쥐는 하루 두 번 정도의 음주 빈도로 안정을 찾았다. 주로 식사 전 한 번, 잠들기 전 한 번 정도였다. 다만 사흘이나 나흘에 한 번 정도는 알코올 소비량이 급격히 증가하는 날이 있는데 이 날은 집단 전체가 모여들어 일종의 난장판을 벌인다고 한다. 어딘가 인간에게서도 볼 수 있을 법한 행동 패턴이다.

이 '무제한 술집' 실험에서 주목할 점은 두 가지 양극단의 쥐들이 관찰되었다는 것이다. 첫 번째 유형은 집단의 지배자 수컷, 이른바 '킹 랫king rat'이다. 그 쥐는 실험 내내 금주가처럼 술을 전혀 입에 대지 않았다. 반면 두 번째 유형은 집단 내에서 가장 지위가 낮은, 일종의 낙오자 쥐였다. 그는 집단 내에서 알코올 소비량이 가장 많았다. 아마도 자신의 신경계를 달래어 불안과 공포를 잊기 위해 마시는 것일 터다.

이 두 가지 동물 실험은 중요한 시사점을 던져 준다. 어린 시절의 고립이나 박탈 혹은 집단 내에서의 굴종과 박해 같은 경험이 쥐의 알코올 소비를 증가시킨다는 것이다. 하지만 이것은 어디까지나 동물 실험이다. 이런 경향이 과연 인간에게도 그대로 적용될 수 있을까?

○ 아메리칸 인디언과 음주 문화

세계 곳곳을 살펴보면 알코올 의존증 발병률이 유독 높은 민족이 있다. 북미 대륙의 원주민인 아메리칸 인디언(본래는 '네이티브 아메리칸'이라고 불러야 하지만 여기서는 알래스카 원주민과의 구분 및 문맥의 통일성을 위해 '인디언'이라 칭한다)과 알래스카 원주민, 그리고 호주의 원주민인 애버리지니aborigine[6])가 그렇다. 이들에겐 공통점이 있다. 모두 유라시아 대륙 이외의 원주민이며, 모두 백인에게 정복된 민족이라는 점이다.

의학사 연구자 헨리 E. 시게리스트는 다음과 같이 말한다.

"백인에 의한 정복은 총기만큼이나 화주(불에 잘 타는 술)의 영향도 컸다. 아메리칸 인디언에게 미친 알코올의 영향은 잘 알려져 있다. 인디언들이 사용하던 흥분제는 담배였고, 이것으로는 취하지 않는다. 반면 위스키는 인디언의 저항력을 약화시켜 그들을 쉽게 착취의 대상으로 만들었다. 동일한 정

---

5) 오퍼런트 자기투여 실험은 동물 실험에서 흔히 사용되는 약물(혹은 알코올) 중독 연구 방법이다. 동물이 '자발적으로' 약물을 원하고 반복적으로 찾는지를 확인할 수 있어 약물의 중독성·보상 효과·강화 작용을 연구하는 데 효과적이다.

6) 호주 원주민을 지칭하는 용어로 '어보리진'이라고도 한다. 'Indigenous Australian'과 함께 사용되며 현재 호주 인구의 약 3.3%를 차지한다.

복 방식은 다른 지역에서도 사용되었다."10 실제로 백인들이 인디언과 불평등 조약을 맺을 때 대량의 위스키를 제공했다는 사실은 널리 알려져 있다.

당시 인디언에게는 알코올에 대한 내성이 전혀 없었다. 유라시아 대륙은 기후와 토양이 곡물 재배에 적합해 오래전부터 술을 빚고 즐기는 문화가 있었지만 백인이 정착하기 이전의 미대륙은 옥수수 외에 주요 곡물이 드물었고, 그것조차 주로 식량으로 소비되었다. 술을 빚고 마시며 즐기는 문화가 없었으니 절제된 음주라는 개념도 당연히 존재하지 않았다. 백인에게 위스키 한 병을 받으면 단숨에 마셔버리기 일쑤였다.

이런 음주 방식은 종교 의식에서 환각성 선인장인 페요테를 사용해 환시 체험을 중시하던 전통의 영향을 받았을 가능성도 있다. 그러나 무엇보다 인디언을 둘러싼 사회적 상황이 무절제한 음주를 더욱 심화시켰다. 원래 그들은 광활한 대지에서 수렵 중심의 풍요로운 삶을 누렸지만 백인의 침략은 그들의 생활 방식을 철저히 짓밟았다. 땅을 빼앗기고, 사냥도 농사도 할 수 없는 비좁은 보호구역으로 내몰린 채 무기력한 삶을 살아야 했던 것이다.

여기에 동화 정책은 공동체의 미래마저 파괴했다. 대표적인 것이 '위탁가정 제도'와 '인디언 기숙학교'였다. 위탁가정 제도는 빈곤 가정으로 분류된 인디언 가정에서 태어나기도 전에 아이를 선별해 강제로 빼앗은 다음 백인 가정에 맡기는 방식이었다. 친부모와 단절된 채 자란 아이들은 인디언의 문화와 역사를 전혀 배우지 못하고 오직 백인으로만 길러졌다. 인디언 기숙학교는 19세기 후반 이후 설립되었는데 그곳에서는 인디언의 풍습과 신앙을 미개하고 천한 것으로 부정했다. 부족 전통인 긴 머리카락을 강제로 자르게 했고, 영어만 사용하도록 강요했다. 어쩌다 모국어를 말하면 입에 비누를 쑤셔 넣고 체벌했으며, 성경 외의 책을 읽으면 독방에 가두는 등 폭력적인 교육이 자행되었다.

이 모든 일은 '인디언을 죽이고, 인간을 구하라'는 백인 중심주의적 사고에서 비롯되었다. 그렇게 길러진 아이들은 자아가 형성될 시기에 이르러 '나는 인디언도 백인도 아니다'라는 정체성 혼란에 시달렸고, 결국 알코올에 탐닉하게 되었다. 동화 정책이라는 폭력은 또 다른 폭력을 낳았고, 그 폭력은 술에 의해 증폭되며 부족 사회 안의 더 약한 존재들을 향했다. 특히 모계 사회이면서도 남성 우월주의 관습이 강하게 남아 있는 인디언 사회에서 그 화살은 상대적으로 약자인 여성에게, 심지어 보호받아야 할 아이들에게까지 향했다.[11] 가정 폭력의 피해는 다시 알코올 의존을 키우는 온상이 되었다.

미국에서 인디언의 권리 회복을 목표로 하는 '레드 파워' 운동이 일어났을 무렵, 폰카족 출신의 빌 펜소뉴는 전미 인디언 청년회의 의장 자격으로 1969년 상원 인디언 교육소위원회에서 다음과 같이 진술했다.

"우리는 오직 술에 몰두합니다. 술에 취해 있을 때만이 인디언인 우리가 유일하게 자유로울 수 있는 순간이기 때문입니다."[12]

인디언의 음주 문제는 지금도 여전히 해결되지 않고 있다. 인디언 위생국에 따르면, 알코올 의존에 시달리는 미국 원주민의 비율은 미국 전체 평균의 5배에 달한다. 그 배경에는 조상 대대로 물려받은 땅과 전통적 생활양식의 상실, 신앙과 전통 의학의 부정이라는 역사적 상흔이 자리한다.[13] 그것들은 부족 공동체 안에서 파괴와 폭력의 세대 간 연쇄를 일으키고, 알코올 의존을 계속해서 재생산하고 있다.

현재 많은 인디언 보호구역에서는 알코올 문제 대책의 일환으로 구역 내 주류 판매를 금지하고 있다. 그러나 그 결과 술을 구하려는 원주민들은 보호구역 밖으로 나가야 하고, 음주 운전에 의한 비극이 끊이지 않는다. 보호구역 도로변에는 지금도 '마실 거면 운전하지 마라'라는 슬로건이 크게 적힌 경고판이 다수 세워져 있다.

○ 절망사로서의 알코올 관련 사망

인디언은 자살률이 높기로도 유명하다. 특히 청년층의 자살은 매우 심각한 문제로 대두되고 있다. 미국 약물남용·정신건강청SAMHSA이 전국 자살 사망자 데이터베이스를 기반으로 인종별 자살 사망률을 분석한 결과, 인디언과 알래스카 원주민의 청년층 자살률은 미국 전체 평균보다 현저히 높은 것으로 나타났다(그림 4-2).[14]

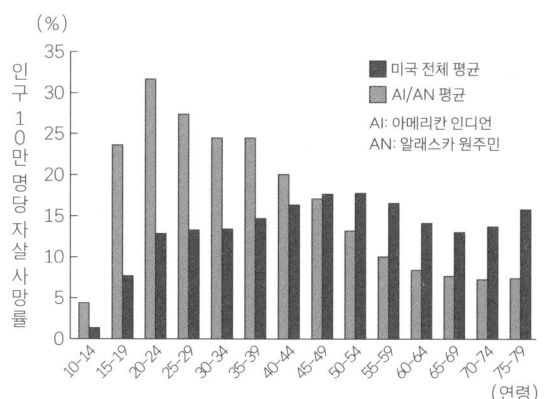

그림 4-2. 2000~2013년 아메리칸 인디언과 알래스카 원주민의 자살 사망률: 미국 전체 평균과의 비교 (SAMHSA,「※Suicide Clusters within American Indian and Alaska Native Communities」)[14]

청년층 자살의 배경에는 높은 실업률 같은 구조적 요인과 함께 알코올 남용이 중요한 촉진 요인으로 작용한다는 지적이 있다. 실제 보고에 따르면 인디언 사회에서 발생한 자살 기도 88건 가운데 47건에서 알코올이 무시할 수 없는 영향을 미쳤다고 한다.[15]

또한 미국 질병통제예방센터CDC의 조사[16]에 따르면 미국 전체 자살자 중 자살 직전에 알코올 의존증을 앓고 있었던 것으로 추정되는 비율은 15.6%였으나 인종별로 보면 인디언 및 알래스카 원주민이 21.0%로 가장 높았다(참고로 가장 낮은 집단은 비히스패닉계 흑인으로 6.8%). 또한 자살 직전에 음주를 한 사람은 전체 자살자의 25.2%였는데 인종별로 보면 역시 인디언 및 알래스카 원주민이 46.2%로 가장 많았다(참고로 히스패닉계는 29.5%, 비히스패닉계 백인은 25.5%).

이런 결과는 인디언 사회에서 알코올 의존과 자살이 긴밀하게 맞물려 있음을 시사한다. 이 관계는 1장에서 살펴본 미국 중서부에서 오대호 일대로 걸쳐 있는 러스트 벨트 지역에서 중장년 백인 남성의 자살과 오피오이드 남용이 동시에 급증한 현상을 연상시킨다. 자살이나 오피오이드 과다 복용에 의한 사고사는 모두 '절망에 의한 죽음絶望死'이라는 측면이 있는데, 같은 현상이 인디언 사회에도 적용될 가능성이 있다.

이 장에서 다룬 인디언의 알코올 문제는 한 가지 사례에 불과하다. 전 세계적으로 살펴보면 의존증에 취약한 집단(원주민, 소수 민족, 성소수자 등)은 항상 자살 고위험 집단이기도 하다. 여기에서 '의존증'이라는 현상의 또 다른 측면을 맞닥뜨리게 된다. 흔히 의존증은 개인의 의지박약이나 방탕, 자기중심적 방임의 결과라는 편견 어린 시선으로 바라보기 쉽다. 그러나 그 이면에는 '자살'과 맞닿아 있는 깊은 절망이 자리한다.

지금으로부터 약 90년 전 정신분석 의사 칼 메닝거는 알코올 의존증을 '만성적 자살'로 규정했다.[17] 이 표현에는 과도한 음주가 자신의 건강과 생명을 의도적으로 소진시키는 행위라는 점뿐만 아니라 동시에 일시적으로 자살을 미루는 긍정적인 기능까지 내포되어 있다.

이는 예리한 통찰이었다. 실제로 인디언들에게 알코올은 굴욕을 잊고 절망에서 눈을 돌려 삶을 연장하게 만드는 일종의 '화학적 돌봄'으로(혹은 일본의 스트롱계 츄하이가 상징하는 '마시는 복지'로서) 기능했을지도 모른다. 문제는 그렇다고 해서 자살 충동 자체가 사라지는 것은 아니라는 점이다. 오히려 알코올에 의한 만취 상태는 충동성을 높이고, 고통과 죽음에 대한 두려움을 둔화시켜 자살이라는 파괴적 문제 해결 방식을 선택하기 쉽게 만든다.

이것은 알코올만의 문제가 아니다. 모든 의존증의 본질이 여기에 있다.

의존증과 자살은 동전의 양면처럼 맞닿아 있다. 단기적으로는 '지금 당장 자살하는 것을 미루게 한다'라는 점에서 자살을 억제하는 보호 요인이 될 수 있지만 장기적으로는 자살 위험을 높이는 위험 요인으로 작용한다.

알코올 문제의 배경에 있는 것들

이 장에서는 인간이 왜 각종 규제와 금지령에도 불구하고 알코올에 집착하며 음주를 그만두지 못하는가에 대해 고찰했다. 그 과정을 통해 인류가 이 지구상에서 생존 경쟁을 뚫고 문명을 형성해 나가는 여정에서 알코올음료가 얼마나 중요한 역할을 해왔는지도 확인할 수 있었다. 그러나 이런 긍정적 측면과는 달리 알코올이 수많은 폐해를 낳는 것 역시 부정할 수 없는 사실이다. 따라서 후반부에서는 일부 사람들이 왜 과음을 하게 되는지 인디언의 알코올 문제를 사례로 살펴보았다. 그리고 의존증의 배경에 존재하는 고통과 어려움, 나아가 자살과의 관련성까지 사유의 범위를 넓혀 보았다.

알코올을 주제로 한 세 장의 여정을 지나온 지금, 다시금 깨닫게 되는 사실은 알코올 문제란 단순히 에탄올이라는 물질의 약리 작용이나 독성에만 기인하지 않는다는 점이다. 예를 들어 앞 장에서 다룬 18세기 영국의 '진 크레이즈' 또한 단순히 값싸고 도수가 높은 증류주의 확산 때문만은 아니었다. 농업 중심 사회에서 산업 사회로의 급격한 전환은 '자본가 대 노동자'라는 새로운 격차와 분열을 낳았고, 구속과 빈곤에 시달리던 이들이 혹독한 일상을 잠시나마 진으로 달래는 과정에서 벌어진 현상이었다. 그런 의미에서 보면 진 크레이즈 역시 인디언의 알코올 문제와 마찬가지로 사회 전반에 만연한 절망의 한 표현이라 할 수 있다.

여기서 알코올에 관한 논의의 출발점인 2장 「알코올(1): '스트롱계 츄하이'라는 괴물」로 돌아가 보자. 나는 스스로에게 묻는다. 일본 사회에서 큰 인기를 끌었던 '스트롱계 츄하이'라는 값싸고 빨리 취할 수 있는 술도 어떤 사회적 맥락 속에서 등장하게 된 필연성이 있었던 것은 아닐까, 하고.

그 답을 명확히 알 수는 없다. 하지만 진료실에서 만난 스트롱계 츄하이 애호가인 젊은이들을 떠올리면 어렴풋이 짐작이 가는 부분이 있다. 그들은 버블 경제 시대를 경험한 부모 세대와는 달리 매우 소박한 삶을 살아가고 있었다. 무모한 대출로 분수에 맞지 않는 자동차나 명품을 사지도 않고, 크리스마스 데이트에 터무니없는 돈을 쓰는 일도 없다. 그도 그럴 것이 비정규직이라는 열악한 환경 속에서 하루하루를 겨우 연명하지만 임금은 좀처럼 오르지 않고, 경제적 격차는 점점 더 벌어지며, 지금보다 나은 미래를 상상하기란 너무도 어려운 현실 속에 살아가고 있으니 말이다.

그렇게 생각해 보면 좋든 나쁘든 알코올의 유행은 그 시대를 반영하는 산물이며, 스트롱계 츄하이 또한 그 가운데 하나였을지도 모른다.

참고 문헌

1 Benoît Franquebalme 지음, 『Ivresses: Ces moments où l'alcool changea la face du monde』, JC Lattès, 2020

2 Dudley, R. 지음, 『The Drunken Monkey: Why We Drink and Abuse Alcohol』, University of California Press, 2014

3 운노 히로시 지음, 『술집의 문화사』, 고단샤학술문고, 2009

4 마크 포사이스 지음, 임상훈 옮김, 『주정뱅이 연대기-술 취한 원숭이부터 서부시대 카우보이까지, 쉬지 않고 마셔온 술꾼의 문화사』, 비아북, 2024

5 톰 스탠디지 지음, 김정수 옮김, 『세상을 바꾼 6가지 음료, 석기 시대의 맥주부터 21세기 코카-콜라까지』, 캐피털북스, 2020

6 William James 지음, 『The Varieties of Religious Experience, A Study in Human Nature』, Longmans, Green & Co., 1902

7 가키누마 요헤이 지음, 『고대 중국의 24시간-진한 시대의 의식주에서 성생활까지』, 주코신쇼, 2021

8 McCool, B. A., Chappell, A. M. "Early social isolation in male Long-Evans rats alters both appetitive and consummatory behaviors expressed during operant ethanol self-administration," Alcohol, Clinical and Experimental Research, 33(2), 2009

9 Siegel, R. K., Intoxication: The Universal Drive for Mind-altering Substances, Park Street Press, 2005

10 Henry E. Sigerist 지음, 『Civilization and Disease』, Cornell University Press, 2018

11 가마타 준 지음, 『네이티브 아메리칸-원주민 사회의 현재』, 이와나미신서, 2009

12 TIME, "Nation: The angry American Indian: Starting down the protest trail," Feb. 9, 1970

13 Whitbeck, B. L. 외, "Discrimination, historical loss and enculturation: culturally specific risk and resiliency factors for alcohol abuse among American Indians," Journal of Studies on Alcohol, 65(4), 2004

14 SAMHSA, "Suicide clusters within American Indian and Alaska Native communities: A review of the literature and recommendations," 2017

15 Tower, M., "A suicide epidemic in an American Indian community," American Indian and Alaska Native Mental Health Research, 3(1), 1989

16 Centers for Disease Control and Prevention(CDC), "Alcohol and suicide among racial/ethnic populations-17 states, 2005-2006," Morbidity and Mortality Weekly Report, 58(23), 2009

17 Menninger, K. A., Man against Himself, Harcourt Brace & World, 1938

5장

카페인(1)
독이자 양생약, 그리고 최음제

부자연스러운 약물

카페인은 약리학적으로 각성제나 코카인과 같은 중추신경계 흥분제이며, 그 약리 작용은 꽤 뚜렷하다. 아마 누구나 커피나 홍차를 마신 뒤 의욕과 주의력, 집중력이 높아지거나 졸림과 피로가 완화되는 '약물 효과'를 경험했을 것이다.

인류가 카페인과 만난 것은 알코올에 비하면 꽤 최근의 일이다. 흥미롭게도 원래 열량 공급원인 '음식'으로 기대되었던 술과 달리 커피나 차 같은 카페인 음료는 처음부터 음식과 명확하게 구분되었다. 이런 점은 음료와 식사의 관계를 보면 알 수 있다. '빵과 포도주'라는 관용구 표현에서도 드러나듯이 알코올은 식사와 함께 즐기는 음료로 음식과 한 몸처럼 여겨진다. 반면 커피는 철저히 '식후' 음료다. 프렌치나 이탈리안 디너 자리에서 커피를 주문한다는 것은 '식사 종료'와 동의어이며, 주문하는 순간 웨이터는 먹다 남은 빵이나 마시다 남은 와인을 인정사정없이 치워버린다.

카페인은 '부자연스러움'이라는 점에서 알코올보다 더 '약물다운' 성질을 지닌다. 알코올은 식욕을 돋우고 졸음을 유도하는 등 생리적 욕구에 따르는 작용을 하는 반면, 카페인은 생리적 욕구에 저항하며 우리를 배고픔과 과잉 활동 상태로 몰아넣는 매우 부자연스러운 작용을 하기 때문이다.

이번 장과 다음 장에서는 카페인을 다루며, 그 공과를 파헤쳐 보겠다.

이상하게도 비난받지 않는 의존성 약물

1장에서 언급했듯이 데이비드 T. 코트라이트는 인류에게 건강 피해를 끼친 3대 약물로 알코올, 담배, 카페인을 꼽으며 이를 '빅 쓰리'라 명명했다.[1] 이

세 가지 약물 가운데 카페인만큼은 현대 사회에서 큰 비난의 대상이 되지 않는다. 적어도 알코올이나 담배에 비하면 훨씬 관대하게 받아들여져 왔다. 왜 그럴까? 그 이유는 크게 세 가지로 생각할 수 있다.

첫째, 너무 많은 사람이 카페인을 애용해 생활필수품처럼 사회 전반에 스며들어 있기 때문이다. '커피파'와 '녹차파' 같은 차이는 있어도 대부분 사람들은 업무 시작 전이나 업무 중에 카페인을 섭취한다. 식사 한때나 잠깐의 수다를 위한 동반자로서도 이 음료들은 빠지지 않는다. 이제 우리는 커피나 차 없는 삶은 상상조차 하기 어려운 상태다.

둘째, 아마도 카페인이 현대 사회의 가치관과 잘 맞아떨어지기 때문일 것이다. 역사를 되돌아보면 흥미롭게도 카페인 음료의 확산 시기와 사회적 발전이 맞물린 사례가 있다. 중국에서 차가 서민에게 보급된 것은 7~8세기 당나라 시대인데, 당시 인구가 폭발적으로 증가했고 세계에서 가장 광대한 영토와 번영을 자랑했다.[2] 또한 15세기경 커피가 보급되기 시작한 무렵 이슬람 사회는 자연과학이 가장 발달한 문명권이었다.[3]

한편 유럽에서는 17세기에 들어서야 커피와 차가 보급되었는데 이 시기를 기점으로 유럽 사회는 극적인 변화를 겪는다.[3] 깨끗한 물을 구하기 어려웠던 당시 유럽에서는 대낮부터 물 대신 맥주나 와인을 마시며 늘 취기 어린 상태로 생활했다. 그런데 카페인은 살균 효과뿐 아니라 머리를 맑게 하고 합리적 사고를 돕는 작용이 있었다. 이런 약리 작용은 당시 새롭게 부상하던 근면과 금욕을 중시하는 청교도적 가치관과도 맞아떨어졌다.

실제로 산업혁명 이후 공장에서도 휴식 시간에 마시던 음료를 맥주에서 홍차로 바꾸자 사고가 급감하고 생산성이 크게 향상되었다고 전해진다.[3] 또 도시의 커피하우스에서는 지식인과 상인들이 모여 정치, 경제, 무역, 과학 기술 등 다양한 주제에 관한 최신 정보를 활발히 주고받았다.[3, 4] 예술 분야에서도 카페인은 분명한 기여를 했다. 발자크, 볼테르, 베토벤은 모두 엄청난 커피 애호가였으며 이들은 커피를 몇 잔씩 마시며 창작에 몰두했던 것으로 알려져 있다.

세 번째 이유는 바로 안전성이다. 이렇게 뚜렷한 약리 작용을 지녔음에도 카페인은 비교적 안전하다. 물론 정제된 순수 카페인 분말은 위험하다. 4분의 1 티스푼만으로도 심계항진이나 강한 불안감 같은 불쾌한 증상이 나타나고, 한 스푼 분량이면 사망에 이를 수 있다. 하지만 커피로 그 정도 카페인을 섭취하려면 50잔, 홍차라면 200잔을 단숨에 마셔야 하며,5 현실적으로 인간이 그렇게 섭취하는 것은 거의 불가능하다.

카페인의 약리학

◦ 카페인의 효과

거듭 말하지만 카페인의 약리 작용은 분명하고 확실하다.6 커피 한 잔에는 약 50mg의 카페인이 들어 있는데 30mg 이하의 소량만으로도 기분과 의욕에 변화가 생긴다. 평소 카페인을 섭취하지 않거나 가끔만 섭취하는 사람이라면 이렇게 적은 양으로도 충분히 각성 효과와 주의력 향상을 느낄 수 있다.

카페인은 기분이나 의욕뿐만 아니라 순발력이나 지구력 같은 운동 기능도 높여 준다. 이런 이유로 과거 국제올림픽위원회IOC는 선수들의 소변 속 카페인 농도가 1ml당 12μg을 넘지 않도록 상한선을 정해 두기도 했다(현재 카페인은 금지 약물 목록에서 제외되었다). 이 수치는 대략 커피 3~6잔을 마신 정도에 해당한다.

카페인의 또 다른 특징은 내성이 쉽게 생긴다는 점이다. 매일 100mg 정도를 꾸준히 섭취하는 사람은 30mg 이하의 적은 양으로는 거의 효과를 느끼지 못한다. 습관적 섭취로 인해 내성이 생겼기 때문이다. 그런 사람이라도 평소보다 많은 양, 예컨대 500mg 이상을 섭취하면 당연히 효과를 느낄 수 있다. 이렇게 다량으로 섭취하면 부정적인 영향이 나타나기 때문이다. 불안감 증가, 신경과민, 짜증, 속쓰림 같은 증상이 대표적이다. 물론 이런 증상은 대체로 일시적이며 개인차도 크다.

카페인을 더 많이 섭취하면 중독 증상이 나타난다. 대표적인 증상으로는 흥분, 불안, 떨림, 빈맥, 이뇨, 위장 장애, 근육 경련, 불면 등이 있다. 심할 경우에는 말을 멈추지 못하거나 사고가 산만해지고, 과도한 자아 감각이나 수면 욕구 감소 같은 조증에 가까운 정신 증상이 나타나기도 한다. 그리고 섭취량이 5~10g처럼 극단적으로 많아지면 사망 위험이 급격히 높아진다. 이때는 대부분 치명적인 부정맥이 사망 원인이 된다.

◦ 카페인의 대사

카페인은 섭취 후 30분 이내에 효과가 나타나고, 1시간 이내에 혈중 농도가 최대치에 도달한다. 음식과 함께 섭취하면 흡수 속도가 다소 늦어지지만 효과 자체를 방해하지는 않는다. 소화관에서 혈중으로 흡수된 카페인은 주로 간의 사이토크롬 P450 1A2(이하 CYP1A2) 효소에 의한 탈메틸 반응과 산화를 거쳐 대사된다.

카페인의 효과나 지속 시간은 이 CYP1A2 효소의 대사 능력에 따라 크게 좌우된다. 또한 이 효소에 영향을 주는 약물이나 물질이 존재하면 카페인의 반감기도 달라진다.[6] 예를 들어 선택적 세로토닌 재흡수 억제제[SSRI]인 플루복사민(우울증·강박 장애 치료제)은 강력한 CYP1A2 억제제다. 또한 플루오로퀴놀론계 항생제인 시프로플록사신 역시 CYP1A2를 억제하는 역할을 한다. 이 약들을 복용 중인 사람은 카페인의 혈중 농도가 일반적인 경우보다 높게 유지되고 효과 지속 시간도 늘어난다.

반대로 흡연은 강력한 CYP1A2 유도 인자로 작용한다. 흡연자는 카페인을 더 빨리 분해하기 때문에 혈중 농도가 잘 오르지 않고 효과 지속 시간도 짧아진다. 그러나 금연을 하면 혈중 카페인 농도가 상승해 카페인 효과가 지나치게 강하게 나타난다.

이런 점은 임상적으로 매우 중요한 지식이다. 실제로 미국 정신의학과 전문의 자격시험에서는 다음과 같은 유형의 문제가 자주 출제된다(다음은 과거 기출 문제를 참고해 재구성한 예시 문제다).

> A는 강박 장애로 정신의학과 치료를 받고 있으며, 현재 플루복사민을 복용 중이다. 어제 A는 피부에 난 종기가 곪아 염증과 통증이 생기자 피부과에서 항생제를 처방받았다. 진료 중 A는 피부과 의사로부터 흡연 습관에 대해 심하게 질책받았고, 결국 그날부터 금연을 시도하기로 했다.
> 다음 날 아침 평소처럼 모닝커피를 마시던 중 A는 갑작스러운 심한 심계항진(가슴 두근거림)과 식은땀, 강한 불안감을 느꼈다. 잠시 침대에 누워 상태를 지켜보았지만 1시간이 지나도 증상이 나아지지 않아 두려운 마음에 구급차를 불렀다.
>
> 다음 중 A에게 나타난 증상의 원인으로 가장 의심되는 것을 고르시오.
> ① 의사의 질책으로 인한 외상 반응이 나타났다.
> ② 강박 장애 외에 공황 장애가 새로 발병했다.
> ③ 종기의 원인이 된 세균이 혈관으로 들어가 패혈증이 되었다.
> ④ 카페인 중독이 발생했다.

정답은 ④다.
물론 현 시점에서 A에게 나타난 증상의 원인을 단정할 수는 없지만 일단 금연, 플루복사민 복용, 항생제 복용(구체적인 약 이름은 언급되지 않았지만 시프로플록사신이었을 가능성이 있다) 등의 영향으로 카페인 대사 기능이 떨어졌을 가능성을 의심하고, 그에 따른 정보 수집이나 검사를 진행하는 것이 효율적인 진단 절차라고 할 수 있다.

◦ 카페인과 불면증

카페인의 작용을 좀 더 자세히 살펴보자. 앞서 언급했듯이 카페인은 소화관에서 빠르게 흡수되어 순식간에 효과가 나타나지만 의외로 오랜 시간 체내에 머문다.7 카페인의 반감기, 즉 섭취한 약물의 절반이 체외로 배출되기까지의 시간은 평균 5~7시간이다. 예를 들어 오후 7시 30분쯤 저녁 식사 후에 커피 한 잔을 마셨다면 다음 날 오전 1시 30분이 넘어도 여전히 절반의 카페인이 체내에 남아 있는 셈이다.

겨우 절반이라고 우습게 보면 안 된다. 여전히 카페인은 강력한 중추신경 흥분제이고, 분해되지 않은 채 체내에 저장되어 있다. 그런 상태에서는 숙면을 취할 수 없다. 사람들은 10시간 전에 마신 저녁 식사 후의 커피가 불면의 원인이라고는 상상하지 못하지만 실제로는 충분히 가능한 일이다.

또한 카페인이 함유된 음식은 커피나 차, 에너지 음료에만 한정되지 않는다.7 다크초콜릿, 아이스크림, 다이어트 보조제, 심지어 시중에서 판매되는 진통제에도 들어 있다. 잠이 잘 오지 않거나 금방 깬다고 고민하는 사람은 '혹시 불면증이 아닐까?' 하고 걱정할 수 있지만 사실은 카페인이 원인일 수도 있다. 참고로 카페인을 제거한 '디카페인' 커피라도 카페인이 전혀 없는 것은 아니다. 디카페인 커피 한 잔에는 일반 커피의 15~30% 정도의 카페인이 포함되어 있다.

카페인 대사 속도는 사람마다 다르며, 다른 약물의 영향을 받기도 하지만 대부분은 유전적으로 결정된다. 그래서 저녁 식사 때 에스프레소를 마셔도 밤 12시에는 푹 잘 수 있는 체질인 사람도 있고, 아침에 커피나 차를 단 한 잔만 마셔도 하루 종일 카페인 효과가 지속되는 체질인 사람도 있다. 후자의 경우 오후에 한 잔을 더 마신다면 아무리 이른 오후 시간이라고 해도 잠드는 데 영향을 미칠 가능성이 크다. 그 밖에 나이도 카페인 대사 속도에 영향을 줄 수 있다. 나이가 들수록 대사 속도가 느려져 카페인이 체내에 더 오래 머무는 경향이 있기 때문이다.

그런 의미에서 마이클 폴란이 저서 『마음을 바꾸는 방법』에서 소개한 수면 연구자 매슈 워커의 지적은 단순히 농담으로 넘기기 어려운 면이 있다. 그는 이렇게 말했다.

"지난 35년간 늘어난 스타벅스 매장 수와 수면 부족을 호소하는 사람 수를 그래프로 그려 보면 선의 기울기가 매우 비슷하다는 걸 알 수 있다."[3]

◦ 매일 아침 카페인이 필요한 이유

과학 저널리스트 머리 카펜터는 저서 『카페인 권하는 사회』[5]에서 정신약리학자 롤랜드 그리피스(1946~2023)와의 인터뷰를 비중 있게 다루고 있다. 그리피스는 존스홉킨스대학교 의과대학에서 정신의학, 신경과학, 행동과학 교수로 재직했으며 실로시빈(매직머시룸[7]에 포함된 환각 유발 성분)의 의학적 효용을 밝히는 등 현대에서 가장 뛰어난 사이키델릭 연구자 중 한 명이다.

내가 이 인터뷰를 흥미롭게 생각하는 이유는 바로 그리피스 같은 '드럭 박사'가 우리에게 가장 친숙한 의존성 약물인 카페인에 대해 내놓은 통찰 때문이다. 그리피스는 이렇게 말한다.

"동물과 사람을 대상으로 향정신성 약물 연구를 40년간 해왔지만 카페인은 그중 가장 흥미로운 물질이라고 생각한다. 명백히 정신 활성 작용이 있는데도 세계 여러 문화권에서 널리 받아들여지고 있기 때문이다."

---

7) 환각 성분이 함유된 버섯

일반적으로 약리학 연구는 남용하면 여러 문제를 일으킬 수 있는 희귀 약물을 대상으로 의존성과 독성을 조사하는 경우가 많다. 하지만 그리피스는 일부러 그 반대의 약물, 즉 가장 흔하고 세계에서 가장 널리 소비되는 향정신성 약물인 카페인에 관심을 두고 다양한 실험을 진행했다. 이런 여러 실험 끝에 그는 다음과 같은 결론에 도달한다.

"어떤 문화권에서도 카페인은 남용 약물로 간주되지 않지만 실제로는 남용 약물의 조건을 모두 갖추고 있다."

그가 말하는 남용 약물의 조건은 기분을 바꾸는 효과가 있다는 것과 내성 및 사용 중단 시 금단 증상이 나타나는 성질이 있다는 것이다.

그리피스는 미국 일반 시민 중 커피 애호가들을 모집해 카페인을 완전히 끊는 실험을 진행했다. 그 결과 카페인을 끊은 후 두통을 경험한 사람이 피험자의 절반에 달했고, 임상적으로 다른 유의한 고통이나 기능 장애를 호소한 사람도 13%에 달했다고 보고했다. 특히 하루 평균 카페인 섭취량이 100mg 이상인 경우 대부분이 갑작스러운 카페인 중단으로 인해 불쾌한 증상, 즉 카페인 금단을 경험했다.

금단 증상은 보통 섭취 중단 후 12~24시간 안에 나타났지만 일부는 36시간 후에 나타나기도 했다. 일반적으로 금단 증상은 하루 정도 지속되며, 일부에서는 일주일 동안 이어지기도 했다.

가장 흔한 금단 증상은 두통이었다. 이런 두통은 처음에는 조금씩 나타나 점차 통증 범위가 넓어지는 특징이 있었지만 통증 자체는 비교적 경미했다. 그 외에도 피로감, 졸림, 머리가 멍한 느낌, 몸을 움직이기 귀찮은 느낌, 집중력 저하, 짜증, 불안, 기분 저하 등의 금단 증상이 관찰되었다. 드물게는 독감에 걸린 듯한 강한 전신 권태감을 호소한 사람도 있었다.

그리피스의 주장을 간단히 정리하면 이렇다. 아침에 일어나자마자 마시는 커피가 맛있게 느껴지는 이유는 단지 카페인 금단으로 인한 고통을 완화해 주기 때문이라는 것이다. 카페인의 반감기를 고려하면 만성적인 카페인 사용자들은 매일 아침 일어날 때 금단 증상을 경험하게 된다. 이런 의미에서 아침에 커피나 차를 마시지 않으면 하루가 시작되지 않는 것 같은 느낌은 단순히 '기분' 문제만은 아닌 셈이다.

◦ 카페인 크래시

밤늦게까지 일할 때, 우리는 종종 커피의 힘을 빌린다. 하지만 명심해야 할 것은 그만한 대가를 치러야 한다는 점이다. 그 대가란 무엇일까?

카페인은 아데노신 수용체 길항제다. 아데노신이라는 물질은 뇌의 수용체와 결합하면 신경계를 억제해 졸음을 유발한다. 하루의 후반부가 되면 우리 뇌는 아데노신 농도가 점점 높아지며 수면에 대비해 중추신경계의 활동을 억제하는 메커니즘을 가지고 있다. 결국 뇌 안에 아데노신이 충분히 차면 머리가 멍해지고 '이제 잠자리에 들고 싶다'라는 유혹을 느낀다. 이런 수면에 대한 내적 욕구를 '수면 압력'이라고 부른다.

그런데 카페인은 원래 아데노신이 결합해야 할 수용체를 선점해 그 작용을 방해한다. 그러면 아데노신이 보내는 '머리 스위치를 꺼라'라는 신호는 뇌에 전달되지 않는다. 덕분에 우리는 졸음을 떨쳐내고 뇌를 깨어 있게 만들 수 있다. 그렇다고 해서 아데노신이 사라진 것은 아니다. 그것은 여전히 뇌 속에 존재하며 오히려 시간이 지날수록 점점 더 축적된다.

앞서 언급된 캘리포니아대학교 버클리캠퍼스의 수면 연구자 매슈 워커의 주장에 따르면, 실제로 아데노신은 축적되고 있지만 우리는 카페인에 속고 있는 상태, 혹은 카페인에 의해 아데노신의 존재가 일시적으로 가려진 상태라고 볼 수 있다.[7]

그러다 어느 순간 아데노신이 갑자기 역습을 시작한다. 즉 카페인이 완전히 대사되고 수용체에서 물러나면 그동안 축적되어 있던 아데노신이 한꺼번에 몰려드는 것이다. 이때는 커피를 마시기 직전에 느꼈던 졸음뿐만 아니라 카페인 효과로 각성한 동안 계속 쌓여 있던 아데노신의 졸음까지 합쳐져 엄청난 수면 압력으로 우리를 덮친다.

이렇게 표현할 수도 있다. 카페인이 수용체를 점령하고 있는 동안 아데노신은 방해꾼이 사라질 기회를 호시탐탐 노리고 있다가 적이 자취를 감추자마자 기습 공격을 감행해 자신의 영토를 되찾는다고. 그 결과 우리는 말 그대로 폭력적인 졸음에 사로잡히게 된다. 이것이 바로 '카페인 크래시'라는 현상이다.

이 아데노신의 맹공에 대항하기 위해 다시 카페인을 섭취한다면 악순환이 시작된다. 만성적인 피로감을 카페인으로 억누르면서도 내성으로 인해 이미 그 효과는 떨어져 아무리 카페인을 섭취해도 예전처럼 머리가 맑아지는 느낌은 얻기 어렵다. 마치 빚 독촉을 피하려고 또 다른 빚을 내는 사람처럼 수렁에 빠져드는 것이다.

에너지드링크를 둘러싼 문제

◦ 증가하는 카페인 중독

의존성 약물 문제는 과학기술의 발달과 함께 악화된다. 실제로 증류 기술의 발명이 알코올로 인한 건강 피해를, 그리고 아편에서 모르핀을 정제해 내는 데 성공한 일이 오피오이드(아편류)로 인한 건강 피해를 심각하게 만들었다.

카페인의 경우는 어떨까? 아마 커피나 차에서 카페인 성분만 추출하는 행위가 이에 해당할 가능성이 있을 것이다. 커피나 차를 과하게 마신다고 해도 기껏해야 위궤양이 생기는 정도지만 카페인을 효율적으로 섭취할 목적으로 인위적으로 성분을 추출해 응축한 약제를 만들게 되면 이야기는 완전히 달라진다.

일본에서는 최근 카페인 중독으로 인한 응급 이송 환자 및 사망 사례가 증가하고 있다.[8, 9] 여러 연구에 따르면 응급 이송 환자나 사망 사례의 대부분은 감기약, 진해거담제, 진통제, 카페인 정제 등 일반의약품의 과다 복용이 원인이며 커피나 에너지드링크 단독으로 인한 급성 중독은 매우 드물다고 한다.

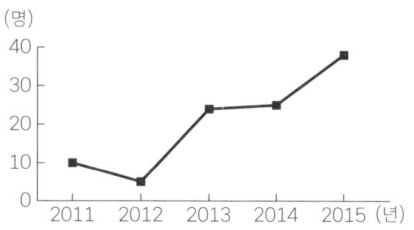

그림 5-1.
전국 38개 응급 시설로 이송된 카페인 중독 환자 추이
(카미조 요시토 「응급 의료에서의 카페인 남용 실태」)[8]

사실 일본에서 시판되고 있는 많은 의약품에는 상당량의 카페인이 포함되어 있다. 제조사들이 밝히는 공식 발표에는 '카페인은 진통·해열 성분의 흡수율을 높이고 진통 효과를 강화해 준다'라는 설명이 나와 있다. 하지만 나는 이 설명을 개인적으로 의심하고 있다. 오히려 복용을 습관화시키고, 해당 시판약을 더 오랫동안 소비하게 만들기 위한 '숨겨진 중독 요소'가 아닐까?

여기서 주목할 만한 점은 급성 카페인 중독으로 인한 응급 이송 환자의 증가가 2013년을 경계로 발생했다는 사실이다(그림 5-1 참조).[8] 앞서 언급한 카페인 함유 일반의약품은 수십 년 전부터 판매되고 있었는데 왜 하필 2013년 이후에 남용자가 급증했는지는 알 수 없다. 도대체 2013년에 무슨 일이 있었던 것일까?

여기서부터는 내 개인적인 추측이다.

2013년 레드불사는 일본의 기린 음료와 업무 제휴 계약을 체결하고 전국적으로 자동판매기를 통해 에너지드링크 판매를 시작했다. 그리고 이듬해인 2014년에는 이미 2012년에 일본에 진출해 있던 몬스터 음료 회사가 코카콜라사와 파트너십을 맺고 전국 편의점에서 '몬스터 에너지' 판매를 개시했다.

 지금은 편의점의 청량음료 진열대에 다양한 에너지드링크가 즐비하게 진열되어 있다. 물론 에너지드링크에 들어 있는 카페인의 양은 그리 대단한 수준은 아니다. 아마도 스타벅스의 드립 커피보다도 카페인 함유량이 적을 것이다. 문제는 에너지드링크에서는 카페인 특유의 쓴맛이 강한 감미료로 상쇄되어 아이들도 쉽게 마실 수 있는 맛이라는 점이다. 블랙커피를 좋아하는 아이는 드물지만 에너지드링크를 좋아하는 아이는 얼마든지 있다. 실제로 중학교 입시를 준비하는 초등학생들이 다니는 학원이나 소년 야구팀 경기 중간에 학부모가 건네주는 음료가 에너지드링크라는 이야기는 종종 들은 적이 있다.

 평소에 커피나 차를 마시는 습관이 없어 카페인에 대한 내성이 전혀 없는 아이에게는 에너지드링크에 포함된 카페인의 효과가 매우 강렬하게 느껴질 것이다. 그리고 어린 시절부터 기분이나 의욕에 영향을 미치는 이런 화학물질을 섭취하며 약리 효과를 느끼는 경험이 이후 삶에 어떤 영향을 줄지를 상상해 볼 필요가 있다.

 즉 일부 힘든 삶을 사는 아이들, 가혹한 환경이나 과도한 기대 및 압박에 시달리는 아이들에게는 카페인의 효과가 마치 하늘의 계시처럼 느껴져 사용량을 점점 늘리는 원인이 될 수도 있다. 심지어 에너지드링크에 포함된 카페인만으로는 만족하지 못하고 더 고용량의 카페인을 찾아 일반의약품에 손을 뻗을 가능성도 있지 않을까?

 카페인 중독으로 인한 응급 이송자나 사망자의 증가가 2013년 이후 현저히 늘어난 배경에는 이런 사정이 있을 것으로 추측하게 된다.

 내 생각에는 카페인이 가진 쓴맛은 아이들을 카페인의 해악으로부터 지켜주는 의미가 있다. 스트롱계 츄하이(도수가 높은 일본 주류)와 마찬가지로 술은 술답게 쓰고, 커피는 커피답게 써야만 사람들이 약물의 해악으로부터 스스로를 지키는 데 도움이 될 수 있다.

◦ 에너지드링크와 알코올의 병용

적어도 아이들이 마시는 것이 아니라면 에너지드링크를 규제해야 할 뚜렷한 이유는 딱히 없어 보인다. 하지만 예외가 있다. 알코올과의 병용이다. 미국에서는 대학생을 중심으로 카페인이 들어간 알코올음료가 인기를 끌며 큰 사회문제로 번졌다. 그중에서도 악명 높은 제품이 바로 2005년에 출시된 '포 로코'라는 음료다. 당시 그 음료는 1캔의 용량이 약 700ml라는 대용량에 알코올 도수는 12%, 카페인은 150mg 이상이 들어 있었고, 과일 주스 맛으로 만들어졌다.(* 2010년 12월 이후 이 제품에서는 카페인이 제거되었다.)

그야말로 '미국판 스트롱계 츄하이'다. 미국의 포 로코 애호가들에 따르면, 이 음료를 마시면 파티에서 밤새도록 신나게 놀 수 있다고 한다. 그 흥분 작용 덕분에 '액체 코카인' 또는 '1캔으로 정신 잃기 blackout in a can' 같은 속칭도 붙었다.

실제로 2010년 미국 내에서는 포 로코와 관련된 사건이 연달아 발생했다. 대학 신입생 환영 파티에 참가한 수십 명이 급성 알코올 중독으로 응급 이송되었고, 포 로코 2캔을 마신 뒤 운전을 하던 21세 여성이 교통사고로 사망했다.

메리 C. 오브라이언 등 연구진이 미국 대학생 약 4,000명을 대상으로 실시한 설문조사에서는 이미 이런 비극이 예견되고 있었다.[10] 그 조사에서는 알코올과 에너지드링크를 섞어 마시는 학생들이 병원 치료가 필요한 부상을 입거나, 성폭력의 피해자 또는 가해자가 되거나, 음주 운전 차량에 동승하는 등의 위험한 행동에 연루될 가능성이 더 높다는 사실이 드러났기 때문이다.

이 문제는 일본에서도 결코 남의 일이 아니다. 실제로 보드카 같은 술을 에너지드링크와 섞은 칵테일을 제공하는 이자카야나 노래방이 전혀 드물지 않다.

카페인은 알코올에 의한 취기를 감춘다. 카페인에는 알코올의 약리 작용을 억제하는 기능이 전혀 없지만 아데노신 수용체를 차단함으로써 피로감이나 졸림만을 완화한다. 그 결과 술에 취하지 않은 것처럼 착각한 채 계속 마시게 되어 결과적으로 다량의 알코올을 섭취하게 되므로 위험한 행동을 할 가능성도 높아지는 것이다.

이런 점은 기초 실험을 통해서도 확인되었다. 카페인이 포함된 알코올음료를 섭취했을 때는 자극에 대한 반응 시간이 카페인이 없는 알코올음료를 마신 경우보다 짧아졌지만, 실수율(오차율)은 두 그룹 간에 차이가 없었다.[11] 이 실험 결과는 카페인 함유 알코올음료가 충동성을 높여 각종 사고나 폭력 행위를 유발한다는 하나의 간접 증거라고 볼 수 있다.

독이면서도 몸에 좋은 약

◦ 살충제로서의 카페인

오해를 무릅쓰고 말하자면, 카페인은 본질적으로 '독'이다. 생각해 보자. 왜 커피나무(꼭두서닛과 식물로 씨앗이 바로 커피콩이다)나 차나무(찻잎을 내는 차나뭇과의 상록수) 같은 식물들이 굳이 카페인을 합성할까? 말할 것도 없이 천적으로부터 자신을 지키기 위해서다.[3] 예를 들어 커피나무는 무려 900종의 해충과 싸워야 한다. 실제로 카페인을 섭취한 곤충은 치명적인 독성을 겪고 죽는다.[12]

카페인에는 제초 효과도 있다. 커피나무와 차나무의 묘목이 뿌리를 내리고 잎이나 열매가 떨어진 자리에는 경쟁자가 될 만한 다른 식물들이 전혀 발아하지 못한다.

앤서니 와일드는 자신의 저서에서 NASA 연구팀이 진행한 흥미로운 실험을 소개한다.[12] 그 실험은 유럽정원거미(학명: Araneus diadematus의 일종)에게 카페인, 암페타민(각성제), 대마, 클로랄 수화물(진정·수면제)을 각각 투여한 뒤 거미가 어떤 형태의 거미줄을 치는지 관찰한 것이었다.

결과는 매우 흥미로웠다. 대마를 투여한 거미는 마지막 원을 완성하지 못했지만 그 외의 부분은 거의 완벽한 거미줄을 쳤다. 암페타민을 투여한 거미는 집중력이 흐트러졌는지 작고 틈이 많은 줄을 만들었지만 원형 구조는 여전히 유지했다. 클로랄 수화물을 투여한 거미는 약물의 진정 작용 때문에 작업 능력이 떨어져 매우 단순한 거미줄만 만들었다. 그런데 카페인을 투여한 거미는 달랐다. 원래의 바큇살 모양(자전거 바퀴처럼 둥글고 규칙적인 형태)과는 전혀 닮지 않은 기괴한 형상의 거미줄을 쳤다. 이 실험은 카페인이 다른 어떤 중독성 약물보다도 거미의 줄 치는 능력을 심각하게 방해한다는 점을 명확히 보여 주었다.

만약 인류가 최근에서야 처음 카페인을 접했다면 규제 당국은 카페인을 '신경 독성이 있는 약물'로 분류해 규제 대상에 포함시켰을 가능성이 높았을 것이다.

◦ 몸을 보하는 약으로서의 카페인

이쯤에서 카페인에 대한 변호도 해보고자 한다. 의외로 잘 알려지지 않았지만 적어도 인간에게는 카페인 함유 음료가 일종의 양생약, 즉 몸을 보하는 약으로 작용한다.

첫째, 장수 효과다.[13] 하루에 커피를 3잔 이상 마시는 사람은 사망률이 10% 낮다는 보고가 있다. 이 연구에서는 조사 대상자를 하루 커피 섭취량에 따라 5개 그룹으로 나누었다. 거의 마시지 않는 사람, 하루 1잔 미만, 하루 1~2잔, 하루 3~4잔, 하루 5잔 이상 마시는 사람. 그리고 20년에 걸친 추적 조사 결과, '거의 마시지 않는 사람들'이 가장 사망률이 높았고, 커피를 많이 마시는 사람일수록 사망률이 낮았다.

둘째, 심장 질환의 발병 위험을 낮춘다.[14] 영국 바이오뱅크에 등록된 약 45만 명의 데이터베이스를 분석하고 나이, 성별, 음주량, 비만, 당뇨, 고혈압, 흡연 습관 등을 보정한 결과 하루 1~5잔의 커피를 마시는 그룹은 커피를 마시지 않는 대조군에 비해 부정맥 발병 위험이 유의미하게 낮았다. 그중에서도 가장 위험이 낮았던 그룹은 하루 4~5잔을 마시는 사람들이었다. 한편 디카페인 커피를 마신 그룹에서는 부정맥 위험 감소가 관찰되지 않았다. 이 점에서 보면 이 효과는 커피에 포함된 다른 성분이 아니라 카페인 자체에 의한 것으로 이해할 수 있다.

셋째, 알츠하이머병 예방 효과도 있다.[15] 쥐를 이용한 동물 실험과 인간 대상의 역학 연구 모두 카페인의 알츠하이머 예방 효과를 시사하는 결과가 나왔다. 참고로 이런 효과를 기대하려면 커피로 환산했을 때 하루 3~5잔 정도가 필요하다고 한다.

마지막으로 카페인에는 자살 예방 효과도 있다.[16] 커피를 많이 마시는 사람일수록 자살로 인한 사망률이 낮았고, 특히 하루 4잔 이상 마시는 사람의 경우 자살 위험이 가장 낮았다.

최음제로서의 카페인

오늘날 카페인은 우리 일상생활 곳곳에 스며들어 있다. 앞서 언급한 것처럼 다양한 청량음료나 과자류에도 카페인이 섞여 있다. 왜 이렇게 많은 식품에 카페인이 사용되는 것일까?

마이클 폴란은 자신의 저서에서 제랄딘 라이트가 진행한 흥미로운 실험 결과를 소개했다.[3] 꿀벌은 단순한 설탕물보다 카페인이 들어간 설탕물을 더 선호한다고 한다. 맛을 구별할 수 없을 정도로 미미한 양이라도 카페인이 들어간 쪽이 꿀벌의 기억에 더 잘 남아 선호하는 듯하다. 폴란은 이렇게 지적한다.

"왜 이것이 꽃에게 가치 있는 일인지 이제는 이해할 수 있다. 꽃가루를 옮기는 벌은 그 꽃을 기억하고 다시 찾아오기 위해 노력한다. 어떤 곤충학자의 논문을 인용하자면, 카페인을 포함한 꿀은 '꽃가루 매개자의 충성도', 즉 특정 꽃만을 고집하는 정화성定花性을 높인다. 낮은 농도의 카페인에 살짝 취한 벌은 동일한 만족을 주지 못하는 다른 꽃이 아니라 자신에게 그 특별한 경험을 준 꽃을 반복해서 찾아오게 되는 것이다."

요컨대 카페인은 일종의 최음제다. 청량음료나 과자에 카페인을 첨가하는 이유는 그 상품을 사람들의 기억에 남겨 반복적으로 선택하게 만들기 위해서다. 다소 삐딱한 시각일지도 모르지만 일반의약품 중 상당수에 카페인이 들어 있는 이유도 기업의 그런 의도 때문은 아닐까 의심하게 된다.

카페인은 참으로 복잡하고 기묘한 물질이다. 살충과 제초 효과를 지닌 독이면서, 동시에 건강을 지키는 약이기도 하다. 그리고 무엇보다 우리를 끊임없이 유혹하는 최음제다. 다음 장에서는 그런 카페인과 인류의 만남으로 거슬러 올라가 그 오랜 역사를 따라가 보겠다.

참고 문헌

1 데이비드 T. 코트라이트 지음, 이시은 옮김, 『중독의 시대-나쁜 습관은 어떻게 거대한 사업이 되었는가?』, 커넥팅, 2020

2 톰 스탠디지 지음, 김정수 옮김, 『세상을 바꾼 6가지 음료, 석기 시대의 맥주부터 21세기 코카-콜라까지』, 캐피털북스, 2020

3 마이클 폴란 지음, 김지원 옮김, 『마음을 바꾸는 방법 금지된 약물이 우울증, 중독을 치료할 수 있을까』, 소우주, 2021

4 이와키리 마사아키 지음, 『남성들의 일터: 근대 런던의 커피하우스』, 호세이대학교 출판국, 2009

5 머리 카펜터 지음, 김정은 옮김, 『카페인 권하는 사회 현대인의 만병통치약 카페인의 불편한 진실』, 중앙북스, 2015

6 Petros Levounis/Abigail J. Heron 공저, 『The Addiction Casebook』, Amer Psychiatric Pub Inc, 2014

7 매슈 워커 지음, 이한음 옮김, 『우리는 왜 잠을 자야 할까-수면과 꿈의 과학』, 열린책들, 2019

8 가미조 요시토 「응급 의료에서의 카페인 남용 실태」 『정신의학과 치료학』 32(11), 2017

9 Suzuki, H., Tanifuji, T., Abe, N., et al., "Characteristics of caffeine intoxication-related death in Tokyo, Japan, between 2008 and 2013," Japanese Journal of Alcohol Studies & Drug Dependence, 49(5), 2014

10 O'Brien, M. C., McCoy, T. P., Rhodes, S. D., et al., "Caffeinated cocktails: Energy drink consumption, high-risk drinking, and alcohol-related consequences among college students," Academic Emergency Medicine, 15(5), 2008

11 Howland, J., Rohsenow, D. J., "Risks of energy drinks mixed with alcohol," JAMA, 309(3), 2013

12 Antony Wild 지음, 『Coffee: A Dark History』, Norton & Company, 2005

13 Nehlig, A., "Effects of coffee/caffeine on brain health and disease: What should I tell my patients?" Practical Neurology, 16(2), 2016

14 Susy, K., "Long-term outcomes from the UK Biobank on the impact of coffee on cardiovascular disease, arrhythmias, and mortality: Does the future hold coffee prescriptions?" Global Cardiology Science and Practice, 13, 202

15 Arendash, G. W., Cao, C., "Caffeine and coffee as therapeutics against Alzheimer's disease," Journal of Alzheimer's Disease, 20 (Supplemental issue 1), 2010

16 Lucas, M., O'Reilly, E. J., Pan, A., et al., "Coffee, caffeine, and risk of completed suicide: Results from three prospective cohorts of American adults," The World Journal of Biological Psychiatry, 15(5), 2014

6장

카페인(2)
인류와 카페인의 역사

유럽에 '근대'를 가져온 약물

역사학자 가와키타 미노루의 저서 『설탕으로 보는 세계사』[1] 5장 표지에는 17세기에 그려진 한 장의 그림이 실려 있다. 그 그림에는 커피잔을 든 아랍인, 찻잔을 든 중국인, 그리고 초콜릿잔을 든 아즈텍인의 모습이 나란히 그려져 있다(그림 6-1). 아마도 당시 유럽에 보급되던 세 가지 음료를 각각의 원산지 사람을 등장시켜 상징적으로 표현한 것이리라.

이 세 음료에는 두 가지 공통점이 있다. 하나는 모두 카페인이라는 정신 작용 물질을 함유하고 있다는 점, 또 하나는 설탕과의 궁합이 매우 좋아 유럽 사회에서 인기를 얻을 수 있었다는 점이다.

근대 이후의 유럽 사회는 사실상 유럽 밖에서 전래된 이들 카페인 음료를 빼놓고는 설명하기 어렵다. 커피는 에티오피아가 원산지이며, 아라비아반도에서 종교적 의식이나 의약품으로 사용된 후 일부는 이집트를 거쳐 지중해를 경유했지만 주로 튀르키예를 경유한 육로를 따라 17세기에 유럽으로 전해졌다. 차는 중국 윈난성 부근이 원산지로 한나라 시대 이후 양쯔강 유역과 강남으로 퍼졌고, 당나라 시대에는 이미 중국 전역에서 일상적인 기호품으로 자리 잡았다.[2] 유럽에는 16세기 후반 네덜란드인이 처음 수입하면

그림 6-1.
커피, 차, 초콜릿 각각의 생산지를 보여 주는 세 사람

서 전해진 것으로 알려져 있다. 초콜릿의 원료인 카카오는 중남미가 원산지이며, 스페인을 통해 유럽으로 퍼져 나갔다.

역사적으로 특정한 정신 작용 물질과의 조우가 종족이나 민족, 혹은 사회 양식을 단번에 바꾸어 놓는 경우가 있다. 4장에서 다룬 알코올이 인류를 정착 생활로 이끌었던 것처럼 말이다. 나는 카페인 또한 유럽에 '근대'를 가져왔다고 생각한다.

이 장에서는 인류와 카페인의 역사를, 특히 카페인 함유량이 가장 많은 음료인 커피를 중심으로 살펴보겠다.

카페인의 기원과 인류와의 만남

◦ 커피나무의 탄생과 영장류 진화의 분기점

커피나무의 고향인 아프리카 대륙은 인류가 탄생한 땅이기도 하다. 유전학·미생물학 연구자 탄베 유키히로에 따르면, 고릴라나 침팬지와 인간의 공통 조상이 진화 계통수에서 오랑우탄과 갈라진 시기는 커피나무속이 지구상에 등장한 약 1,400만 년 전과 일치한다. 이후 약 700만 년 전 중부 아프리카에서 인류의 조상인 원인이 갈라져 나왔고, 다시 그 무리에서 약 200만 년 전 탄자니아에서 '호모속', 곧 현생 인류의 공통 조상이 태어났다.[3]

◦ 에티오피아에서 일어난 '두뇌의 폭발'

카페인은 인류의 진화에 영향을 주었을 가능성이 있다. 인류학의 미스터리 중 하나는 약 50만 년 전에 일어났다고 여겨지는 '두뇌의 폭발' 현상이다. 이 시기 인간의 뇌는 특히 대뇌를 중심으로 용적이 30%나 증대된 것으로 알려져 있다. 대뇌는 사고나 통찰을 담당하는 가장 고차원적인 기능 부위다.

이 '두뇌의 폭발'은 언어 발달에 따른 영향이 아닐까 생각된다.[4] 언어를 사용하려면 복잡한 사고가 필요하고, 필연적으로 뇌의 대형화가 일어났을 것이다. 그 결과 인류는 이전에는 생각하지 못했던 추상적인 개념(예를 들어 역사학자 유발 하라리가 말한 '허구'[5])을 만들어 내고, 그것을 집단에서 공유하거나 혹은 환경을 자신들의 생활 방식에 맞게 변화시키는 것이 가능해졌을 것이다.

앤서니 와일드는 흥미로운 가설을 제시했다. 인류의 조상이 아프리카 중부에서 유럽으로 북상할 때 에티오피아 인근 고원 지대를 통과했는데, 바로 그곳 숲에는 야생 커피나무가 자생하고 있었다는 점에 주목한 것이다. 그는 이 커피 열매가 '두뇌의 폭발'을 촉진했을 가능성을 제기했다.[4] 성서 창세기에 등장하는 인간에게 자아를 일깨운 '금단의 열매'가 사실은 커피 열매였던 게 아닐까 하는 해석까지 내놓았다.

물론 진위는 알 수 없다. 카페인이 직접적으로 뇌 용적을 키웠다는 주장은 아무리 생각해도 비현실적이다. 그러나 카페인의 약리 작용이 사고와 토론을 활성화시켜 간접적으로 뇌의 발달을 자극했을 가능성은 충분히 있을 법한 이야기다.

어쨌든 인류 창세기 시절부터 에티오피아 고원에는 커피나무가 야생으로 자생했고, 그것을 일찍부터 활용해 온 종족이 있었던 것은 확실하다. 실제로 에티오피아의 오로모족은 5,000년 전부터 전쟁터에 나갈 때 커피를 활용한 저장 식량을 휴대했다고 전해진다. 볶아 으깬 커피콩을 동물성 지방(버터)과 섞어 커다란 경단처럼 만든 것이었는데, 카페인의 각성 효과와 버터의 높은 열량을 동시에 갖춘 일종의 '에너지 볼'이었다.[3]

○ 염소지기 칼디의 전설

앞서 이야기한 내용들은 모두 유적에서 발굴된 유물에 근거한 단편적인 추측에 불과하다. 전설이나 민간 설화를 포함해 인류와 커피의 관계가 역사로 등장하는 것은 그보다 훨씬 뒤인 서기 9세기경부터다. 가장 유명한 것은 칼디의 전설이다. 이 전설을 윌리엄 H. 우커스가 1922년에 간행한 저서 『올 어바웃 커피』[6]를 중심으로 소개하겠다.

9세기 중반 칼디라는 이름의 에티오피아에 사는 염소지기가 어느 날, 밤이 되었는데도 염소들이 잠도 자지 않고 흥분해서 뛰어다니는 모습을 보고 이상하게 여겼다. 그래서 염소들의 행동을 자세히 관찰한 결과 풀과 함께 빨간 열매를 먹고 있다는 것을 알게 되었다. 칼디는 그 열매를 수도원장에게 가져가 소개했다. 처음에 수도원장은 그 열매를 불길한 것으로 여기고 경계했으나 직접 달여 마셔 보니 머리가 맑아지고, 수도사들이 밤새 기도를 이어 가는 데 도움이 된다는 것을 깨닫게 되었다. 이후 수도원장은 야간 예배 중 이 음료를 마시도록 적극적으로 권장했다고 전해진다.

◦ 생리적 욕구에 저항하는 음료

기록으로 확인할 수 있는 한 에티오피아가 원산지인 커피는 언젠가 홍해를 건너 맞은편 나라 예멘에 전해졌고, 15세기에는 이슬람 신비주의 종파인 수피 교단의 수도자들에 의해 유용성이 발견된 것으로 보인다.[4] 커피의 효과는 식욕이나 수면욕처럼 생리적인 욕구에 맞서는 자연스럽지 않은 작용이었지만 바로 그 점이 수피 교단의 가치관과 잘 맞아떨어졌다.

수피 교단은 금욕적이고 엄격한 수행으로 잘 알려져 있으며, 특히 밤새도록 몰입해서 기도문을 암송하는 의식을 중요하게 여겼다. 그리고 그 의식을 치를 때 잠을 쫓기 위해 커피를 마시게 된 것이었다.

수피 교단의 이런 관습은 15세기 무렵 아라비아 반도 전역으로 퍼졌고, 주로 의약품으로 사용되었다. 이후 16세기에는 카이로, 메카, 이스탄불 등지에서 기호품으로 인기를 얻은 후 17세기에 이르러서야 비로소 유럽으로 전해졌다.

흥미로운 점은 유럽에서 가장 먼저 커피를 환영한 사람들도 수피 교단과 마찬가지로 '무언가를 몰두해서 추구하는 이들'이었다는 것이다. 실제로 1650년 영국에서 처음으로 커피하우스가 문을 연 곳은 대학 도시 옥스퍼드였다.

처음에 이 커피하우스는 논란의 중심이 되었다. 커피가 옥스퍼드 학생들 사이에서 인기를 끌자 대학 고위층은 이를 단속하려고 시도했다. 이유는 '커피하우스는 게으름을 조장하고 학업에 방해가 된다'라는 우려 때문이었다.[7] 하지만 이는 기우를 넘어 완전히 잘못된 판단이었다. 커피하우스에는 당시 '자연철학'이라 불리던 과학에 관심 있는 사람들이 모여 학술 토론을 벌이는 장으로 인기를 끌었기 때문이다. 즉 커피는 지적 활동을 방해한 것이 아니라 오히려 촉진했던 셈이다.

실제로 커피하우스는 '페니 대학교'라고도 불렸는데, 커피 한 잔 값인 1페니만 내면 누구든지 점포에 들어가 토론에 참여할 수 있었기 때문이다. 톰 스탠디지는 다음과 같은 당시의 시 한 구절을 소개했다.

"이토록 멋진 대학이 어디에 있겠는가. 단돈 1페니만 내면 누구나 학자가 될 수 있으니."[7]

이런 커피하우스의 과학 애호가 그룹에는 아이작 뉴턴, 로버트 훅도 있었고, 이 그룹은 훗날 영국의 과학자 집단인 '왕립학회'로 발전했다.

○ 제2의 뇌 폭발

카페인이 전해진 이후 커피하우스를 진원지로 하여 유럽의 '근대'는 급속히 진전되었고, 사회는 마치 '제2의 뇌 폭발'이라 부를 만한 변화를 겪었다. 와일드[4]가 말한 '뇌 폭발'이 인류의 뇌 용적 확대라는 하드웨어적 진화였다면, 17세기 이후 유럽에서 일어난 '제2의 뇌 폭발'은 사상적 대전환이라는 소프

트웨어적 진화였다. 구체적으로 살펴보자.

영국에서는 옥스퍼드에서 커피하우스가 문을 연 지 2년 만에 아르메니아인(혹은 그리스인) 파스콰 로제가 런던 시티에 '로제의 점포'라는 커피하우스를 열었다. 점포는 순식간에 인기를 얻으며 이례적인 혼잡스러움을 보였다.

주목할 점은 이 커피하우스가 단순히 커피만 제공한 것이 아니라는 점이다. 이후 개점한 커피하우스들의 광고 전단에 기록된 이용 규칙에서도 이를 확인할 수 있다. 신분과 상관없이 누구나 환영, 다른 사람을 욕하지 말 것, 도박 금지, 큰소리로 토론하지 말고 조용히 대화할 것 등 손님에게 신사적 매너를 요구했다.[8]

즉 커피하우스는 금욕적인 남성들이 편히 머물 수 있는 공간을 제공하며 기존 술집과는 다른 새로운 가치관과 사교 방식을 제안했다. 이 전략은 대성공을 거두었다. 커피하우스는 도시에서 필수적인 존재가 되었고, 런던에는 잇따라 많은 커피하우스가 문을 열었다.

당시 영국은 격동의 시기였다. 1640년 청교도 혁명에서 시작된 크롬웰의 독재, 이후 왕정복고, 1688년 명예혁명을 통한 의회 정치 확립 등 국내에서는 굵직한 정치적 사건이 연이어 발생했다. 웨스트민스터 의회장 근처 커피하우스에는 자연스럽게 사람들이 모여 열띤 정치 토론을 벌였고, 이러한 논의 속에서 당시 두 대정당인 토리와 휘그가 탄생했다.[8]

또한 왕립거래소가 있는 시티에 문을 연 커피하우스에서는 점포 내에서 선박 경매가 이루어지고, 스페인에서 수입된 담배가 판매되는 등 경제 거래의 장 역할도 수행했다. 그중 역사에 이름을 남긴 것은 1688년경 개점한 '로이스 커피하우스'다. 주요 손님층은 상인과 무역선의 선장, 선주 등으로 점차 점포 내에서는 해운 정보가 활발히 오갔고, 이러한 논의는 결국 로이스 해상보험조합의 탄생으로 이어졌다. 증권과 주식 거래도 이곳에서 이루어졌다.[8]

요컨대 영국의 민주주의와 자본주의는 커피하우스에서 육성된 것이었다.

한편 프랑스에서는 영국보다 약 20년 늦은 1672년 파리에서 최초의 커피하우스, 즉 카페가 문을 열었다. 프랑스에서도 손님 대부분은 지식인이었지만 그 성격은 영국과 다소 달랐고, 점포가 수행한 기능에도 차이가 있었다. 간단히 말해 런던의 커피하우스가 민주주의와 자본주의의 중심지였다면, 파리의 커피하우스는 혁명과 선동의 진원지가 되었다.

혁명기에는 루브르 궁전 북쪽 팔레 루아얄 광장 주변에 카페가 즐비했고, 사상가와 언론인들은 커피를 마시며 정치를 논했다. 그중 카페 프로코프는 프랑스 혁명 봉기를 모의한 장소로 유명하다. 이곳에서 모인 사람들은 짙은 커피를 응시하며 의식을 곤두세우고 봉기의 순간을 엿보고 있었다고 전해진다.

그리고 마침내 1789년 7월 12일이 왔다. 카페 드 푸아의 단골손님 카미유 데뮬랭은 개혁파 재무장관 자크 네케르의 해임 소식을 듣자마자 팔레 루아얄 광장으로 뛰쳐나가 그 유명한 "무기를 들라!"라는 연설을 시작했다. 이에 호응한 민중의 폭동은 파리 전역으로 확대되었고, 7월 14일에는 혁명의 서막을 알리는 바스티유 감옥 습격으로 이어졌다.

이후에도 마라, 당통, 로베스피에르 등 왕정 타도를 외치는 급진 개혁파 '자코뱅파' 역시 팔레 루아얄의 커피하우스에서 비밀리에 모의를 거듭했다고 전해진다.

파리의 카페는 계몽사상의 발신지이기도 했다. 카페 드 파르나스와 카페 프로코프의 단골 중에는 루소, 디드로, 달랑베르, 볼테르 같은 쟁쟁한 인물들이 모여 있었다. 여기에 예술가들도 가세하면서 이후 현대까지 이어지는 파리 특유의 '카페 문화'가 꽃피우게 된다.[9]

◦ 커피는 왜 그토록 강하게 유럽을 변화시켰는가

커피로 인한 사회 변화는 이슬람보다 유럽에서 훨씬 두드러졌다. 물론 이슬람 사회에서도 많은 커피하우스가 문을 열었고 사교의 장으로 인기를 끌었지만 사회를 크게 바꿀 만큼의 영향력에서는 유럽에 미치지 못했다.

왜 그랬을까? 내 생각에 유럽인들은 그전까지 술에 너무 절어 있었다. 교리에 따라 음주 습관이 없었던 이슬람 사람들에 비해 하루 종일 알코올에 취해 몽롱했던 유럽인의 뇌에는 카페인이라는 중추신경 흥분제가 가진, 알코올과는 정반대의 약리 작용이 너무도 뚜렷하고 강렬하게 느껴졌을 것이다.

실제로 커피나 차 같은 비알코올음료가 유럽에 들어오기 전인 17세기 일반 가정에서는 남녀노소를 막론하고 유아까지 포함해 한 사람당 하루 평균 3리터의 맥주를 소비했다고 한다.[10] 물론 이것은 어디까지나 소비량을 말하는 것이고 단순히 마시는 것뿐 아니라 수프나 절임을 만들 때 사용된 양까지 포함된 수치다. 당시 맥주나 와인은 물보다 더 위생적인 음료로 여겨졌고 생활필수품이었기 때문에 계층에 관계없이 아침부터 마시는 것이 당연했다.(반면 증류주는 '취하기 위한 약물'로 인식되었다.)

그렇기 때문에 유럽인들은 맨정신으로 있는 것의 소중함을 뼈저리게 느꼈을 것이다. 게다가 당시엔 '근엄한(소버: sober, 맨정신이라는 뜻도 있다) 청교도'의 시대였고, 커피는 끓여서 마시며 항균 작용이 있는 카페인이 포함된 매우 청결한 음료였다. 취하지 않을 뿐만 아니라 오히려 맨정신 이상으로 의식을 맑게 해주니 열렬히 환영받는 것은 당연한 일이었다.

커피는 또 인간의 시간 감각에도 영향을 주었을 가능성이 있다. 마이클 폴란은 카페인이 유럽인의 시간 감각을 변화시켰다고 지적한다.[11] 커피가 전해지고 보급된 시기와 때를 같이해 시계의 '분침'이 탄생했기 때문이다. 근대 이전 사람들, 특히 야외에서 육체노동을 하는 사람들에게는 시곗바늘보다는 태양의 기울기가 더 중요했다. 적어도 그전까지 시계에 분침이 없었던 것은 그렇게까지 시간을 세분화할 필요가 없었기 때문이다. 하지만 지식 노동자들은 달랐다. 아마도 카페인은 한 사람이 하루에 해내는 일의 양, 아니 1시간에 해내는 일의 양을 크게 늘려 주었을 것이다.

카페인에 대한 사회의 반응

◦ 이슬람 사회에서의 카페인 탄압

지금까지 카페인을 함유한 커피가 사람들에게 얼마나 열렬히 환영받았고 사회에 긍정적인 변화를 가져왔는지를 이야기했다. 하지만 여느 낯선 외래 약물들이 그랬던 것처럼 커피 역시 비판과 비난에 노출되었고 판매자와 사용자들이 체포되거나 탄압당하기도 했다.

커피가 이슬람 사회에 퍼졌을 때 가장 먼저 문제가 된 것은 이슬람 교리와의 정합성이었다. 종교인들 사이에서는 커피의 각성적 도취 효과가 이슬람교가 금지하는 '취함'과 본질적으로 같은 것이 아니냐는 주장이 나왔는데 오늘날의 약리학적 지식으로 보면 전혀 엉뚱한 비판이었다.

이 논쟁은 얼마 지나지 않아 일단락되었지만 이번에는 의사들이 커피의 해악에 대해 경종을 울렸다. 커피가 유발하는 불면, 식욕 감퇴, 이뇨 작용을 '건강 피해'로 간주하고 그 위험성을 주장하기 시작한 것이다. 그러나 이런 건강 피해에 대한 진위 불명의 소문은 커피 애호가가 늘어남에 따라 자연스럽게 사라져 갔다.

끝까지 반대 입장을 고수한 것은 통치자와 관료들이었다. 그들은 커피하우스라는 장소 자체에 위협을 느꼈다. 사람들이 너무 자유롭고 활발하게 수다를 떨기 때문에 그곳에서 체제 비판적인 의견이 나올까 두려워했기 때문이다.[12]

이슬람 사회에서 본격적인 탄압이 시작된 것은 1511년 메카였다. 맘루크 왕조 튀르키예의 관료가 판매자에게서 커피를 압수하고 모든 커피콩을 불태웠으며 판매자를 채찍형에 처했다. 그런데 놀랍게도 불과 몇 달 후 상급 당국은 이 결정을 뒤집고 커피의 음용과 판매를 허용했다.[9] 이런 조령모개식 대응은 오스만 왕조로 바뀐 이후에도 반복되었다.

1517년 오스만 제국의 술탄 셀림 1세는 커피를 금지했다가 다시 허용했고, 커피의 건강 피해를 근거로 금지를 주장한 두 의사를 허리를 잘라 처형했다. 이어 1526년 술탄 술레이만 1세가 다시 커피를 금지했고, 1535년에는 당국의 군대를 동원해 커피하우스를 습격했으며, 1539년에는 커피하우스에 모인 손님들을 닥치는 대로 체포했다. 그 결과 지하 커피하우스가 난립하는 사태가 벌어졌고, 이에 대응해 1544년 다시 커피 금지령이 내려졌지만 다음 날 바로 철회되는 일이 벌어졌다.[4]

1633년 술탄 무라드 4세는 새로운 커피 금지령을 내려 한 번이라도 커피를 팔거나 마시는 것이 적발되면 즉시 사형에 처한다고 엄포를 놓았다. 이후 1656년에 개정된 금지령에서는 1차 위반 시에는 곤장형으로 완화했지만 2차 위반 시에는 위반자를 가죽 자루에 넣어 보스포루스해협에 던져버리는 잔혹한 처형 방식이 시행되었다.

하지만 이런 극단적인 형벌 정책도 사람들의 커피 사랑을 막기에는 역부족이었다. 결국 오스만 제국은 커피를 국민의 기호품으로 허용하고, 오히려 커피를 세수원으로 삼아 문제를 해결할 수밖에 없었다.

◦ 유럽 사회에서의 카페인 탄압

유럽에서도 커피에 반대한 것은 역시 성직자, 의사, 통치자 같은 기득권층과 보수층 인사들이었다. 커피에 의구심을 품은 사제들은 커피를 사탄이 만들어 낸 음료라고 단정했다. 그들은 "사탄은 자신의 신자인 이슬람교도들에게 포도주의 음용을 금지했기 때문에 대체품으로 커피라는 혐오스러운 음료를 주었다. 기독교인이 커피를 마시는 행위는 자신의 영혼을 사탄의 덫에 스스로 빠뜨리는 것이다"라고 주장하면서 로마 교황 클레멘스 8세에게 기독교인의 커피 음용을 금지해 줄 것을 요청했다.[6]

하지만 이 논쟁은 싱겁게 결론이 났다. 클레멘스 8세가 베네치아 상인이 검품용으로 가져온 커피를 한 모금 맛보자마자 그 맛과 향에 완전히 매료되었기 때문이다. 그는 커피를 이슬람교도만 독점하게 둘 수 없다며 기독교인이 커피를 마시는 것을 허용했다.[6]

한편 의사들은 당시 건강 음료로 팔리던 커피의 효과에 의문을 품고 끈질기게 유해성을 주장했다. 아마도 그들은 자신들이 처방하던 약이 커피에 밀려 대체될지도 모른다는 불안감을 느꼈던 듯하다. 커피를 둘러싼 의학적 논쟁은 점차 열기를 띠었고, 일반 대중까지 휘말리는 대논쟁으로 발전했으며, 커피의 장단점을 다룬 각종 소책자가 간행되었다.

그런 소책자 가운데 유명한 것은 1674년 영국에서 익명으로 발행된 『커피 금지를 요구하는 여성들의 탄원서』이다. 이 책자는 커피가 남성의 생식 기능을 저하시킨다고 주장하면서 꽤 노골적인 표현으로 하루 종일 커피하우스에 틀어박혀 있는 남성들을 비난하고 있다.

"남성들의 바지가 이렇게 헐렁했던 적도, 남성들의 열정이 이렇게나 식었던 적도 지금껏 없었습니다.… 커피 때문에 남성들이 흘리는 액체라고는 콧물뿐, 단단해지는 건 관절뿐이며, 서는 건 귀뿐입니다."[4]

말할 것도 없이 커피가 남성의 생식 기능을 해친다는 의학적 사실은 존재하지 않는다. 그런데 영국 통치자들이 커피를 경계했던 이유는 커피의 약리 작용 때문이 아니라 역시 커피하우스라는 공간 자체에 대한 불신 때문이었다. 오스만 제국과 상황이 크게 다르지 않았던 것이다. 런던의 커피하우스에서 나누는 대화는 정치가 주제가 되는 일이 많았고, 특히 1660년 왕정복고 이후에는 거리낌 없는 논의 속에서 정부에 대한 사람들의 분노와 불만이 커지고 있었다.

이에 국왕 찰스 2세는 커피하우스에서 몰래 음모가 꾸며질 것을 우려해 1675년 커피하우스 폐쇄를 시도했다. 하지만 찰스 2세의 '커피와의 전쟁'은 불과 11일 만에 중단될 수밖에 없었다. 왕권으로는 이제 커피의 인기를 억누를 수 없게 된 것이다. 그 무렵 커피하우스는 영국인의 일상생활에 완전히 정착했고, 이름 있는 런던 시민 대다수는 이미 카페인 없이는 살 수 없게 된 상태였다.

결국 사람들은 국왕의 명령을 무시하고 아무렇지도 않게 커피를 마셨다. 찰스 2세는 자신의 권위가 시험당하고 초라한 현실을 마주하게 되는 것이 두려워 조용히 물러났다. 공식적으로는 "왕족에 걸맞은 배려와 자비를 베푸는 것이 마땅하다고 판단했다"라는 식의 변명조의 이유를 붙여 '금지 선언 철회'를 발표했다.[11]

◦ 카페인 의존에 빠진 유럽

온갖 비판과 탄압에도 불구하고 대다수 유럽인은 이제 커피 없는 삶을 상상할 수 없게 되었다. 카페인 의존이 유럽 전역을 뒤덮고 있었던 것이다.

이렇게 해마다 증가하는 커피 수요에 대응할 수 있었던 나라는 당시 무역 강국이었던 네덜란드뿐이었다. 그때까지 유럽에서 소비되는 커피는 모두 예멘의 해안 도시 모카 항구에서 선박을 통해 수입되는 상품이었고, 커피의 인기에 편승한 아라비아 상인들이 가격을 마구 올려댄 탓에 커피 가격은 해마다 치솟고 있었다. 그런데 17세기 말 네덜란드는 자국 식민지인 자바와 실론(오늘날의 스리랑카)에 커피나무를 이식하는 데 성공하면서 대량 생산과 원가 절감을 실현할 수 있었다. 그 결과 18세기 이후 유럽에서 소비되는 커피 대부분이 암스테르담에서 공급되기 시작했다.

그러나 이 말은 뒤집어 보면 네덜란드를 제외한 다른 나라들에겐 커피가 완전한 수입품이 되었다는 것을 의미한다. 실제로 독일에서는 사람들이 자국산 맥주 대신 수입 커피만 마시게 된 결과, 무역 적자가 심각해지고 재정난을 초래하게 되었다.[3] 결국 프로이센의 국왕 프리드리히 2세가 "독일인은 맥주로 자란 민족이다. 커피가 아니라 맥주를 마셔라"라는 짜증 섞인 포고령을 내리는 사태로까지 이어졌다.[6]

이런 정세 속에서 나폴레옹이 한 결정은 유럽 사람들이 자신의 카페인 의존 사실에 직면하게 만든다. 나폴레옹은 1799년 군사 쿠데타로 실권을 장악한 뒤 프랑스 혁명을 틈타 침략을 시도한 주변국들에 반격을 가해 오히려 유럽 대륙 전체를 자신의 세력 아래에 두게 되었다. 남은 것은 도버해협을 사이에 두고 대치하는 영국뿐이었다.

1806년 나폴레옹은 유럽 대륙과 영국 사이를 봉쇄해 영국의 물자 수출입을 막는 대륙 봉쇄령을 발령했다. '세계의 공장'이라 불리던 영국에 경제적 압박을 가하려는 목적이었다. 하지만 대륙 봉쇄는 당시 유럽 최대의 무역항이었던 암스테르담을 통해 들어오던 수입품이 유럽 대륙 사람들에게 더 이상 공급되지 않는다는 것을 의미했다. 그 결과 유럽에서는 식민지로부터의 수입품인 설탕과 커피가 심각하게 부족해지는 사태가 벌어졌다.

당연히 사람들의 불만은 고조되었다. 이를 달래기 위해 나폴레옹은 수입에 의존하지 않고 유럽 자체의 자원에서 설탕이나 커피를 만들어 낼 방책을 찾아 과학 연구를 장려했다. 얼마 후 설탕은 유럽산 사탕무(설탕무)로 만들어 낼 수 있게 되어 즉시 실용화되었지만 커피는 좀처럼 대체품을 찾지 못했다.

결국 대륙 봉쇄는 유럽 대륙 전체에 심각한 커피 부족을 초래했고, 프랑스와 독일에서도 치커리나 보리로 만든 대용 커피에 만족해야 했다. 커피의 각성 작용의 본체인 카페인은 유럽에 자생하는 식물에는 포함되어 있지 않아 애초에 대체가 불가능했기 때문에 사람들의 불만은 커질 수밖에 없었다.

탄베에 따르면, 철학자 카를 마르크스는 당시 상황에 대해 "대륙 봉쇄로 인한 설탕과 커피의 부족이 독일 사람들을 나폴레옹 타도로 이끈 원동력이 되었다"라고 기록했다.[3]

◦ 커피에서 차로 갈아탄 영국

한편 유럽에서 가장 먼저 커피 문화가 꽃피었던 영국은 18세기 이후 급속히 커피 문화가 쇠퇴해 한때 런던 시내에서 서로 경쟁하듯 줄지어 있었던 커피하우스들이 하나둘씩 문을 닫게 되었다. 그 배경에는 네덜란드와의 무역 경쟁에서 패배한 것이 영향을 미쳤다. 네덜란드와 달리 영국은 커피를 생산할 수 있는 식민지를 보유하고 있지 않아 영국 내 커피 공급이 불안정했고 가격도 폭등했던 것이다.[3]

그러나 반대로 영국 동인도회사는 중국과의 차 무역을 독점하고 있었기 때문에 영국 내 사람들에게 차를 저렴한 가격으로 대량 공급할 수 있게 되었다. 그 결과 사람들의 카페인 섭취원은 커피에서 홍차로 바뀌었고 카페인의 대중화가 일어났다. 이로써 과거에는 지식 노동자에게만 한정되었던 카페인의 혜택을 공장 노동자들도 누릴 수 있게 되었다.

차의 장점은 가정에서도 쉽게 우릴 수 있다는 것이었다. 당시 영국에서는 공장 노동자들이 가혹한 도시 생활을 강요당했다. 얼마 안 되는 수입과 좁은 주택에 살던 그들은 조리용 연료를 구입할 재력이 없었고, 복잡한 요리를 할 공간도 없었다. 당연히 빵을 구울 수도 없었고, 애초에 노동자들은 시간에 쫓겨 아침 식사를 준비할 여유가 없었다. 그런 그들에게 설탕(칼로리원)을 넣은 차(카페인)는 실로 편리한 아침 식사였다. 공장을 경영하는 자본가에게도 차는 노무 관리상 이점이 있었다. 과거 노동자들은 수분 보충을 위해 아침부터 맥주를 마시고, 휴식 시간에도 맥주를 마셨으며, 주말에는 진을 진탕 마셔서 월요일은 숙취로 결근하는 것이 일반적이었다. '성 월요일St. Monday'이라는 자조적인 표현 있을 정도로 이런 행태가 상습화되어 있었다. 그러나 홍차가 보급되면서 결근과 공장 내 사고가 줄어들었다. 이는 근면을 중시하는 산업혁명 이후의 가치관과 잘 맞아떨어졌다. 이렇게 기계는 증기를, 인간은 차를 동력원으로 삼아 영국의 공장을 지탱하게 된다.

커피 문화에서 차 문화로의 전환은 영국에서 독자적인 기호품 문화를 꽃피우게 만들었다. 커피하우스는 티가든으로 바뀌었고 커피하우스에서 배제되었던 여성들이 새로운 고객층으로 흡수되었다. 또한 많은 노동자가 일하는 공장에서도 점심과 저녁 사이를 메우기 위한 '티 브레이크' 습관이 생겼고, 이는 곧 '애프터눈 티'라고 불리게 되었다. 그리고 이 시기 하루 네 끼 식사를 하는 영국인의 식습관이 확립되었다.

덧붙여 이 시기 영국 내 알코올 소비량은 눈에 띄게 줄었을 뿐만 아니라 이질 등 물을 매개로 한 전염병도 현저히 감소했다. 톰 스탠디지에 따르면, 이는 항균 효과를 가진 차가 널리 보급된 덕분일 가능성이 있으며, 차를 마신 어머니의 모유에 항균성 페놀 성분이 이행되어 영아 사망률도 낮아졌다고 한다.7

○ 미국의 선택

한편 미국은 커피 문화를 계속 밀고 나갔다. 그 결정적 계기는 바로 1773년의 '보스턴 차 사건'이었다. 당시 영국의 식민지였던 미국 사람들은 예전부터 본국의 무거운 세금 부과에 강한 불만을 품고 있었다. 그러던 중 동인도회사가 차의 전매권을 갖도록 규정한 차법이 제정되면서 식민지 주민들이 차를 사고파는 권리를 제한받게 되자 시민들의 분노가 폭발했다. 보스턴 항구에서는 동인도회사의 차를 바다에 내던지는 사건이 벌어졌고, 이어 차 불매 운동이 전개되며 결국 독립 운동으로 이어졌다.

이런 역사적 배경도 한몫해 미국은 건국 초기부터 '커피야말로 국민 음료'라는 태도를 고수해 왔다. 실제로 1776년 7월 4일 식민지 13개 주 대표의회에서 채택된 독립선언문을 사람들에게 낭독한 장소도 보스턴의 한 커피하우스였다.[6]

이후 미국 내 커피 소비량은 꾸준히 증가했다. 여기에는 카리브해 지역산 커피가 미국 항구를 통해 중계되었고, 금주법 시행으로 커피 수요가 늘어난 것도 영향을 미쳤다. 그 결과 1930년대 말에는 커피가 가정에서 매일 마시는 음료, 특히 아침과 점심 식사의 식중 음료로 자리 잡았다. 1950년대 초에는 공장에서도 미국 내 대부분의 기업이 근무 중 커피 브레이크 시간을 도입하게 되었다.[13]

하지만 1950년대 후반이 되자 미국 내 커피의 인기는 시들기 시작했다. 코카콜라 등 카페인이 들어간 청량음료가 부상했기 때문이다. 커피의 반격은 1970년대 시애틀 계열 커피(스타벅스 등)에 의해 일어난 '세컨드 웨이브'[8] 부흥을 기다려야 했다.[14]

카페인이 초래한 비극

◦ 카페인과의 전쟁

카페인의 각성과 의욕 증진 작용은 지적 활동을 촉진하고 토론을 활발하게 만드는 데 그치지 않는다. 운동 기능을 높이고, 나아가 사람을 호전적으로 만드는 효과도 있다.

---

8) second wave. 커피 문화가 발전하면서 사람들이 커피를 소비하는 방식과 산업 구조가 바뀌는 단계를 구별한 용어. 커피가 대중화되기 시작한 퍼스트 웨이브(19세기 말~20세기 초), 커피의 맛과 품질을 강조하고 커피를 단순한 음료가 아니라 라이프스타일 경험으로 확장한 세컨드 웨이브(1960~1970년대 미국), 바리스타의 기술과 수제 커피 경험을 중시하는 서드 웨이브(2000년대 이후)로 구분할 수 있다.

실제로 카페인은 전쟁에서 활용되었다. 가장 두드러진 예는 미국 남북전쟁(1861~1865년)이다. 알다시피 이 전쟁은 북군의 승리로 끝나지만 북군의 승리에는 카페인이 크게 기여했다고 볼 수 있다. 역사학자 조너선 모리스에 따르면, 남북전쟁 당시 북군은 대량의 커피를 확보하는 한편 남부 해안을 봉쇄해 남군 측 주에 커피가 들어가지 못하게 했다.[14] 그리고 북군 장군들은 전투 전에 반드시 부하 병사들에게 충분히 커피를 마시게 했다. 전선의 병사들에게 커피를 나누어 주고 나면 지휘관의 눈에는 '새로운 연대를 전투에 투입한 것처럼'[15] 사기가 올라 보였다고 한다.

그 이후 커피 수요는 전쟁 때마다 높아졌다. 미국에서 커피 소비량이 가장 많았던 시기는 제2차 세계대전 중이었다. 당시 미국 국민 1인당 연간 커피 소비량은 174리터에 달했다고 하며, 병사들은 일반 국민과 비교해 1.5~2배에 달하는 커피를 마셨다.[14]

덧붙여 말하자면 이런 중추신경 흥분제에 의한 전투력 강화는 이후 더 과격해졌다. 대표적인 것이 각성제 사용이다. 제2차 세계대전 중 일본과 독일이 군수품으로 각성제를 사용한 것은 너무도 유명하다. 당시 특공대원들이 출격 전에 필로폰(메스암페타민)을 투여받았다는 사실은 잘 알려져 있다. 또 전쟁터로 보낼 각성제 함유 초콜릿을 포장하는 작업을 했다는 근로 봉사 여학생의 증언도 전해진다. 나치 독일에서도 군사적 목적의 각성제 사용은 상시적이었으며,[15] 애초에 히틀러 자신이 각성제의 헤비 유저였다.[16] 최근에는 걸프전 때 미군 병사들이 각성제를 사용한 사례도 있다.[15]

카페인을 둘러싼 쟁탈전이 실제로 전쟁의 한 원인이 된 적도 있었다. 19세기 후반, 독일은 마침내 세계열강의 반열에 올랐지만 유럽 국가들 중 유일하게 식민지를 보유하지 못한 '갖지 못한 나라'였다. 따라서 커피는 전적으로 해외 수입에 의존할 수밖에 없었고, 국제 정세에 따라 안정적으로 확보하기 어려운 상황에 놓였다. 그런데도 이미 독일 국민들은 더 이상 커피

없이는 살 수 없는 상태가 되어 있었다. 앞서 언급한 마르크스의 말과 맞물려 보불전쟁(프로이센-프랑스 전쟁)은 '대용 커피'를 졸업하고 진짜 커피를 마시고 싶다는 독일인들의 염원이 촉발 요인 중 하나였다고 전해진다.[17]

커피 이야기는 아니지만 국민의 카페인 갈망이 전쟁의 원인이 된 예도 있다. 아편전쟁이다. 영국 내에서 차 수요가 비정상적으로 증가하면서 중국과의 무역 적자가 계속 커지자 영국은 강제로 중국에 인도산 아편을 팔아 차를 구매하려는 삼각 무역을 강행했다. 즉 중국이 원하지 않는 인도산 아편을 강매하고 이 비용을 차 구매 대금으로 결제한 비인도적 거래였다.

아편전쟁이라고 하면 흔히 약물 남용 방지 교육 등에서 마약의 무서움을 각인시키기 위해 언급되지만 사실 카페인의 무서움을 실감하게 하는 전쟁이었다고도 볼 수 있다.

◦ 카페인과 대학살

독일문학가 우스이 류이치로는 카페인이 대학살에도 악용되었다고 지적한다.[17] '진짜 커피'에 대한 독일인의 강한 욕구는 제2차 세계대전 중 나치 독일 정권하에서 교묘하게 이용되었다. 아우슈비츠 강제수용소에서는 살아 있는 인간을 대량으로, 그리고 원활하게 '가스 처리'하기 위해 '커피'라는 단어가 사용되었다.

나치 입장에서는 수용자를 가스실로 보내는 과정에서 누군가가 이상한 낌새를 눈치채고 폭동을 일으키면 골치 아픈 상황이 된다. 그래서 소장 루돌프 회스는 부하들로 하여금 수용자들에게 이렇게 전하라고 명령했다.

"이제부터 샤워실에 들어간다. 샤워가 끝나면 커피를 주겠다."

물론 강제수용소에 진짜 커피가 있을 리 없다. 하지만 정말로 커피가 준비된 것처럼 보이게 하기 위해 수용소 밖에 취사용 차량을 세워 두는 치밀한 연출까지 했다. '커피'라는 단어를 들은 수용자들은 예전의 평온했던 생활을 떠올리며 향수에 젖었을 것이다. 그리고 실제로 샤워 후의 커피를 기대하면서 폭동을 일으키지 않고 질서정연하게 샤워실이 아닌 가스실로 들어갔다.

◦ 카페인과 지배, 착취

이쯤에서 이 장의 첫머리에서 인용했던 가와키타 미노루의 저서『설탕으로 보는 세계사』5장의 표지 그림으로 돌아가 보자. 그림 속에는 커피, 차, 초콜릿이 담긴 컵을 손에 든 아랍인, 중국인, 아즈텍인이 그려져 있다.

서구에서 카페인 함유 음료가 폭발적인 인기를 끌게 된 것은 말할 것도 없이 설탕이 첨가되었기 때문이다. 그리고 커피, 차, 초콜릿, 설탕을 서구 국가들에 공급해 온 것은 유럽 제국주의 국가에 침략당하고 지배하에 놓였던 식민지였다.

근대 이후 인류가 카페인으로부터 누린 혜택을 이야기할 때 부당한 폭력과 희생을 빼놓고는 말할 수 없다. 의존성 약물의 공급은 식민지 착취에 의해 유지되어 왔기 때문이다. 오늘날 독립한 나라들 가운데도 과거 단일 재배 경제(모노컬처 경제)의 후유증으로 산업이 침체하고, 높은 실업률과 빈곤에 시달리는 국가가 적지 않다. 더 나아가 현재 코카인이나 헤로인 같은 불법 약물을 밀조하는 국가 대부분도 과거 식민지였던 나라다. 그리고 밀조된 불법 약물의 상당 부분은 과거 제국주의 국가였던 서구 국가에서 소비된다. 결국 카페인이든 불법 약물이든 그 생산과 소비 구조에는 본질적인 변화가 없다는 점을 알 수 있다.

사람이 모일 수 있는 장소를 만드는 약물

지금까지의 커피의 역사를 돌아보면 보급과 확산 속도가 얼마나 비정상적이었는지 새삼 느껴진다. 이스탄불이나 런던, 파리까지도 매우 짧은 기간에 커피하우스가 난립했고 순식간에 사람들을 카페인 없이는 살 수 없는 몸으로 만들어버렸다. 더욱 놀라운 점은 거듭된 금지령과 탄압에도 사람들의 기호가 굴복하지 않았다는 점이다.

물론 이미 3장에서 알코올을 예로 들어 규제의 어려움을 확인한 바 있지만 카페인은 알코올과는 다르다. 카페인은 인류와의 교류 역사가 매우 짧은 약물이다. 그럼에도 불구하고 이슬람 사회에서도 유럽에서도 금지와 탄압이 실패했다. 이렇게 단기간에 인류에게 침투하고, 동시에 이렇게 강한 규제 저항성을 가진 의존성 약물은 예나 지금이나 다른 예를 본 적도 들은 적도 없다. 이와 같은 사실은 카페인이 얼마나 강력한 의존성 약물인지 알려 준다.

하지만 약리학적 의존성만으로는 커피가 보여 준 확산 속도나 규제 저항성을 충분히 설명할 수 없다. 여기서 주목해야 할 것은 커피하우스라는 장소가 가진 기능이다. 생각해 보면 커피하우스는 이슬람 사회와 유럽 모두에서 전례 없는 독특한 사교장이었다.[14] 오스만 제국 시대의 커피하우스에는 벽을 따라 매우 긴 의자가 놓여 있었고, 사람들은 계층에 상관없이 들어오는 순서대로 빈자리에 앉았다. 즉 커피 한 잔 값만 지불하면 누구나 대등한 위치에서 담소를 나눌 수 있었다. 이 점은 초기 영국의 커피하우스도 마찬가지였다. 긴 테이블이 놓인 실내에서 사람들은 계층을 불문하고 같은 테이블에 앉아 거리낌 없이 정치와 사상을 논하고, 뱃길에서 보고 들은 해외 사정에 귀를 기울이거나 상거래를 했다.

이렇게 바꾸어 말할 수도 있을 것이다. 커피하우스는 고대 그리스 아고라나 로마 포럼과 같은 일종의 공공 공간의 기능을 수행했다. 당시 사람들은 집이나 직장 외에 '술에 취하지 않은 상태로 모일 수 있는 장소', 그것도 '처음 만나는 사람과도 대등하게 소통할 수 있는 장소'를 갈망했을 것이다. 특히 유럽은 혁명과 의회 정치가 태동하던 시기였다. 그런 시대적 분위기 속에서 사람들은 모일 수 있는 곳을 찾고 있었던 것은 아닐까?

사회학자 에릭 클라이넨버그는 공동체 안에 사람들이 모일 수 있는 장소가 있으면 사람들의 고립을 막을 뿐 아니라 재해로 인한 사망이나 마약류 과다 복용으로 인한 사망을 줄이는 등 공중보건상 큰 이점이 있다고 지적한다.[18] 초기 커피하우스에도 그와 같은 기능이 있었을 것이다.

여기서 한 가지 배울 점이 있다. 의존성 약물의 남용이 전염병처럼 번지는 현상은 단순히 물질의 약리 작용만으로 발생하는 것이 아니라 반드시 사회적·시대적 요청과 함께 작용한다는 것이다. 그런 의미에서 약물 문제를 선악이라는 단순한 가치 기준으로만 판단할 수는 없다.

참고 문헌

1 가와키타 미노루 지음, 김정희 옮김, 『설탕으로 보는 세계사』, AK 커뮤니케이션즈, 2023

2 가지타 아키라 지음, 『의학의 역사』, 고단샤학술문고, 2003

3 탄베 유키히로 지음, 윤선해 옮김, 『커피 세계사』, 황소자리, 2024

4 Antony Wild 지음, 『Coffee: A Dark History』, Norton & Company, 2005

5 유발 하라리 지음, 조현욱 옮김, 『사피엔스-유인원에서 사이보그까지, 인간 역사의 대담하고 위대한 질문』, 김영사, 2015

6 윌리엄 H. 우커스 지음, 박보경 옮김, 『올 어바웃 커피-전 세계 100만 바리스타의 필독서』, 세상의아침, 2012

7 톰 스탠디지 지음, 김정수 옮김, 『세상을 바꾼 6가지 음료, 석기 시대의 맥주부터 21세기 코카-콜라까지』, 캐피털북스, 2020

8 이와키리 마사아키 지음, 『남성들의 일터-근대 런던의 커피하우스』, 호세이대학교 출판국, 2009

9 우스이 류이치로 지음, 김수경 옮김, 『세계사를 바꾼 커피 이야기』, 사람과나무사이, 2022

10 맛시모 몬타나리 지음, 주경철 옮김, 『유럽의 음식문화』, 새물결, 2001

11 마이클 폴란 지음, 김지원 옮김, 『마음을 바꾸는 방법 금지된 약물이 우울증, 중독을 치료할 수 있을까』, 소우주, 2021

12 Ralph S. Hattox 지음, 『Coffee and Coffeehouses: The Origins of a Social Beverage in the Medieval Near East』, University of Washington Press, 1985

13 마크 펜더그라스트 지음, 정미나 옮김, 『매혹과 잔혹의 커피사-당신이 커피에 관해 알고 싶었던 거의 모든 것의 역사』, 을유문화사, 2021

14 Jonathan Morris 지음, 『Coffee: A Global History』, Reaktion Books, 2019

15 소노다 히사시, 「전쟁과 각성제의 역사를 되돌아보다-나치부터 걸프전까지… 자위대법도 예외를 인정했다」, 『The Asahi Shinbun GLOBE +』(https://globe.asahi.com/article/14980788)

16 나시르 가에미 지음, 정주연 옮김, 『광기의 리더십-정신의학과 의사가 말하는 성공적 리더십과 정신 질환의 놀라운 관계』, 학고재, 2012

17 우스이 류이치로 지음, 『아침 커피를 마시는 평범한 생활의 세계 정치-20세기 독일문학의 시좌에서』, 기호품문화연구, 2018(3), 2018

18 에릭 클라이넨버그 지음, 서종민 옮김, 『도시는 어떻게 삶을 바꾸는가-불평등과 고립을 넘어서는 연결망의 힘』, 웅진지식하우스, 2019

7장

일반의약품
셀프 메디케이션[9]은
국민 건강을 증진시켰는가?

일반의약품의 남용과 의존 실태

이 책에서는 지금까지 우리가 손쉽게 접할 수 있는 약물로서 '빅 쓰리' 중 두 가지, 즉 알코올과 카페인을 다루었다. 여기서 잠시 빅 쓰리에서 벗어나 또 다른 의미에서 친숙한 약물이라 할 수 있는 처방약이나 일반의약품 등 의약품에 대해 살펴보겠다. 이 장에서는 먼저 일반의약품을 다룬다.

1장에서 언급했듯이 오늘날 정신의학과 의료 현장에서 해마다 심각성을 더해 가는 약물은 의약품이다. 그중에서도 10대, 20대 같은 젊은 층에서 특히 문제가 되는 것이 일반의약품이다. 지금으로부터 10여 년 전 '탈법 허브'[10] 등 위험한 약물 남용 사태가 사회를 휩쓸었다. 규제 강화와 새로운 탈법적 약물의 등장이라는 '쫓고 쫓기는' 상황이 반복되면서 약물로 인한 건강 피해나 약물 복용 상태에서 운전하는 자동차로 인한 교통사고 같은 폐해가 점점 심각해졌다. 나는 그 악몽 같았던 시기를 지금도 선명하게 기억하고 있다.[1] 결국 2014년에 약사법이 개정되어 약기법이 되었고, 이를 계기로 안전성이 입증되지 않은 '회색 지대 기호품'의 판매가 어려워지면서 남용 사태는 진정되었다. 하지만 이제 한시름 놓는가 싶었더니, 위험 약물이 사라지자마자 갑자기 등장한 것이 바로 일반의약품이었다.

이를 보여 주는 것이 그림 7-1의 그래프다. 이 그래프는 1장에서 소개한 「전국 정신의학과 의료시설에서의 약물 관련 정신 질환 실태 조사」(병원 조사) 데이터베이스에서 10대 환자만을 추출해 그들이 주로 남용하는 약물의 연도별 추이를 나타낸 것이다.

2014년 당시에는 10대 약물 의존증 환자의 절반가량이 탈법 허브 등 위

---

9) self-medication. 소비자가 의사의 처방 없이 스스로 건강관리 및 질병 예방을 위해 약물이나 건강 보조 제품을 사용하는 것을 의미한다.

10) 법망을 피해 유통된 합성 대마류를 일컫는 용어. 말 그대로는 '합법적인 허브'처럼 보이지만 실제로는 천연 허브에 대마초와 유사한 환각 효과를 내는 합성 화학물질을 뿌려 만든 것으로 대마초보다 훨씬 강한 약효와 높은 중독성을 보인다.

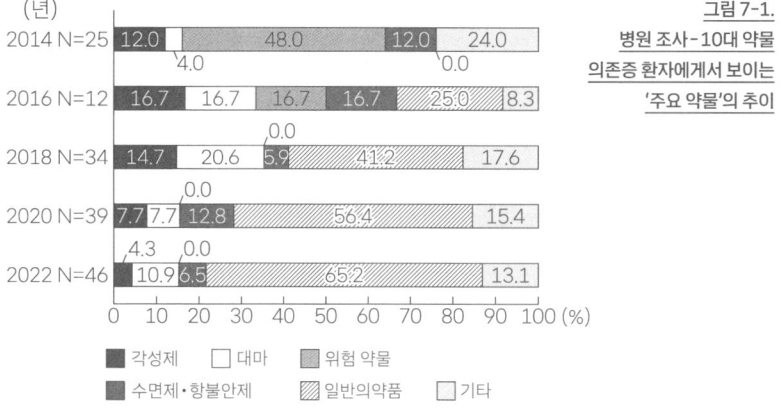

그림 7-1.
병원 조사-10대 약물
의존증 환자에게서 보이는
'주요 약물'의 추이

험 약물을 주로 남용했다. 그러나 위험 약물 남용 사태가 진정되자 2016년부터 새로운 남용 약물로 일반의약품이 갑자기 부상했다. 그 비율은 조사할 때마다 늘어 2022년에는 환자의 70% 가까이가 일반의약품을 주로 남용하는 상황이 되었다.

그뿐 아니라 조사 기간(조사 연도의 9~10월)에 전국 정신의학과 병원에서 치료를 받은 10대 약물 의존증 환자 수도 2014년에서 2022년까지 거의 2배로 늘었다.

이런 주된 남용 약물의 추이를 보면 얼핏 '위험 약물을 구할 수 없으니 대신 취할 수 있는 약물로 일반의약품을 사용하게 되었다'라고 생각하기 쉽지만 실제로는 그렇지 않은 것으로 보인다. 과거 위험 약물 남용자와 최근 일반의약품 남용자의 배경이 크게 다르기 때문이다.[3] 과거 위험 약물을 남용하던 10대 환자는 대부분 남성이었고, 의무교육을 마친 후 학업에서 일찍 이탈했으며, 약물 외에도 다양한 비행이나 범죄 전력이 있었다. 반면 최근 일반의약품을 남용하는 10대 환자는 대부분 여성이고, 고등학교 재학 중이거나 졸업한 경우가 많다. 학업에서 조기 이탈한 경우는 적고, 비행이나 범죄 전력도 거의 없다. 즉 가정과 학교, 지역사회에서 적어도 겉보기에는 '착한 아이'로 살아온 경우다. 무엇보다 특징적인 것은 약물 문제와 별개로 다양한 정신 질환을 앓고 있다는 점이다.

이런 사실에서 알 수 있는 것은 다음과 같다. 첫째, 최근 10년간 10대 약물 남용자의 특성이 완전히 달라졌다는 점. 둘째, 일반의약품의 등장이 기존과는 다른 새로운 약물 남용자층을 만들어 냈을 가능성이 있다는 것이다.

그렇다면 왜 오늘날 일본에서는 일반의약품 남용이 이렇게까지 문제가 된 것일까?

젊은이들이 일반의약품에 접근하게 된 이유

◦ **드럭스토어 체인의 성장**

많은 언론 관계자들이 젊은 층의 일반의약품 과다 복용(오버도즈, OD)에 관심을 가지고 있고, 나 역시 여러 차례 취재를 받아 왔다. 그러나 그때마다 기자들이 마치 약속이라도 한 듯 꺼내는 말에는 늘 진절머리가 났다.

"일반의약품 과다 복용이 이처럼 유행하는 것은 역시 SNS 때문이겠죠?"

물론 SNS가 이런 현상의 확산에 일정 부분 영향을 준 것은 사실이다. 하지만 그것은 2차적 요인일 뿐이다. 왜 젊은이들 사이에서 일반의약품이 크게 주목받게 되었는지, 왜 일반의약품에 접근하기 쉬워졌는지, 그 첫 번째 원인부터 생각해야 한다.

첫 번째 원인은 단연 드럭스토어의 증가다(그림 7-2). 현재 일본의 드럭스토어 체인 업계는 8조 엔을 넘는 시장 규모로 성장했고, 매년 약 1,000~1,500개의 신규 점포가 개점하고 있다.[4] 오늘날 변화가 곳곳에서는 좁은 지역에 여러 드럭스토어가 경쟁적으로 들어서 있다. 같은 현상이 편의점에서 일어난다면 서로 손님을 빼앗아 공멸할 수도 있겠지만 이상하게도

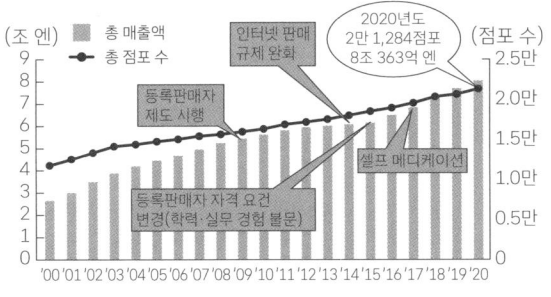

그림 7-2.
하락세 시대의 유일한
승자: 드럭스토어 업계는
8조 엔 시장
(오기타 야스히로 「10조
엔을 사정권에, 2020년도
국내 드럭스토어 시장
규모는 8조 363억 엔!」
에서 그림을 인용하고
설명을 덧붙임)

 드럭스토어는 어느 점포든 번성하고 있다.
 드럭스토어라는 비즈니스 모델에는 가격 경쟁에서 일반 슈퍼마켓이나 편의점이 절대 따라올 수 없는 강점이 있다.5 티슈나 화장지 같은 종이류, 세탁세제, 섬유유연제, 식품, 유아용품, 심지어 과자나 음료 같은 먹거리까지 꽤 저렴한 가격에 제공할 수 있다. 설령 일부 상품을 원가 이하로 할인하더라도 일단 손님을 끌어들이기만 하면 이익률이 매우 높은 의약품이나 화장품으로 수익을 만회할 수 있다.
 특히 최근 들어 화장품은 드럭스토어의 주력 상품으로 떠올랐다. 고등학생이나 대학생이 쉽게 살 수 있는 저가 제품, 이른바 '프치프라 코스메'[11]를 중심으로 구비해 고급 화장품을 파는 백화점과 명확한 차별화를 꾀하고 있다. 이 전략은 젊은 여성 고객을 끌어들이고, 동시에 일반의약품의 접근성을 높이는 데 크게 기여하고 있는 것으로 보인다.

◦ 약사 없이 일반의약품 판매가 가능해진 배경

드럭스토어 체인의 호황에는 여러 요인이 있지만 그중에서도 가장 큰 요인은 약사가 없어도 일반의약품을 판매할 수 있게 된 것이다.

---

11) 합리적인 가격과 다양한 색상, 실용성을 갖춘 일본 저가 화장품 브랜드. 20~50대 여성뿐 아니라 학생, 직장인 등 폭넓은 연령층에서 인기를 얻고 있다.

원래 약사는 약국에서 판매와 조제를 모두 책임졌는데 이것이 점포 확장의 장벽이 되어 왔다. 약사의 수는 한정되어 있고, 높은 전문성을 가진 국가 자격이라 인건비도 무시할 수 없기 때문이다. 그런데 2006년 약사법 개정을 통해 말하자면 '판매에 특화된 저렴한 자격'이 신설되었다. 그것이 바로 '등록판매자'다. 등록판매자 제도는 2009년부터 시행되어 이를 통해 약사가 없어도 일부 일반의약품을 판매할 수 있게 되었다. 그 사이 드럭스토어는 꾸준히 점포 수를 늘렸을 뿐 아니라 영업시간도 연장되어 이제는 24시간 영업점도 등장했다.

그렇다면 등록판매자는 어느 정도의 일반의약품을 판매할 수 있을까? 현재 일반의약품은 '요지도 의약품'이라는, 시판된 지 얼마 안 되어 관찰 기간에 있는 제품을 제외하면 제1류부터 제3류까지 세 가지 범주로 분류된다. 이 가운데 제1류 의약품 판매 시에는 약사가 문서를 이용해 설명해야 하지만 제2류와 제3류는 등록판매자가 있으면 판매할 수 있다. 그리고 제1류 의약품은 극히 일부에 국한되어 있으며 주요 감기약, 진해제(기침 억제제), 해열제, 진통제 등 일상생활에서 필요성이 높은 제품은 거의 제2류에 포함된다(참고로 제3류 의약품에는 비타민제 등이 포함된다).

즉 일반의약품의 95%는 제2류·제3류에 해당하며, 등록판매자는 일부가 아니라 거의 모든 시판약을 판매할 수 있다고 해도 과언이 아니다. 다만 2009년 제도 신설 당시에는 등록판매자 자격이 그리 쉽게 취득할 수 있는 것이 아니었다. 자격 시험을 치르려면 최소한 고등학교를 졸업하고 1년 이상의 판매 실무 경험이 필요했기 때문이다.

그런데 2015년에 응시 자격이 대폭 변경되어 학력과 실무 경험 모두 불문으로 바뀌었고, 시험에 합격하기만 하면 취득할 수 있게 되었다. 그 결과 고등학교나 대학교 재학 중에 응시하는 사람도 늘었고, 2022년도 시험에서는 니가타현에서 무려 9세 아동이 합격하기도 했다.[6]

이런 현행 제도에서 자격을 취득한 등록판매자가 본래 기대되는 업무와 책임, 즉 의약품의 효능과 사용상의 주의사항에 대한 설명, 부적절한 사용 방지 등에 대한 역할을 제대로 수행할 수 있을지는 매우 의문스럽다.

◦ **셀프 케어, 셀프 메디케이션 추진 정책**

등록판매자 제도에 국한되지 않고 일본 정부는 국민의 일반의약품 접근성을 높이는 정책을 잇따라 내놓았다. 그 배경에는 국민의 고령화와 장수로 인해 해마다 늘어나는 의료비 문제가 있다.

그렇다면 국민 전체 의료비를 줄이는 가장 손쉬운 방법은 무엇일까? 그것은 국민이 될 수 있는 한 의료기관을 방문하지 않도록 하는 것이다. 이를 위한 해결책 중 하나로 '셀프 케어, 셀프 메디케이션의 추진'이 제시되었다.[7] 즉 국민이 스스로 건강관리를 하고, 생활습관병 예방에 힘쓰며, 가벼운 신체적 불편이 있을 때는 쉽게 의료기관을 찾지 않고 일반의약품을 활용해 조기에 대처하도록 권장하는 정책이다. 그리고 이 셀프 메디케이션을 추진하기 위해 의사의 처방전 없이 접근할 수 있는 의약품이 늘어났다.

그것이 바로 '스위치 OTC' 추진이다. 일반의약품은 영어로 over-the-counter drug(카운터 너머에서 살 수 있는 약)라 하며 줄여서 OTC 의약품이라 부르는데, 원래 의사가 처방하던 전문의약품 중 부작용이 적고 안전성이 높은 것을 일반의약품으로 전환(스위치)한 것을 '스위치 OTC 의약품'이라고 한다. 대표적인 예로는 '가스터10(위장약)', '로키소닌S(진통·해열제)', '메지콘 기침약정 Pro(진해제)' 등이 있다. 이 약들은 원래 의사의 처방전이 없으면 구할 수 없었지만 이제는 드럭스토어에서 쉽게 구할 수 있게 되었다.

더 나아가 2017년에는 '셀프 메디케이션 세제'가 도입되었다.[8] 이것은 가구별 일반의약품 구매 금액이 연간 1만 2,000엔 이상이 되었을 때 정기적으로 건강검진을 받는 등 몇 가지 조건을 충족하면 의료비 공제를 받을 수 있는 제도다. 이 제도는 원래 2017년 1월부터 5년간의 특례로 시작되었지만, 2022년 1월부터 다시 5년간 연장되어 현재도 계속 시행 중이다.

- **인터넷 판매 규제 완화**

드럭스토어 점포 증가와 직접적인 관련은 없지만 국민의 일반의약품 접근성 향상이라는 점에서는 2014년부터 규제가 완화된 인터넷상 일반의약품 판매도 중요하다. 이제는 아마존 사이트에서 일반의약품을 쉽게 구매할 수 있게 되어 매우 편리한 세상이 되었다. 하지만 반대로 말하면 일반의약품을 남용하는 사람들에게는 이보다 더 편한 입수 방법도 없을 것이다.

사실 지금으로부터 10여 년 전, 우연히 나는 국회의 TV 중계를 통해 이 규제 완화가 논의되는 장면을 보았다. 한 야당 의원이 당시 후생노동대신을 상대로 "인터넷 판매를 허용함으로써 젊은이들이 일반의약품을 남용하게 되면 어떻게 할 것인가?"라고 날카롭게 질문하던 것을 지금도 생생히 기억하고 있다. 그로부터 10년이 넘는 세월이 흐른 지금, 그 원인이 인터넷 판매의 영향인지 아닌지는 차치하더라도 그 의원의 예언은 보기 좋게 적중한 것 같다.

참고로 아마존 사이트에서는 일반의약품 제품별 판매 순위(베스트셀러)를 확인할 수 있는데, 그것을 보고 있으면 묘한 기분이 든다. 일본에는 시판 감기약과 진해제 제품이 매우 다양하게 있고, 실제로 TV 광고에서도 여러 제품이 홍보되고 있지만 한때 아마존 베스트셀러를 보면 감기약 부문에서는 '파브론 골드A'(이하 파브론)가 항상 상위권에 있었고, 기침약 부문에서는 '에스에스브론 정'(이하 브론)과 '메지콘 기침약정 Pro'(이하 메지콘)가 1위, 2위를 차지하며 '베스트셀러' 표시가 붙어 있었기 때문이다.

말할 것도 없이 이 세 가지 약물은 의존증 임상에 종사하는 사람이라면 누구나 알고 있는, 남용자들이 가장 선호하는 3대 인기 일반의약품이다.[2]

다소 삐딱한 시선일 수는 있지만 혹시 이런 가능성도 있지 않을까? 즉 제약회사의 매출은 사실 그 약을 진정으로 필요로 하는 사람들뿐만 아니라 다른 목적으로 부적절하게 사용하는 사람들의 기여도 상당히 영향을 받고 있지 않을까 하는 것이다.

일반의약품은 정말 안전한가?

◦ 일반의약품은 단순히 '오래된 약'일 뿐

아마 보통 사람들은 이렇게 생각할 것이다. "일반의약품은 처방약보다 효과는 약하지만 부작용도 가벼울 것이다."

하지만 이것은 오해다. 내 생각에 일반의약품은 단순히 '오래된 약'일 뿐이다. 예를 들어 브론이나 파브론으로 대표되는 시판 감기약·진해제 중 상당수에는 다음과 같은 성분이 들어 있다.

- 연수(숨골)의 기침 중추에 직접 작용해 기침을 억제하는 성분인 디히드로코데인 인산염(이하 코데인)
- 교감신경계에 작용해 기관지를 확장하는 성분인 dl-메틸에페드린 염산염(이하 메틸에페드린) 또는 슈도에페드린 염산염(이하 슈도에페드린)

첫 번째 성분인 코데인은 엄연히 오피오이드(아편에서 유래한 마약 성분)이며, 일본에서는 '마약 및 향정신성 약물 단속법'에서 마약으로 규제하고 있다. 또 메틸에페드린과 슈도에페드린은 '각성제 단속법'에서 각성제 원료로 규제되는 성분이다.

그런데 여기에는 예외 규정이 있어서 저농도 조건에서는 일반의약품 사용이 허용된다(코데인은 100배, 메틸에페드린과 슈도에페드린은 10배로 희석 시 가능). 아마 이런 규정은 이미 널리 보급된 현실과 타협하기 위한 궁여지책이었을 것이다. 실제로 원조 파브론은 1927년, 브론은 1934년에 발매되어 너무나 많은 판매 실적이 있기 때문이다.(참고로 발매 초기의 원조 파브론은 코데인 대신 양귀비 열매에서 아편 원료가 되는 수액을 뽑아낸 뒤 남은 양귀비 씨앗 껍질을 원료로 사용했다고 한다.)[9]

오늘날 의료 현장에서 이런 성분이 들어간 진해제를 1차 선택약(가장 먼저 투여해야 할 치료약)으로 쓰는 의사는 거의 없을 것이다. 웬만큼 고령의 의사가 아닌 이상 대부분의 의사는 그 의존성을 고려해 다른 성분이 들어 있는 진해제를 우선 처방한다. 특히 소아 환자에게는 호흡 정지 등 사고 발생 우려 때문에 코데인이 함유된 진해제나 감기약은 처방하지 않는다.

다른 예도 있다. 시판되는 진정·수면제 '우트'다. 이 약은 브로모발레릴요소라는 매우 오래된 최면·진정 물질을 주성분으로 한다. 이 성분은 의존성이 강하고 다량으로 복용 시 자발적 호흡을 억제할 위험성 때문에 정신의학과에서는 오래전부터 사용되지 않는 물질이다.

최근 의존성 문제가 지적되는 벤조디아제핀계 수면제조차 의존성이나 위험성 면에서는 브로모발레릴요소보다 훨씬 안전하다. 벤조디아제핀계 수면제조차 발매 당시에는 '안전한 수면제'로 호평을 받았다. 이렇게 생각하면 브로모발레릴요소가 여전히 판매되고 있는 현실은 도저히 이해하기 어렵다.

또 일반의약품 특유의 문제도 있다. 시판약은 여러 성분이 한꺼번에 조합되어 있어 마치 '비밀 레시피'로 만든 수수께끼 약처럼 보인다. 여기에 기존 제품이 업데이트될 때마다 성분이 더 추가되고, 광고에는 '새로운 성분 ○○ 함유!'라는 문구가 붙는다. 이렇게 바꾸어 말할 수도 있다. 일반의약품은 제품명에 '에이스', '프리미엄', '퀵' 같은 단어가 추가될 때마다 함유 성분의 종류가 많아진다고 말이다.

○ '개조'되는 스위치 OTC

처방약에서 유래한 스위치 OTC조차 이런 식의 '개조'를 피하지 못한다. 대표적인 사례가 2011년 시판된 진통 해열제 록소닌이다. 처방약 시절에는 단일 성분이었던 이 약은 시판 후 드럭스토어에서 여러 변형 제품으로 출시되었다. 그중 가장 고급인 이른바 하이엔드 제품에 해당하는 것이 '록소닌S 프리미엄'이다. 이 제품의 대체 무엇이 '프리미엄'일까? 진통 해열 성분인 록소프로펜에 더해 알릴이소프로필아세틸요소와 무수카페인이 추가되었다.

알릴이소프로필아세틸요소는 앞서 언급한 브로모발레릴요소와 마찬가지로 의존성이 있는 우레이드(요소) 계열의 최면·진정 성분이다. 사실 이 성분은 의료기관에서 혈소판 감소성 자반병을 유발한다는 이유로 이미 수십 년 전 사용이 중단된 물질이다.

무수카페인은 록소닌S 프리미엄 두 알에 50mg, 즉 레귤러 커피 한 잔에 해당하는 양이 들어 있다. 사실 카페인은 시판약에 흔히 첨가된다. 제약사 측은 '졸음을 막기 위해' 혹은 '통증을 억제하기 위해'라고 설명하지만 정말 그럴까? 5장에서도 언급했지만 오히려 소비자가 약을 더 '좋게 느끼도록 만드는 일종의 최음제' 역할을 하는 것은 아닐까 하는 의문이 든다.

예를 들어 매일 록소닌S 프리미엄을 복용하며 두통을 관리하는 사람이 있다고 하자. 어느 날 '두통이 나았다'라고 생각해 복용을 중단하면 카페인 금단 증상으로 다시 두통이 생길 가능성이 크다. 그러면 그 사람은 '아직 두통이 안 나았구나'라고 생각하고 다시 약을 복용하게 될 것이다. 결국 약을 끊지 못하고 장기적으로는 제약사의 배만 불리게 된다. 결국 일반의약품 판매의 본질은 비즈니스인 것이다.

'남용 우려 의약품' 지정을 둘러싼 여러 문제

◦ 일본판 오피오이드 위기

최근 시판 의약품 의존증 환자들 사이에서 가장 많이 남용되는 것은 브론이나 파브론처럼 마약과 각성제 원료를 함유한 시판 진해제나 감기약이다. 브론이나 파브론 의존증 치료는 매우 어렵다. 솔직히 말해 각성제 의존증보다 치료에 훨씬 애를 먹는다. 이유는 여러 가지지만 가장 큰 원인은 역시 코데인이 가진 강력한 신체적 의존 작용 때문일 것이다.

브론이나 파브론을 매일 다량으로 복용하면 오피오이드에 대한 신체적 의존이 생긴다. 오피오이드는 강력한 진통제로서 암으로 인한 신체적 통증 조절을 위해 완화 의료 현장에서 빼놓을 수 없는 약이지만, 사실 심리적 고통에도 효과가 있다. 특히 울분에 찬 분노나 불안에 시달리는 사람의 경우 이런 심리적 고통이 일시적으로 완화되는 경험을 하기도 한다.

그러나 이런 효과는 금방 내성이 생겨 처음과 같은 효과를 유지하려면 더 많은 양을 더 자주 복용해야 한다. 게다가 갑작스러운 중단이나 평소보다 적은 양만 복용하게 되면 금단 증상이 나타난다. 가벼운 경우는 설사나 감기와 비슷한 증상에 그치지만 중증 남용자의 경우 갑작스러운 기분 저하나 때로는 자살 충동에 시달릴 수 있다. 실제로 내 임상 경험에서도 중증 시판 약물 의존 환자가 브론이나 파브론 복용을 갑자기 중단하면서 강한 자살 충동에 시달리고, 목을 매는 등의 자살 시도에 이른 경우가 있었다.

1장에서 자세히 언급했듯이 북미에서는 처방된 옥시코돈이나 펜타닐 같은 강력한 오피오이드 진통제 의존증과 과다 복용으로 인한 사망자가 증가해 높은 수준을 유지하고 있으며, '오피오이드 위기'로서 심각한 사회문제가 되고 있다. 그동안 일본의 규제 당국 관계자들은 이런 사태를 '강 건너 불구경'하듯 지켜보며 "우리나라는 서구와 같은 비참한 상황을 피하고 있다. 역시 일본의 엄격한 처벌 위주의 약물 정책이 옳다"라고 자화자찬해 왔다.

하지만 정말 그럴까? 나는 이 코데인 함유 시판 의약품 남용 사태야말로 일본판 오피오이드 위기라고 생각한다.

게다가 일본의 오피오이드 위기는 이번이 처음이 아니다. 이미 40년 가까이 전에도 이와 유사한 일반의약품에 의한 오피오이드 위기를 겪은 적이 있다. 1980년대 후반 수도권 대학생들을 중심으로 '브론액 원샷하기'가 유행했다. 당시에는 버블 경제기였고 '가벼움'이 중시되던 시대였다. 주말에 디스코장에 갈 때 젊은 남성들은 이성에게 과감하게 접근할 용기를 얻기 위해 브론을 '원샷'했다. 그러면 함유된 마약 성분의 효과로 불안과 긴장이 완화되고, 각성제 성분의 효과로 기분이 고조되어 자신감 넘치는 행동을 할 수 있게 되었다. 말 그대로 헌팅에 딱 맞는 정신 상태가 되는 것이다. 그러나 이런 남용으로 많은 브론 의존증 환자가 생겨나 심각한 사회문제가 되었다.

당시 사태를 심각하게 본 제약사는 1989년 브론액에서 각성제 원료인 메틸에페드린을 제거하는 과감한 조치를 취했다. 오피오이드는 여전히 함유되어 있었지만 브론액 남용 사태를 가라앉히는 데는 어느 정도 성공했다[10](이후에는 코데인 성분을 제거한 제품도 출시했다).

나는 당시 제약사의 결단을 높이 평가하지만 동시에 교묘하게 빠져나갈 길을 마련한 기업의 약삭빠름도 느낀다. 성분 제거는 어디까지나 액상 제품에 한정되었고, 사실 알약 형태의 브론은 그대로의 성분으로 판매가 계속되었기 때문이다. 그리고 마약과 각성제 성분 효과를 모두 추구하는 중증 남용자는 남용 약물을 액상에서 알약으로 바꾸었고, 이후에도 정제형 브론 애호가의 계보는 끊기지 않고 이어졌다. 실제로 그 이후에도 소수지만 꾸준히 일반의약품 의존증 환자가 약물 중독 전문 외래 진료소에 나타났다. 결국 이런 미온적인 대처가 2016년부터 이어진 일반의약품 남용 사태의 발생 토양을 마련한 셈이다.

◦ 남용 우려 의약품

물론 일본 정부도 이런 상황을 완전히 방치한 것은 아니다. 2014년 2월 후생노동성 약사·식품위생심의회 의약품 등 안전대책부회는 브론을 비롯해 마약 성분이나 각성제 원료가 포함된 일반의약품 진해거담제를 '남용 우려 의약품'으로 지정하고, 매장에서의 판매를 1인 1상자까지로 제한하도록 통보했다.[11]

그러나 효과는 상당히 의심스러웠다. 2014년의 판매 개수 제한 이후 아이러니하게도 일반의약품 의존증 환자가 폭발적으로 늘었기 때문이다. 그도 그럴 것이 2018년에 실시된 후생노동성 조사에 따르면, 정부가 정한 판매 규칙을 드럭스토어의 약 절반이 지키지 않았다는 사실이 드러났다.[12]

애초에 이 판매 규제 기준 자체에도 이해하기 힘든 부분이 있었다. 판매 개수 제한이 진해거담제에만 한정되어 있었고, 같은 성분을 함유한 시판 감기약은 무슨 이유에서인지 제한 대상에서 제외되었기 때문이다. 당연히 진해거담제 브론 남용자들은 사용 약물을 감기약인 파브론으로 바꾸어 갔다. 남용자 입장에서 보면 파브론은 가성비 좋은 약이었다. 남용자가 기대하는 코데인과 메틸에페드린 함유량이 제품 가격 대비 브론의 2배 이상이었기 때문이다. 따라서 남용자들은 순식간에 파브론으로 몰렸다.

하지만 파브론에는 불필요한 성분이 들어 있었다. 바로 진통 해열 성분인 아세트아미노펜이다(일본 의사들이 백신 접종 후 부작용으로 발열이나 통증이 있을 때 먹으라고 처방하는 '카로날'이라는 약의 성분이다). 이 성분은 간 독성이 매우 강해서 파브론을 매일 다량 복용하면 단기간에 심각한 간 기능 장애를 일으킬 수 있다. 실제로 내 환자 중에도 황달이 생기거나 간성혼수(간의 해독 기능이 상실되어 암모니아를 비롯한 독소의 혈중 농도가 높아져 의식 장애를 일으키는 상태)에 빠져 죽을 뻔한 경우가 있었다.

나는 2018년 이후 여러 차례 후생노동성에 이 '남용 우려 의약품' 지정

범위가 이상하다는 점을 호소했지만 매번 흐지부지 넘어갔다. 결국 파브론 같은 감기약이 지정 범위에 포함된 것은 그로부터 5년 뒤인 2023년 4월이었다.[13]

하지만 이런 후생노동성의 대응도 말 그대로 '소 잃고 외양간 고치는 격'이었다. 그때는 이미 남용자들의 관심이 다른 일반의약품으로 옮겨 가 있었다. 그 제품은 2021년 8월에 발매된 스위치 OTC약 메지콘이었다. 메지콘은 브론이나 파브론과 달리 마약이나 각성제 원료를 포함하지 않고, 대신 덱스트로메토르판염화수소염(이하 덱스트로메토르판)이라는 성분이 기침을 억제하는 진해제다.

이 약은 코로나19 팬데믹으로 진해거담제 수요가 높아진 가운데, 스위치 OTC임에도 처음부터 제2류 의약품으로 지정되는 이례적인 대우를 받으며 시판되었다. 그러나 안타깝게도 발매 직후부터 남용자들에게 인기를 끄는, 불명예스러운 상황을 맞이했다. 실제로 코로나19 전후의 남용 시판약 변화를 조사한 연구에서는 코로나 이후 덱스트로메토르판 함유 일반의약품 남용 환자가 유의미하게 증가한 것이 밝혀졌다.[14] 말할 것도 없이 이것은 메지콘 시판화의 영향이다.

● 이유 없이 늦어지는 대응

시판 허가 당시 메지콘의 판매 포인트로 강조된 것은 오피오이드 성분을 포함하지 않은 '비마약성' 진해제라는 점이었다. 분명 그 말 자체는 사실이지만 그렇다고 해서 어떤 방식으로 복용해도 안전하다는 뜻은 아니다. 실제로 이 약에 포함된 덱스트로메토르판은 이미 미국에서 젊은 층에 의해 남용되어 사회문제가 된 성분이다. 그럴 수밖에 없는 것이 덱스트로메토르판은 불법 환각제인 케타민이나 펜사이클리딘과 유사한 약리 작용을 한다. 당연히 부적절하게 다량 복용하면 환각이나 지각 변화가 유발되거나 세로토닌 증후군처럼 고열, 경련, 횡문근융해증을 일으킬 위험이 있다.

게다가 치명적인 사태를 초래하기도 한다. 한동안 일반의약품 과다 복용 OD으로 인한 사망 사건이 잇따라 발생했고, 그때마다 여러 경찰서에서 경찰관들이 수사 의견을 구하기 위해 내게 찾아왔다. 그중 비교적 잘 알려진 사건으로는 2021년 6월 도쿄 이케부쿠로의 한 호텔에서 발생한 38세 여성의 중독사 사건[15]과 같은 해 12월 시가현 모리야마시에서 일어난 여고생의 중독사 사건[16]이 있다.

이 사건들의 사인에는 메지콘 함유 성분이 결정적인 영향을 미쳤지만 얼핏 이해하기 힘든 점이 있었다. 사망한 사례들이 결코 메지콘만 과다 복용한 것이 아니라 메지콘과 함께 브론이나 파브론, 심지어 정신의학과 처방약까지 상당량 복용했기 때문이다. 그런데도 시신의 혈중 농도가 치사량을 넘은 것은 메지콘의 성분인 덱스트로메토르판뿐이었다. 이 사실로 미루어 사인을 추론하면 덱스트로메토르판 중독에 의한 자발적 호흡 정지로 보인다.

왜 이런 일이 일어났을까? 사실 사망한 사례들에는 공통점이 있었다. 바로 다양한 시판약을 과다 복용하면서 동시에 감귤류 과즙이 들어간 스트롱계 츄하이를 마셨다는 점이다. 덱스트로메토르판은 간의 CYP(사이토크롬 P450) 2D6라는 효소로 1차 대사를 거쳐 덱스트로판이 된 뒤, 다시 CYP3A4 효소로 2차 대사가 진행된다. 그런데 이 CYP3A4 효소는 감귤류 과즙에 의해 그 작용이 장시간 억제되는 성질이 있다.

여기서부터는 내 추측이지만, 스트롱계 주류에 들어 있는 감귤류 과즙 때문에 2차 대사인 덱스트로판 대사가 멈추고, 그 여파로 덱스트로메토르판의 혈중 농도가 상승해 결국 치사량을 넘었을 것이다.

나는 여러 차례 메지콘을 '남용 의약품'으로 지정해 판매 개수 제한 대상에 포함시켜야 한다고 주장해 왔다. 나뿐만이 아니다. 후생노동성이 2022년 9~10월에 모집한 '의약품, 의료기기 등의 품질·유효성 및 안전성 확보에 관한 법률 시행규칙 제15조의2 규정에 따라 남용 등 우려가 있는 것으로 후생노동대신이 지정하는 의약품 일부를 개정하는 건(안)'에 대한 여론 수렴에서도 메지콘을 비롯한 덱스트로메토르판 함유 일반의약품을 판매 개수 제한 대상으로 삼아야 한다는 의견이 여러 건 제출되었다.[17]

그런데도 이 책을 집필하고 있는 2024년 12월 현재, 일본 정부는 여전히 메지콘을 '남용 우려 의약품'에 포함시키지 않고 있다.

'물건'의 관리 및 규제뿐 아니라 고통받는 '사람'도 지원해야

○ 셀프 메디케이션은 국민을 정말 건강하게 만들었는가?

요즘 특히 마음에 걸리는 점이 있다. 바로 드럭스토어 체인 업계와 후생노동성의 지나치게 밀접한 관계다. 실제로 일본체인드럭스토어협회나 일본 OTC의약품협회 같은 단체들은 꾸준히 전직 후생노동성 관료를 고위 임원으로 영입해 왔다. 이 과정에 어떤 이권이 얽혀 있거나 일반의약품 판매 규제가 더디게 진행되는 이유가 숨어 있는 듯하다.

또한 일본의약품등록판매자협회가 편집한 책에서는 현직 후생노동성 관료가 "등록판매자도 셀프 케어·셀프 메디케이션 추진의 중요한 이해관계자"라거나 "OTC 약 판매에 가장 정통한 사람은 등록판매자"라고 발언하고 있다.[18] 솔직히 말해 "농담도 정도껏 하라"는 말이 절로 나온다. 단언컨대 등록판매자는 일반의약품 판매 전문가일 수는 있지만 결코 의료 전문가가 아니기 때문이다.

예전부터 나는 의문을 품어 왔다. 과연 셀프 메디케이션은 국민을 정말로 건강하게 만들었는가? 앞서 살펴본 것처럼 많은 일반의약품에는 오늘날의 의학적 기준에서 '구식'이라고 할 수밖에 없는 성분이 포함되어 있거나 과도한 카페인이 들어 있다. 심지어 메지콘처럼 시판되자마자 남용 대상이 되어 인명을 앗아간 사례도 있다.

셀프 메디케이션이 정말로 의료비 절감에 기여하는지도 따져 봐야 한다. 실제로 이미 일반의약품 중독 환자가 늘었고[2] 코로나19 팬데믹 이후 일반의약품 과다 복용으로 인한 응급 이송 환자가 눈에 띄게 증가했다는 보고도 있다.[19] 접근성 향상이 오히려 새로운 질병과 의료 부담을 만들어 내고 있는 것이다.

이런 사실들이 있는데도 정부의 대응은 미온적이라고밖에 할 수 없다. 그동안 다양한 기회를 통해 정부에 대책 마련을 요구했지만 그때마다 '근거가 불충분하다', '규제하면 곤란한 사람도 있다', '다른 대체 약물이 없다'라는 식으로 얼버무릴 뿐이었다.

이른바 '드럭(마약)'이라고 불리는 약물 규제와는 너무나 대조적이다. 드럭은 극히 취약한 근거, 즉 우리에 갇힌 쥐 같은 실험 동물에게 규제 후보 약물을 다량 투여하는 다소 황당무계한 실험 결과만으로도 손쉽게 규제하고 범죄화해 왔기 때문이다. 일본의 약물 정책은 약물을 '좋은 약물(의약품)'과 '나쁜 약물(불법 약물)'로 이분화해 전자에는 지나치게 관대하고 후자에겐 비합리적일 정도로 엄격한 태도를 보이는 모순을 안고 있다.

◦ 후생노동성 '의약품 판매 제도에 관한 검토회'

젊은 층에 퍼지고 있는 일반의약품 남용에 대응하기 위해 2023년 2월 후생노동성은 '의약품 판매 제도에 관한 검토회'[20]를 발족했다. 이 위원회의 최종 정리 보고서에 따르면, '대량 구매가 의심되는 사람에 대한 등록판매자의 확인 철저', '미성년일 가능성이 있는 경우에는 신분증을 통한 연령 확인 철저', '매장 내에서 일반의약품 과다 복용의 위험성에 관한 홍보' 등이 명기되어 있다.[21]

하지만 이런 과제 가운데 일부는 이미 많은 드럭스토어 체인점에서 시행 중이다. 예를 들어 '남용 우려 의약품'을 사러 온 손님에게 등록판매자가 "다른 점포에서도 같은 상품을 구매하셨나요? 부적절하게 사용하고 있지는 않은가요?" 같은 말을 건넨다. 다만 내가 몇몇 드럭스토어 매장에서 관찰한 바로는 이런 말 걸기는 '어쩔 수 없으니 하고 있습니다', '일단 했다는 표시니까요!'라는 식으로 마치 알리바이를 만들기 위한 형식적인 행동에 불과해 실효성은 상당히 의심스럽다.

또한 미성년자에게 판매를 중지하면 불법적인 경로를 통해 일반의약품을 구하게 될 가능성이 있다. 내 임상 경험에서도 나이 많은 남성에게 대리 구매를 부탁하고 대가로 성적 서비스를 제공하거나 비합법적인 경로를 통해 부당하게 비싼 가격으로 일반의약품을 구매하기 위해 '원조교제'를 하는 상황이 자주 드러났다. 심지어 불법적인 경로로 일반의약품을 입수하면 '덤'으로 대마나 MDMA 같은 불법 약물이 따라오거나 일반의약품을 구하지 못하게 되자 각성제 같은 불법 약물로 갈아타는 사태도 발생하고 있다.

덧붙여 드럭스토어 매장 내 홍보는 이미 무의미하다고 할 수 있다. '목숨을 잃을 수도 있다!'라고 홍보해 보았자 애초에 일반의약품 남용자 상당수는 평소부터 '사라지고 싶다', '죽고 싶다'라고 생각하는 사람들이다. 오히려 호기심만 자극할 수 있다.

임상 현장에서 일반의약품 의존증 환자와 매일 마주하는 입장에서 보자면, 이런 사태는 충분히 예상할 수 있었던 것들뿐이다. 그러나 '의약품 판매 제도에 관한 검토회'의 구성원을 보면 그들의 논의에는 한계가 있었을 것이다.[20] 각 관련 단체에서 온 형식적인 대표자를 제외하면 구성원 대부분은 '약물' 전문가일 뿐이고 '약물에 의존하는 사람'인 전문가는 한 명도 없기 때문이다. 이러다 보니 논의는 약물이라는 '물건'의 규제와 관리 이야기에 그치고, 약물이 필요한 '사람'이 겪는 고통은 간과될 수밖에 없다.

◦ 일반의약품을 남용하는 사람이 겪는 고통

젊은 층에서 일반의약품 남용과 자살은 밀접한 관련이 있다. 이는 약리 작용 그 자체가 사람을 죽음으로 이끄는 것이 아니라 이미 자살 위험을 지닌 이들이 죽고 싶은 마음을 잠시라도 잊기 위해 일반의약품을 과다 복용하는 과정에서 나타나는 현상이다.

2023년 4월 지바현 마쓰도시에서 여고생 두 명이 아파트 옥상에서 뛰어내려 목숨을 잃었다. 이 사건은 그들이 스스로 뛰어내리는 장면을 영상으로 생중계해 사회에 큰 충격을 주었다. 그들은 뛰어내리기 직전 다량의 일반의약품을 '스트롱계 츄하이'와 함께 삼켰고, 아마도 취한 상태에서 행동에 나선 것으로 보인다. 하지만 그보다 훨씬 이전부터 '자신의 얼굴이 싫다'라는 신체이형증에 시달리거나 어머니의 정신적 학대·데이트 성폭력 피해를 겪으면서 매일 일반의약품을 과다 복용해 왔다는 사실이 보도되었다.[22]

1장에서도 언급했듯이 코로나19 팬데믹 이후 10대, 20대 여성을 중심으로 일반의약품 의존증 환자와 일반의약품 과다 복용으로 인한 응급 이송 환자가 증가했다. 동시에 여고생 자살자 수도 급증해 계속 높은 수준을 유지하고 있다. 실제로 내 임상 경험에서도 최근 자살한 환자들 대부분이 일반의약품 의존증인 젊은 여성들이었다.

일반의약품 의존증을 겪는 젊은 여성 환자들은 두 가지 점에서 기존의 약물 의존증 치료 방식을 근본적으로 흔들고 있다. 첫째, 그들에게는 지금까지 '의존증 치료의 원칙'이라 여겨졌던 방법론이 통하지 않는다는 점이다. 둘째, 그들에게 약물 문제는 치료나 지원과 연결되기 위한 '입장권'에 불과하고 진짜 문제는 약물이 아닌 다른 곳에 있다는 점이다.

과거 약물 의존증 치료의 목표는 무조건 '단약'이었다. 예를 들어 각성제 의존증 치료가 그렇다. 물론 결과적으로 "아직 완전히 필로폰을 끊지는 못했지만 예전보다 나아졌다"와 같은 상황은 자주 있었다. 그러나 그렇다고 해서 공식적인 치료 목표로 처음부터 "각성제 사용 빈도나 양을 줄입시다"라고 공언하는 경우는 없었다.

그런데 일반의약품 의존증 치료는 그렇게 되지 않는다. 환자 대부분은 트라우마 관련 정신 질환의 다양한 증상, 즉 플래시백, 과각성, 불안과 공포, 갑자기 치밀어 오르는 자살 충동이나 동반된 정신 질환의 증상에 대처하기 위해 일종의 자가 치료처럼 일반의약품을 사용한다. 따라서 약을 끊는 것은 고통을 악화시킬 뿐 아니라 때로는 죽음을 불러들이기도 한다.

실제로 일반의약품 의존증 환자 중에는 과다 복용으로 인한 호흡 정지나 심부전으로 원치 않게 사고사에 이른 사람도 있고, 단약 후 트라우마 기억의 플래시백이 악화되어 엄청난 공포와 자살 충동에 사로잡혀 스스로 목숨을 끊은 사람도 있다. 심지어 목을 매는 등 과다 복용 외의 방법으로 말이다.

내가 최근 몇 년간 진료실에서 만난 일반의약품 의존증 환자들은 바로 그런 사람들이었다. 그런 임상 경험을 쌓으면서 나는 약물 의존증 치료의 방식과 목표를 근본부터 다시 생각하지 않을 수 없었다. 이제 약물 의존증 치료에서는 '약을 끊느냐 마느냐'보다 '어떻게 하면 그들이 살아남게 할까'가 훨씬 더 우선해야 할 중요한 과제가 되었다.

'절대 안 돼'는 이제 그만

이 장에서는 드럭스토어 증가와 인터넷 판매 규제 완화 등으로 일반의약품 접근성이 높아지면서 젊은 층의 일반의약품 남용과 중독이 확대된 관계를 중심으로 여러 문제점과 과제를 지적했다. 하지만 한편으로는 많은 사람이 그 편리함 덕분에 혜택을 누리고 있고, 이제 와서 예전으로 돌아갈 수는 없다고 느낄 것이다.

솔직히 말하면 나도 그렇다. 좀 민망한 이야기지만 엉덩이에 난 종기 치료용 항생제 연고를 사려면 약국 카운터에서 직접 달라고 해야 하는데 약간의 용기가 필요하다. 점원이나 주변 손님들이 나를 어떻게 볼지, '저 사람, 엉덩이에 종기 났나 봐'라고 소문이라도 내지 않을지 괜히 신경 쓰인다. 그런데 아마존에서 클릭 한 번으로 살 수 있다면 이런 피해망상 같은 걱정에서 벗어날 수 있다.

나는 결코 "예전으로 돌아가라"거나 "불편함을 감수하라"고 말하려는 것이 아니다. 오히려 지금 같은 일반의약품 남용 사태를 계기로 우리 사회의 약물 정책을 다시 생각해야 한다고 말하고 싶다. 실제로 약물 남용 방지 교육에 종사하는 사람들에게 일반의약품은 어둠 속에서 불쑥 나타난 복병 같은 존재다. 갑자기 등장하더니 약물 남용 방지 교육 방식을 송두리째 흔들고, 강단에 선 어른들의 자신감을 무너뜨리며 결국 말을 잃게 만들었다.

그럴 만도 하다. 지금까지 '절대 안 돼'라는 구호와 함께 '약물에 한 번이라도 손을 대면 인생 망한다'라는 협박이 아이들에게 먹혔던 이유는 간단하다. 그들 대부분이 각성제나 대마를 사용한 적이 없었기 때문이다. 하지만 지금 젊은이들이 가장 크게 건강 피해를 입는 것은 '한 번 써도 인생이 망하지 않는다'라는 것을 이미 몸소 경험한 일반의약품이다. 이제 더 이상 어른들의 거짓말은 통하지 않는다.

그동안 여러 번 말했지만 순수하게 의학적으로 보자면 약물에는 '좋은 약'도 '나쁜 약'도 없고, 오직 '좋은 사용법'과 '나쁜 사용법'만 있을 뿐이다. 그리고 잊지 말아야 할 것은 '나쁜 사용법'을 쓰는 사람은 대개 무언가 해결되지 않은 문제와 고통을 안고 있다는 사실이다.

젊은 층에서 일반의약품 남용이 퍼지고 있는 상황에서 약물 남용 위험이 큰 아이들은 동시에 자살 위험이 높은 집단이라는 인식이 필요하다. 그렇다면 기존의 '절대 안 돼'라는 구호로 대표되는, 일탈이나 비행·범죄를 막는 맥락에서 이루어지던 약물 남용 방지 교육은 이제 끝내야 한다. 앞으로는 '힘들 때 안심하고 도움을 요청할 수 있는 사회'를 만드는 쪽으로 자살 예방 교육과 손을 잡아야 하지 않을까? 나는 그렇게 생각한다.

참고 문헌

1 마쓰모토 도시히코, 「최근의 위험 드럭 관련 장애 환자에서의 임상적 특징 변화-전국 정신의학과 의료시설에서의 약물 관련 장애 실태 조사: 2012년과 2014년의 비교」 『정신신경학잡지』 120(5), 2018

2 마쓰모토 도시히코, 「10대에서의 시판약 남용·의존-자해와 자살 사이에서」 『소아의 정신의학과 신경』 64(1), 2024

3 우사미 다카시/마쓰모토 도시히코, 「10대에서의 남용 약물 변천과 약물 관련 정신 장애 환자의 임상적 특징」 『정신의학』 62(8), 2020

4 오기타 야스히로, 「10조 엔을 시야에, 2020년도 국내 드럭스토어 시장 규모는 8조 363억 엔!」 DIAMOND Chain Store Online(https://diamond-rm.net/retaildata/79342/)

5 「드럭스토어 경영에 필요한 것은? 현황과 개업 절차까지 해설」 『마이나비 약제사』(https://pharma.mynavi.jp/knowhow/preparation/drugstore-management/)

6 약독, 「【2022년도 등록판매자 시험】 합격자 다시 3만 명 미만으로-전국적으로 응시자 수 감소」 『마이나비 약제사』(https://yakuyomi.jp/industry_news/20230130a/)

7 후생노동성 「셀프 케어·셀프 메디케이션 추진에 관한 유식자 검토회」

8 후생노동성 「셀프 메디케이션 세제(특정 의약품 구매액의 소득공제 제도)에 대하여」

9 츠기노지다이, 「【파브론】 양귀비 껍질에서 시작된 기침약 '빨리빨리'로 톱 점유율」(https://smbiz.asahi.com/article/14617432)

10 세노 에이이치/모리타 노부아키/사이토 마나부 외, 「시판 진해제 남용에 관한 사회정신의학적 연구-성분 변경에 따른 남용 동태의 변화」 『정신신경학잡지』 98(3), 1996

11 후생노동성 「남용 등의 우려가 있는 의약품의 성분·품목 및 수량에 대하여」

12 이구사 에미, 「시판약 '다량 복용'에 의존하는 사람들의 절박한 실태-판매 규제와 계몽 교육만으로는 막을 수 없다」 『도요게이자이 ONLINE』

13 후생노동성 「남용 우려 의약품 개정에 대하여」

14 Usami, T., Okita, K., Shimane, T., Matsumoto, T., "Comparison of patients with benzodiazepine receptor agonist-related psychiatric disorders and over-the-counter drug-related psychiatric disorders before and after the COVID-19 pandemic: Changes in psychosocial characteristics and types of abused drugs," Neuropsychopharmacology Reports, 44(2), 2024

15 <아사히신문> 「기침약 대량 섭취인가, 여성 사망-혼수상태로 방치 혐의 의사 등 체포」 2022년 6월 27일

16 <교토신문> 「사망 여고생과 두 용의자는 '오버도즈' 동료-시가현 모리야마의 유괴 사건」 2021년 12월 14일

17 후생노동성 「의약품·의료기기 등의 품질·유효성 및 안전성 확보 등에 관한 법 시행규칙 제15조의2 규정에 근거해 남용 등의 우려가 있는 것으로서 후생노동대신이 지정하는 의약품 일부 개정건(안)에 관한 퍼블릭 코멘트(안건번호 495220158)」

18 일반사단법인 일본 의약품 등록판매자협회 편 『의약품 등록판매자, 결집하라-웰빙 촉매를 목표로』 효언사 MIL 신서, 2023

19 『닛케이 메디컬』 「OTC 약의 과량 복용으로 인한 응급 이송, 코로나 시국에 2.3배로 증가」 2022년 5월 16일

20 후생노동성 「의약품 판매 제도에 관한 검토회」

21 후생노동성 「의약품 판매 제도에 관한 검토회 종합 정리」

22 시부이 데쓰야 지음, 『「마쓰도시·여고생 추락사」 '너 같은 건 낳지 말 걸 그랬어'라며… 비극의 연쇄를 멈추기 위해 필요한 것』, 분게이온라인, 2023

8장

처방약
의료 접근성 향상이 만들어 낸 의존증

선택적으로 잊히는 약물 피해

스스로도 중독에서 회복한 당사자인 미국의 중독 전문의 칼 에릭 피셔는 저서에서 이렇게 말하고 있다.

"의존증을 포함해 규모 면에서 가장 심각한 약물 피해는 거의 언제나 합법적인 제품으로 인해 발생한다는 사실이 반복적으로, 그리고 '선택적으로' 잊히고 있다."[1]

1장에서도 인용한 말이지만 이 사실을 다시 확인해 두고 싶다. 그 예는 얼마든지 들 수 있다. 예컨대 영국의 진 크레이즈(3장 참조)가 그렇고, 청나라 침략 전쟁의 원인이 되기까지 했던 아편도 마찬가지다(당시 아편은 알코올처럼 절제해 사용하면 유용한 의약품으로 여겨졌고, 실제로 영국에서는 약국에서 일반의약품으로 판매되었을 뿐만 아니라 아이의 밤중 울음을 그치게 하는 데도 쓰였다). 그리고 오늘날 북미의 오피오이드 위기는 결코 불법 헤로인이 아니라 옥시코돈이나 펜타닐 같은 의료용 마약 때문에 발생했다. 여기에 더해 앞 장에서 다룬 일본의 일반의약품 남용 문제도 들 수 있다.

그럼에도 통치자들은 그 사실을 '선택적으로 망각'하고, 불법 마약 단속이나 남용 방지 계몽에 막대한 예산을 쏟아붓는다. 심지어 정작 정치인 본인이 가진 문제는 알아차리지 못하는 경우도 있다. 필리핀의 두테르테 전 대통령이 대표적인 예다. 그는 초법적인 마약 척결 정책으로 취임 후 반 년 만에 약 6,000명의 마약 밀매업자를 재판도 거치지 않고 사살했다. 하지만 정작 본인은 젊은 시절에 오토바이 사고 후유증으로 처방받은 의료용 마약 펜타닐(헤로인보다 수십 배 강력한 오피오이드)을 남용했고, 그 사실을 알아챈 의사에게 처방을 중단당했다.[2] 아마 그는 자신이 마약을 남용하고 있다거나 의존증일지도 모른다고는 꿈에도 생각하지 못했을 것이다.

이것은 흔한 이야기다. 인간은 '남'이 쓰는 낯선 약물에는 혹독하게 비난하고 매섭게 규탄하면서도 자신을 포함한 '우리 편'이 쓰는 익숙한 약물에는 이상하리만치 관대해 조금 부적절한 사용을 해도 대수롭지 않게 넘기고 심지어 동정하기까지 한다.

이 장에서는 그런 익숙한 약물 가운데 의사가 처방하는 의약품, 즉 '처방약'을 다룬다. 세계적으로 처방약 남용이라고 하면 뭐니 뭐니 해도 의료용 마약이지만, 다행히 일본에서는 현재 시점에서 의료용 마약 남용이 해외처럼 심각한 상황은 아니다. 대신 수면제·항불안제 같은 정신의학과 영역의 처방약 남용은 지난 20여 년간 꾸준히 문제로 남아 있다. 따라서 여기서 말하는 처방약은 곧 수면제와 항불안제를 의미한다.

수면제·항불안제 의존증이란?

◦ 수면제·항불안제 의존증의 실태

1장에서 소개한 「2022년 전국 정신의학과 의료시설 내 약물 관련 정신 질환 실태 조사(이하 병원 조사)」3 결과를 다시 살펴보자. 이 자료를 보면 오늘날 수면제와 항불안제가 약물 의존 문제의 중심에 자리 잡고 있다는 사실이 드러난다.

이 조사에서 전국적으로 수집된 약물 관련 정신 질환 사례를 주요 남용 약물별로 분류하면 환자 수가 가장 많은 남용 약물은 각성제(49.7%)였고, 그다음이 수면제·항불안제(17.6%), 일반의약품(11.1%), 대마(6.3%) 순이었다(1장 그림 1-1).

하지만 이 조사에서 수집된 사례 중에는 '오랫동안 약물을 사용하지는 않았지만 후유증 치료나 재발 방지를 위해 정신의학과 통원을 이어 가는' 사람도 포함되어 있다. 이런 환자들은 이미 '끊을 수 없고 멈출 수 없는' 의존

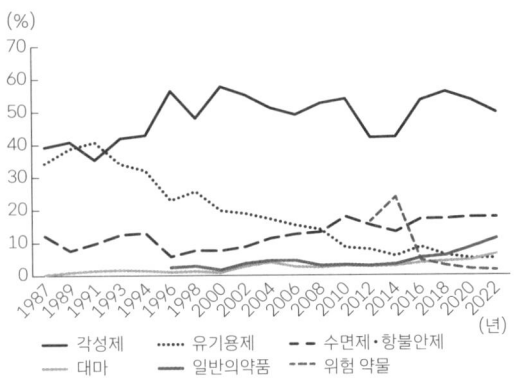

그림 8-1.
병원 조사-주요 남용 약물의 비율에 관한 연도별 추이

상태를 벗어나, 엄밀히 말하면 약물 의존증 치료의 대상이 아니다.

그래서 연구팀은 기준을 바꿨다. 전체 사례 중 최근 1년 이내에 실제로 약물을 사용한 사람들만 따로 떼어내 비율을 다시 계산해 본 것이다. 그러자 1위와 2위가 뒤집혔다. 가장 많은 약물은 수면제·항불안제(28.7%)이고 각성제(28.2%)가 근소한 차이로 뒤를 이었다. 이어서 일반의약품(20.0%), 대마(7.8%) 순이었다(1장 그림 1-2).

지난 40년 가까이 돌아보면 여러 남용 약물의 '흥망성쇠'가 있었다(그림 8-1). 생각해 보면 1980년대까지 일본에서 약물이라고 하면 각성제와 유기용제(시너)를 의미했다. 그런데 1991년을 정점으로 유기용제 의존증 환자가 줄어들기 시작했고, 그와 교체되듯 수면제·항불안제 의존증 환자가 서서히 늘기 시작했다. 그리고 2010년 마침내 수면제·항불안제가 유기용제를 제치고 각성제에 이어 일본에서 두 번째로 많은 남용 약물이 되었다.

그 후 2012~2014년에 이른바 '탈법 허브' 같은 위험한 신종 마약 남용 사태가 일어나 일시적으로 2위 자리를 내주었지만 위험 약물 남용 사태가 잦아든 2016년 이후 다시 2위 자리에 복귀했다. 이후 조사할 때마다 수면제·항불안제 의존증 환자 수와 전체 약물 의존증 환자에서 차지하는 비율은 계속 증가해 오늘날의 상황에 이르렀다.

덧붙여 여기에서 말하는 수면제·항불안제는 '벤조디아제핀 계열 혹은 그 유사 약물'과 거의 같은 뜻이다. 이 장에서는 이를 통틀어 '벤조디아제핀 수용체 작용제'(이하 벤조류)라고 부르겠다.

◦ **환자의 심리적·사회적 배경**

내가 수면제·항불안제 의존증이라고 진단하는 환자에는 불면이나 불안을 주된 증상으로 호소하며 정해진 치료 용량을 복용하는 사람은 포함되지 않는다. 전형적인 환자는 매일 규정량의 10~30배나 되는 약을 밤낮을 가리지 않고 복용하며, 대부분은 여러 의료기관에서 건강보험 진료를 통해 처방받아 약을 구한다. 일부는 비보험 진료나 해외직구 등으로 얻기도 하지만 그 경우 가격이 매우 비싸 큰 경제적 부담을 지게 된다. 그렇다면 어떤 사람들이 수면제나 항불안제를 남용하는 것일까?

우선 수면제·항불안제 의존증 환자는 여성이 많은 경향이 있다. 각성제나 대마 같은 불법 약물의 경우 환자의 대부분이 남성이지만 처방약이나 일반의약품 같은 약물에서는 압도적으로 여성 환자가 많다. 연령대를 보면 30~40대가 가장 많다. 같은 의약품 계열이지만 일반의약품 의존증 환자는 같은 여성이라도 10~20대가 더 많은 것과 대조적이다.[3] 아마도 지속적인 직장생활이나 결혼 등으로 건강보험증을 자유롭게 쓸 수 있는 나이가 되었는지가 남용 약물의 선택에 영향을 미치는 것일지도 모른다.

또 수면제·항불안제 의존증 환자는 각성제 같은 불법 약물 의존 환자에 비해 학력이 높고, 범죄 경력이 거의 없는 경향이 있다. 범죄 경력이 적은 이유에는 남용되는 약물이 불법이 아니라는 점도 작용하겠지만 생활 배경을 보자면 일반 사람들과 크게 다르지 않은 프로필을 가진 사람들이라고 할 수 있다.

◦ **진료를 받게 되는 계기**

병원 진료를 시작하게 되는 정신의학적 상태에는 특징이 있다. 예를 들어 각성제 의존증 환자의 경우 체포를 계기로 진료를 받거나 그렇지 않으면 환각이나 망상 같은 정신병적 증상이 나타나면서 의료기관에 연결되는 경향이 있다. 그런데 수면제·항불안제의 경우는 다르다. 수면제·항불안제를 소지하거나 사용해도 체포될 일은 없고, 또 벤조류의 약리학적 특성상 각성제처럼 정신병을 유발하지 않기 때문이다.

수면제·항불안제 의존증 환자가 전문 외래를 찾게 되는 계기에는 몇 가지 패턴이 있다. 근무 중 졸음이나 교통사고 등으로 약물 남용이 발각되어 주변으로부터 강하게 진료를 권유받는 경우가 있다. 또 여러 의료기관에서 벤조류 처방을 받아 온 사실이 드러나 의사에게 더 이상 처방을 받을 수 없게 되자 진료를 결심하는 경우도 있다. 혹은 매일 여러 병원을 돌아다니며 약을 모으는 생활에 지쳐 '이제 삶을 바꾸고 싶다'라고 결심하고 진료를 받는 경우도 있다.

또 다른 경우로는 권역 응급의료센터 의사의 권유로 진료를 받게 되는 패턴이 있다. 대체로 연말연시나 긴 연휴처럼 의료기관의 휴진이 이어지는 시기에 가지고 있던 벤조류 약물이 떨어지고, 그 결과 경련 발작 같은 금단 증상이 나타나 응급 이송된 것이 계기가 된다.

◦ **남용 약물의 종류와 의존증으로의 진행**

그렇다면 남용 빈도가 높은 벤조류는 어떤 약일까? 우리가 격년으로 실시하는 병원 조사에서는,[3] 벤조류를 주요 남용 약물로 하는 환자들이 실제로 어떤 약물을 선택하는지 조사하고 있다(그림 8-1). 결과는 매번 같으며 남용 빈도가 높은 약물 순서는 에티졸람(상품명 '데파스' 등), 졸피뎀(상품명 '마이스리' 등), 플루니트라제팜(상품명 '사이레스' 등), 트리아졸람(상품명 '할시온'

등)이다. 이 네 약물은 말하자면 '남용 벤조류 사대천왕'이라 부를 만하며, 이들 내부에서 순위가 바뀌는 경우는 있어도 다른 벤조류와는 비교할 수 없을 정도로 많은 남용 환자에게 선택된다.

이 네 가지 약물은 약리 작용의 효력이 강할 뿐만 아니라 '약효가 빨리 나타나는 것'이 공통점이다. 즉 혈중 농도 상승이 빠르고 그 후 비교적 신속하게 혈중 농도가 떨어진다. 이 때문에 환자는 효과가 나타나는 것을 쉽게 느낄 수 있고 다음 날 아침까지 졸음이 이어지지 않는다. 당연히 환자들 사이에서는 평판이 좋지만 사실 이런 성질을 가진 약물일수록 의존성이 강하다. 실제로 남용자들 사이에서는 일종의 '브랜드화'가 이루어져 인기를 끌고 있다.

수면제·항불안제 의존증 환자가 처음부터 벤조류를 부적절하게 사용하는 것은 아니다. 처음에는 처방대로 복용하지만 인간관계 악화나 다양한 스트레스에 노출되는 과정에서 한 알, 두 알씩 점차 남용으로 이어진다. 특히 문제가 있지만 누구와도 상의할 수 없는 상황(또는 의논 대상이 없거나 상의하면 안 된다고 스스로 믿는 경우)과 같이 고립된 상태에서는 약에 의지해 버티려는 생각이 생기고, 의존증에 빠지기 쉽다.

참고로 내 임상 경험에 따르면, 수면제·항불안제를 정해진 시각에 처방

그림 8-1.
2022년 병원 조사-수면제·항불안제를 주요 약물로 하는 사례의 약물 내역(N=435)

약물명	빈도 수	%
에티졸람	137	31.5
졸피뎀	103	23.7
플루니트라제팜	93	21.4
트리아졸람	37	8.5
브로마제팜	28	6.4
알프라졸람	22	5.1
브로티졸람	21	4.8
로라제팜	21	4.8
클로나제팜	12	2.8
니트라제팜	10	2.3
디아제팜	9	2.1
에스조피클론	9	2.1
조피클론	7	1.6
에스타졸람	6	1.4
클로르디아제폭시드	5	1.1

대로 복용하는 사람보다 일종의 '필요할 때만 복용하는 약' 방식으로 '힘들 때만 복용하는' 사람이 의존증으로 발전하는 경향이 강하다. 환자 자신은 이런 복용 방식을 선택한 이유를 '매일 복용하면 의존될까 봐', '습관이 될까 봐'라고 생각하는 경우가 많다. 하지만 의사에게 자신을 맡기지 않고 '스스로 노력한다', '자기 조절을 한다'라는 태도, 그리고 자신의 결정과 행동으로 기분이 나아지는 성공 경험의 축적이 사실 의존증과 높은 친화성을 갖게 만든다.

○ 수면제·항불안제 의존증 치료

일반적으로 수면제·항불안제 의존증 치료는 각성제 의존증보다 훨씬 더 많은 노력이 필요하다. 각성제 의존증은 대개 통원 치료만 해도 되지만 수면제·항불안제는 대부분 입원이 필요하다. 벤조류 같은 중추신경 억제제('다우너 계열 약물'이라고도 불린다)의 경우 각성제 같은 중추신경 흥분제('어퍼 계열 약물'이라고도 불린다)와는 달리 강력한 신체 의존을 형성하기 때문에 해독이나 약물 감량 시 신중한 금단 증상 관리가 필요하기 때문이다.

참고로 신체적 의존이란 알코올, 오피오이드, 벤조류 등 중추신경 억제제의 특징적인 증상으로 내성과 금단 증상을 통해 확인할 수 있다. 내성은 외부에서 반복적으로 투여되는 약물의 억제 작용에 신경계가 적응하기 위해 활동 기준치를 높여 초기와 같은 효과를 내는 데 필요한 약물량이 점차 늘어나는 현상을 의미한다. 반면 금단 증상은 고도의 내성이 형성된 상태에서 갑자기 중추신경 억제제를 중단하거나 감량하면 억제된 신경계가 반동적으로 흥분 상태를 나타내는 현상이다. 벤조류의 경우 초조감, 불안감, 사지 떨림, 경련 발작 등의 금단 증상이 나타난다.

앞서 언급했듯이 수면제·항불안제 의존증 환자의 대부분은 규정량의 10~30배에 달하는 벤조류를 매일 복용하고 있기 때문에 갑자기 끊으면 극심한 불안과 초조에 시달리고 금단이나 감량에 대한 두려움에 사로잡힌다. 결과적으로 치료 의지는 한순간에 사라지고 '그만두는 것을 그만두자'라고 마음을 바꾸게 된다. 일부 환자는 스스로 알약을 5분의 1, 6분의 1로 나누어 점차 줄이려는 시도를 하기도 하지만 다량을 습관적으로 사용하던 사람이 혼자 힘으로 감량하는 것은 매우 어렵고, 성공 가능성도 극히 낮다. 따라서 안전한 치료 환경인 입원 상태에서 남용 중인 벤조류 총량을 등가 환산해 모든 약을 분쇄하고 금단 증상이 나타나지 않도록 서서히 감량하는 것이 필요하다.

또한 같은 약물 의존증이라도 치료 목표가 각성제 의존증과는 다르다. 각성제 의존증의 목표는 '각성제를 완전히 끊는 것'이지만 수면제·항불안제의 경우에는 우선 '의사의 관리하에 벤조류를 포함한 처방약을 적정하게 복용하는 것'을 목표로 한다. 수면제·항불안제 의존증 환자의 약물 사용 동기가 각성제 의존증 환자와 다르기 때문이다.

우리가 초기 약물 사용 동기를 조사한 결과[4] 각성제 의존증 환자는 '권유를 받아서', '호기심·흥미로', '자극을 위해' 등의 이유로 약물을 처음 사용한 경우가 많았다. 반면 수면제·항불안제 의존증 환자는 대부분 '불면 완화', '불안 완화', '우울 기분 완화'라는 동기로 약물 사용을 시작했다. 즉 수면제·항불안제 의존증 환자는 호기심이나 쾌감을 위해 사용한 것이 아니라 고통을 완화하기 위해 약물을 사용한 것이다.

더 나아가 첫 사용의 계기가 된 불면이나 불안, 우울감 대부분은 우울증이나 불안 장애 같은 정신 질환의 증상이며, 초기 사용 자체가 정신의학과에서의 치료에 해당한다. 즉 환자 대부분은 의존증과 별개로 치료해야 할 정신 질환을 앓고 있으며, 이에 대한 정신의학과 약물 치료가 별도로 필요하다. 물론 가능하면 벤조류 외 약물로 치료를 시도하지만 그중에는 어쩔 수 없이 최소한의 벤조류를 복용해야 하는 환자도 있다.

수면제·항불안제 의존증 주변

◦ **의존증을 야기할 수 있는 정신의학과 치료의 특성**

앞서 말했듯이 정신의학과 치료를 계기로 처음 수면제·항불안제를 경험했다면 정신의학과 치료 과정에서 의존증이 발생할 가능성은 없을까? 실제로 그런 현상이 일어날 가능성은 충분히 있다.

2011년에 수행한 다소 오래된 조사지만, 우리는 같은 해 한 달 동안 도쿄, 가나가와, 사이타마에 있는 네 곳의 약물 의존증 전문 병원을 찾은 수면제·항불안제 의존증 환자 87명을 대상으로 수면제·항불안제 의존증 발병과 정신의학과 치료 경험과의 관계를 조사했다.[5] 그 결과 수면제·항불안제 의존증 환자의 88.5%가 정신의학과 의료기관을 통해 약물을 입수했고, 83.9%가 우울증 등을 주된 증상으로 정신의학과에서 치료를 받는 과정에서 수면제·항불안제 의존증이 발병한 것으로 나타났다.

그렇다면 의존증이 발병한 환자들은 약물 의존증 전문 외래를 방문하기 이전에 일반 정신의학과에서 어떤 치료를 받았을까? 우리는 실제 상황을 밝히기 위해 수면제·항불안제 의존증 환자에게 이전에 받았던 일반 정신의학과 치료 내용에 대해 추가 조사를 진행했다.

조사 결과 진료 시간이나 진료 빈도 혹은 병행된 약물 치료 외의 심리사회적 치료(심리 상담, 데이 케어, 작업 치료 등)에는 특별한 특징이 없었고, 오히려 매우 상식적인 수준으로 "오늘날의 보험 진료 체계에서는 이런 수준이다"라는 내용만을 확인할 수 있었다.

하지만 정신의학과 주치의의 처방 행위에는 논란의 여지가 있어 보였다. 정신의학과 치료 과정에서 의존증이 발병한 환자의 71.2%가 해당 의료기관에서 '의존증 위험이 있는 약물(환자의 상태에는 부적절한 고효력·단시간 작용형 약물이나 남용자 사이에서 브랜드화된 약물)'을 처방받았고, 68.5%는

'약을 모아 둘 가능성을 고려하지 않은 무분별한 처방'(예: 4주분을 처방했는데 2주 후 내원해 다시 4주분을 처방받는 '조기 처방' 등)을 받았으며, 47.9%는 '여러 벤조디아제핀 계열 약물 병용 치료'나 '규정량을 초과한 대량 처방'을 받은 것으로 나타났다. 더불어 43.8%는 '진료 없이 처방'을 받기도 했다.

물론 이 결과만으로 이를 '잘못된 치료'라고 단정할 수는 없다. 정보 출처가 의존증 환자 본인이므로 자기 보고 편향이 개입할 여지가 충분히 있다. 또한 '의존증 위험 약물 처방', '다제 병용 치료', '대량 처방'도 환자의 상태나 치료 과정에서 불가피하게 발생하게 된 경우일 수 있다.

이런 점들을 고려해도 '약물을 모아 둘 가능성을 고려하지 않은 무분별한 처방'이나 '진료 없는 처방'은 역시 문제다. 말할 것도 없이 조기 처방을 반복적으로 요구하는 환자는 처방량보다 더 많이 복용하거나 약물을 모아 두거나 다른 사람에게 되팔고 있을 가능성이 있다. 또한 진료 없이 처방을 요구하는 환자는 의사와 대면을 꺼리는 어떤 '떳떳하지 못한' 사정이 있다고 봐야 하며, 무엇보다도 '무진료 투약'은 의사법 위반 행위다.

◦ 자살 행동과의 관계

수면제·항불안제가 일으키는 문제는 의존증에만 국한되지 않는다. 특히 과량 복용에 따른 자살 행동은 심각한 문제다. 1990년대 후반 이후 일본에서는 도시를 중심으로 정신의학과 진료소 수가 증가하고 정신의학과 통원 환자가 늘어나면서 정신의학과 치료약 과다 복용으로 자살을 시도해 응급 이송되는 환자도 증가했다. 이런 환자의 대부분은 벤조디아제핀 계열 약물을 과량 복용한 것으로 나타났다.[6, 7]

물론 벤조류의 과량 복용 자체는 비교적 치사율이 낮은 행동이며, 이것이 직접적인 사망 원인이 되는 경우는 드물다. 그러나 과다 복용의 위험성은 대량의 벤조류가 일으키는 '만취'에 있다. 만취는 억제를 풀어 충동성을 높이고 죽음이나 통증에 대한 두려움을 약화시켜 맨정신에는 도저히 생각할 수 없는 행동을 유발할 수 있다. 따라서 원래 자살 충동이 있지만 남겨질 사람들에 대한 책임감이나 죽음과 통증에 대한 두려움이 브레이크 역할을 했던 사람에게 그 브레이크를 풀기 쉽게 만드는 작용을 하는 것이다. 뿐만 아니라 만취는 사고방식과 감정을 자포자기적인 상태로 바꾸는 성질도 있어 사람이 느끼는 '괴로움'을 '죽고 싶다'는 감정으로 변화시킬 위험도 있다.

우리가 진행한 심리학적 부검 연구(자살 유족을 정보원으로 한 자살 완료자 실태 조사)에서는 최종 행동 직전까지 정신의학과 치료를 받았던 자살 완료자 대부분이 마지막 치명적 행동(목맴, 투신 등) 직전에 처방약을 과량 복용한 것으로 확인되었다.[8]

이 결과는 과량 복용으로 인한 취함이 탈억제 상태와 충동성 증가를 초래했고, 그런 상태에서 목을 매는 등의 치명적 행동이 발생했을 가능성을 시사한다. 이는 매우 아이러니한 상황이다. 환자의 주치의를 맡았던 정신의학과 의사로서는 아마 환자의 건강과 생명을 지키기 위해 약을 처방했을 텐데 결과적으로는 '벼랑 끝에 선 사람의 등을 떠미는' 효과를 발휘했을 가능성도 배제할 수 없기 때문이다.

벤조디아제핀이 이토록 문제가 된 이유

◦ 정신의학과 의료 접근성 향상에 따른 공과

그런데 왜 벤조류는 약물 의존증 임상에서 이렇게 큰 문제가 되었을까? 최소한 30년 전 내가 약물 의존증 임상에 처음 뛰어들었을 때만 해도 벤조류 의존증 환자는 전혀 없지는 않았지만 비교적 드물었던 것으로 기억한다. 아마 당시에는 정신의학과 진료에 대한 거부감이 강했고, 통원 환자도 적었을 것이다. 애초에 정신의학과 의사 자체도 많지 않았던 것 같다. 지금은 정신의학과가 의대생 사이에서 인기 있는 진료과 중 하나가 되었지만 내가 학생이던 시절에는 동급생을 봐도 정신의학과를 희망하는 사람은 극소수였고, 자칫하면 동급생들로부터 '별난 사람'으로 여겨지는 분위기였다.

아직도 기억나는 것은 내가 아직 수련의였을 때, 설날인가 어떤 명절에 친척들이 모인 자리에서 아버지가 "수련의 끝나면 도대체 어느 과로 갈 거냐?"라고 물으셨던 일이다. 내가 정신의학과에 가겠다고 하자 아버지는 잠시 침묵했다가 이렇게 말씀하셨다.

"제발 의사가 되어다오."

다시 말해 정신의학과 의사는 일반 사람들 사이에서도 의사로 인정받지 못했던 것이다. 친척들도 "정신의학과라면 우리가 나중에 아플 때 도움도 못 받고 의논도 못 하잖니"라며 나에게 생각을 바꾸라고 압박했다.

하지만 생각을 바꾼 것은 친척들이었다. 이제는 가족 모임에서 각자 복용하는 수면제나 항불안제에 대해 정보를 서로 주고받고 "이건 좋다", "아냐, 그건 안 좋아" 같은 대화가 들려온다(나는 대부분 못 들은 척하지만…). 실제로 정신의학과에 다니는지 여부와 상관없이 나이 든 친척들 가운데 주치의에게서 수면제나 항불안제를 처방받지 않은 사람이 오히려 드물 정도다.

시대의 변화는 길을 걸으면서도 느낄 수 있다. 어느 정도 규모가 있는 역이라면 역 앞 빌딩에는 반드시 정신의학과 의원이 들어서 있다. 나는 "아, 이제 내가 개업할 수 있는 지역은 얼마 남지 않았구나"라고 다소 비관적이 되지만 어쨌든 정신의학과 의료에 대한 문턱은 확실히 낮아졌고 많은 사람이 부담 없이 정신의학과 의료를 이용하며 그 과정에서 벤조디아제핀이라는 약물을 경험하고 있다.

◦ **의료 종사자들의 문제의식 부족과 약사 행정의 '흑역사'**

애초에 우리 의료 종사자들은 벤조류에 대해 너무 순진했던 것 같다. 1990년대 초 내가 수련의로 대학병원에서 근무를 시작했을 때 병동 내 약물 관리는 극히 허술했다. 퇴원 환자가 가져가지 않고 남긴, 입원 중 불면 시 일시적으로 복용하는 약물이 간호사 스테이션 곳곳에 굴러다니던 것을 기억한다. 이런 잔여 약은 본래 폐기하거나 병원 약제부에 반납해야 하지만 당시에는 의료 종사자가 마음대로 가져가는 것이 묵인되었다. 따라서 의사와 간호사는 벤조류를 쉽게 입수할 수 있었고, 매우 가볍게 복용하곤 했다. 실제로 수면제·항불안제 복용을 망설이는 환자에게 "괜찮아요. 저 같은 경우 매일 복용하고 있어요"라고 태연히 고백하며 환자를 독려하는 의사도 있었다.

이런 악습, 즉 벤조류에 대한 긴장감 없는 태도도 일본의 수면제·항불안제 역사를 돌아보면 이해할 수 있는 부분이 있다.

현대인의 감각으로는 믿기 어렵겠지만 일본에는 수면제·항불안제가 당당히 일반의약품으로 판매되던 시절이 있었다.[9] 1972년 일반의약품 판매가 규제되기 이전의 이야기다. 구체적인 약제를 들자면 브로모발레릴요소 같은 우레아 계열(상품명 '카르모틴'), 메프로바메이트(상품명 '아트락신' 등), 메타칼론(상품명 '하이미날'), 탈리도마이드(상품명 '이소민'), 그리고 바르비투르산 계열의 수면제… 모두 오늘날의 벤조디아제핀보다 훨씬 위험하고 의존성이 강한 약제였다. 또한 초기 벤조류인 클로르디아제폭시드(상품명 '컨트롤')도 일반의약품으로 판매되었다.

마쓰에다 아키코의 논문[9]에서도 다뤄진 당시 일반의약품 수면제·항불안제 광고를 보면 너무도 태평한 모습에 어이가 없을 정도다(그림 8-2~4). '문화인병·도시인병의 새로운 약', '아내의 짜증… 신경쇠약을 추방해 가정을 밝게 하는 약', '마음은 일본 맑음!' 등. 자양강장제나 사기성 보조제 광고처럼 보일 정도다.

 그뿐만이 아니다. 이미 1950년대 후반부터 많은 의사가 신문 등의 매체를 통해 의존성에 관해 경종을 울리고, 학술 논문으로 관련 사례를 보고했음에도[10] 국가와 기업의 대응은 놀라울 정도로 느긋했다. 물론 기형 유발성이 확인된 탈리도마이드와 수면제 놀이와 자살 목적으로의 사용이 사회문제가 된 메타칼론은 판매가 중단되었다. 그러나 메프로바메이트에 대해서는 형식적인 주의 환기나 일반의약품 판매 자제 요청에 그쳤고, 실제로는 일반 판매를 허용하는 듯한 태도로 사태를 방치했다. 솔직히 말해 이것은 일본 약사 행정의 '흑역사'라 불러도 과언이 아니다.

 하지만 1971년 상황은 급반전해 수면제·항불안제의 일반 판매가 일시에 규제되었다. 이 변화에는 두 가지 사건이 결정적으로 작용했다. 하나는 1971년 2월 UN에서 채택된 '향정신성 약품에 관한 조약'에서 이런 일반의약품 포함 성분이 규제 대상이 된

그림 8-2. 메프로바메이트 광고

그림 8-3. 메프로바메이트 광고

그림 8-4. 클로르디아제폭시드 광고

것이다(이후 국내법을 정비한 1990년에 일본도 이 조약을 비준하게 된다). 또 하나는 1971년 12월 교토대학교 의학부 부속병원 정신신경과 의사 가와이 히토시가 '메프로바메이트 제제의 판매 중지와 회수를 요구하는 요청서'를 후생성 및 제약사에 보내고, 그것이 신문에 게재되어 작은 소동이 일어난 사건이다.[9] 즉 일본 정부는 UN의 압력과 여론에 떠밀리듯 뒤늦게 '수면제·항불안제는 반드시 의사 처방이 필요하다'라고 규정하게 된 것이다.(참고로 7장에서 언급했듯이 브로모발레릴요소는 지금까지도 일반의약품으로 판매되고 있어 여전히 이해하기 어려운 부분이다.)

이런 약사 정책상의 개혁을 거쳐 벤조류는 비교적 안전한 약제로 여겨지게 되었을 것이다. 어쨌든 과거 일반의약품으로 판매되던 수면제·항불안제 대부분보다 훨씬 안전하고, 게다가 처방전 없이는 입수할 수 없으니 이중으로 안전하다고 볼 수 있다. 이런 생각을 가진 의료 종사자가 많았다고 해도 이상하지 않다.

물론 현실적으로는 이미 1980년대 초반에 유럽과 미국에서는 벤조디아제핀의 안전성에 의문이 제기되었고, 그 의존성과 다양한 금단 증상에 관한 보고가 이어지고 있었다. 하지만 안타깝게도 그 정보는 일본에 전해지지 않았다. 최소한 내 경험으로는 그랬다. 실제로 1980년대 후반 의대생 시절 내가 읽었던 약리학 교과서에는 벤조디아제핀 이전의 오래된 수면제·항불안제의 위험성만 거듭 강조되어 있었다.

대책의 공과와 정신의학과 의료의 과제

◦ 사면초가에 놓인 정신의학과 의사

앞서 말했듯이 2010년 병원 조사에서 수면제·항불안제는 유기용제를 제치고 각성제 다음으로 두 번째로 많이 남용되는 약물이 되었다. 당시 나는 현재 근무지에서 약물 의존 부문과 함께 자살 대책 부문도 겸임하고 있었고, 일본 각지의 응급구조센터를 방문해 의료진 연수회 강사로 서는 기회가 잦았다.

지금 돌이켜봐도 이는 꽤 힘든 경험이었다. 정신의학과 의사인 나는 응급의로부터 피해망상에 가까운 적대감을 느끼면서 강의해야 했기 때문이다. 아니 피해망상은 아니었을지도 모른다. 그들은 수면제·항불안제 과다 복용으로 응급 이송된 수많은 환자들을 치료하느라 눈코 뜰 새 없이 바빴고, 그런 환자의 거의 전부가 정신의학과에 다니고 있었기 때문이다. 아마 그들은 정신의학과 의사들이 안일하게 다제 대량 치료를 처방한 '뒤치다꺼리'를 매일 하고 있다고 분노를 느끼고 있었을 것이다.

실제로 어느 응급의에게 이런 말을 들은 적이 있다. "저는 정신의학과 환자가 싫지만 정신의학과 의사가 그보다 더 싫습니다." 혹은 심술궂은 질문이 날아오기도 했다. "정신의학과 의사가 늘어나도 자살이 줄지 않는 이유가 무엇인가요?" 당시는 일본의 자살자 수가 3만 명대에서 높은 수준을 유지하던 시기였다. 나는 할 말이 없었던 것을 기억한다.

기시감이 드는 경험이었다. 약물 의존증 환자 치료로 협력해 온 민간 약물 의존증 재활시설 '달크'의 시설장으로부터 이전부터 "정신의학과 의사는 백의를 입은 마약상이죠"라는 빈정거림을 듣곤 했기 때문이다. 이것 또한 부정할 수 없는 빈정거림이었다. 힘들게 각성제를 끊었는데 이번에는 정신의학과 의사가 처방해 준 수면제·항불안제에 빠져 이전보다 더 힘든 상황에 처한 약물 의존증 환자가 실제로 종종 있었기 때문이다.

즉 이번에는 여기에 응급의까지 가세한 셈이다. 나는 정신의학과 의사가 문자 그대로 '사면초가' 상황에 놓였다고 느꼈다.

◦ 국가 대책

지금까지 이야기한 일련의 벤조류 문제에 대해 2012년 이후에야 국가도 다양한 대책을 내놓기 시작했다. 먼저 2년에 한 번 이루어지는 진료 보수 개정 때마다 수면제·항불안제의 다제 처방이나 막연한 장기 처방에 대한 감산(의료기관이 건강보험조합 등에 청구할 수 있는 금액이 줄어드는 것)이 강화되기 시작했다. 그리고 2016년에는 그동안 향정신성 의약품으로 취급되지 않아 처방 일수에 제한이 없었던 에티졸람이 마침내 향정신성 의약품으로 지정되었고, 이에 따라 처방 일수도 30일이라는 상한이 정해졌다. 참고로 에티졸람은 적응증이 넓어 한 환자에게 여러 진료과에서 중복 처방되는 경우도 있어 문제였던 약물이다.[11]

또한 2017년 3월에는 의약품의료기기종합기구[PMDA]가 '의약품 적정 사용 요청'으로 벤조류의 의존성에 대한 주의를 환기했다.[12]

그러나 이런 대책이 얼마나 효과가 있었는지는 알 수 없다. 다제 처방으로 인한 진료 보수 감산의 경우 실제로 다제 처방은 감소했지만 반대로 단일제 대량 처방이 늘어나 벤조류의 처방 총량에는 변화가 없었다는 보고도 있다.[13] 또한 에티졸람의 향정신성 의약품 지정 효과를 보면 병원 조사에서 에티졸람은 여전히 가장 남용 환자가 많은 벤조류임에는 변함이 없다. 다만 과거처럼 '압도적 1위'는 아니게 되었다. 대신 '같은 30일 상한이면 이쪽이 낫다'라는 식으로, 최근에는 졸피뎀을 남용하는 환자가 늘어나 에티졸람을 추월할 기세다.[14]

참고로 사실 에티졸람과 졸피뎀은 화학 구조상 엄밀한 의미의 벤조디아제핀과는 다르며, 특히 졸피뎀은 '비非벤조'라는 이름으로 불리기도 했다. 그러나 이 명칭은 매우 혼란스럽고 문제를 은폐하려는 제품 홍보와 같은 위험한 표현이라고 느껴 왔다. 졸피뎀의 화학 구조식은 벤조디아제핀 계열과 다르지만 작용하는 중추신경계 부위는 동일한 벤조디아제핀 수용체다. 게다가 이 수용체의 '최면·진정'에 관여하는 영역에 특이적으로 작용해 효과는 오히려 강력하다. 이런 사정으로 나는 일부러 '벤조디아제핀', '벤조'라고 하지 않고 '벤조디아제핀 수용체 작용약', '벤조 계열'과 같이 다소 번거로운 표현을 사용한다. 솔직히 말하면, '비벤조'라고 통칭되는 약물은 '벤조의 NPS(규제망을 피한 탈법적 약물, 일본의 '위험 약물'에 해당한다)'라고 부르는 게 맞지 않을까 생각하기도 한다.

어쨌든 앞서 언급한 국가 대책은 제한적이고 근시안적이라고 나는 느낀다. 모두 단순한 처방 규제에 그치고 있으며, 해마다 증가하는 의료비 절감에는 기여할지 몰라도 일본 정신의학과 의료의 질 향상이라는 면에서는 근본적인 대책이 되지 않기 때문이다.

일본의 정신의학과 의료는 종종 약물 치료 편향적이라는 비판을 받지만 그렇게 되는 이유는 약물 치료가 가장 비용이 낮고 시간이 적게 드는 치료법이기 때문이다. 그리고 가장 큰 비용이 드는 것은 인력, 즉 인건비이며 이를 절약하기 위해 약물 치료가 행해진 측면을 부정할 수 없다. 따라서 경영상 필요 때문에 '박리다매'가 된 현 상황을 바꾸고 의사 외에도 심리사, 간호사, 사회복지사 등 다양한 직종이 시간을 들여 세심하게 환자를 돌볼 수 있는 체제를 확보할 필요가 있다. 단순한 처방 규제만으로는 환자들이 '괴로운데 약조차 받지 못하는' 상황에 허덕일 뿐이다.

○ 해외에서의 처방 억제 노력과 그 효과

그렇다면 다른 나라에서는 이 벤조류 문제에 어떻게 대응하고 있을까? 오쿠무라 야스유키는 벤조류에 대한 해외의 처방 억제 정책에 관한 총론에서 서구 각국에서는 벤조 계열의 처방 기간에 8~16주와 같은 제한이 설정되어 있다고 보고하고 있다. 또한 몇몇 국가에서 시행된 대책과 그 효과에 대해서도 설명했는데, 그중에서 특히 흥미롭게 느낀 네덜란드와 미국의 사례를 소개하겠다.

먼저 네덜란드에서는 전 국민이 공적 의료보험에 가입되어 있지만 2009년부터 벤조류를 보험 급여 대상에서 제외하기로 결정했다. 그 결과 벤조류의 처방 비율이 감소했다. 하지만 그 감소의 대부분은 단기 사용자의 감소에 따른 것이었고, 장기 사용자의 처방 일수에는 변화가 없었던 것으로 보인다.

한편 미국에서는 메디케어(65세 이상 고령자 또는 65세 미만의 장애인 등을 대상으로 하는 연방 정부의 건강보험)가 2006년에 벤조류를 보험 급여 대상에서 제외하는 조치를 취했다. 그러나 그 효과는 의외였다. 벤조류의 처방 비율은 크게 줄었지만 오히려 항우울제와 항정신병약(이 약물들은 벤조 계열보다 더 비싸다)의 처방이 늘어나면서 연간 약제비가 증가했고, 의료비 절감 효과를 얻을 수 없었다. 또한 노인 요양시설에서의 낙상 및 대퇴골 경부 골절 발생률이 증가하는 결과까지 나타났다. 이 때문에 2013년 메디케어는 이 정책을 철회하고, 다시 벤조류를 급여 대상에 포함시켰다.

메디케어의 이와 같은 실패는 우리에게 많은 것을 시사한다. 나이가 들면서 뇌 기능이 저하되면 수면·각성 리듬의 변화가 쉽게 일어나므로 당연히 고령자 중에는 불면에 시달리는 사람이 적지 않을 것이다. 이런 불면에 대해 벤조류를 처방하지 못하게 규제한다고 해도 불면에 대한 투약 수요 자체는 여전히 존재한다.

따라서 '벤조류보다 의존성이 낮다'라는 이유로 진정 작용이 있는 항우울제나 항정신병약이 투여되면 이번에는 또 다른 문제가 생긴다. 항우울제는 심혈관계에 영향을 미쳐 기립성 저혈압을 일으킬 수 있고, 항정신병약은 추체외로계(근육 긴장의 균형을 맞추고 운동을 원활히 하는 신경계)에 영향을 미쳐 약물성 파킨슨 증후군을 유발할 수 있으며, 이들 모두 낙상 위험을 높인다. 그런 의미에서 심혈관계나 추체외로계에 거의 영향을 주지 않는 벤조 계열에는 여전히 일정한 임상적 의의가 있다고 말할 수밖에 없을 것이다.

정말로 해결해야 하는 것은 '불안'인가?

사람은 누구나 고통 없는 삶을 원한다. 물론 쾌락이나 즐거움은 없는 것보다 있는 것이 좋겠지만 그에 앞서 고통, 즉 통증이나 불면, 불안이 없는 것이 대전제일 것이다.

이런 고통을 완화하는 정신의학과 치료약으로서 인류와 가장 오래된 인연을 가진 것은 말할 것도 없이 오피오이드다. 기원전 4000년경 메소포타미아 문명의 유적에서 발굴된 점토판에도 양귀비로 추정되는 식물에 대해 '쾌락의 식물'이라고 기록되어 있다. 또 고대 로마 제국의 오현제 중 한 명이자 철인 황제로 불린 마르쿠스 아우렐리우스 안토니누스는 뜻대로 되지 않는 정무에 대한 짜증을 매일 아편으로 달랬다고 전해진다.[16] 그리고 의외로 정신의학과 약물 치료는 그 뒤로도 오랫동안 진전이 보이지 않았고, 19세기 후반까지 아편이나 모르핀 같은 오피오이드는 불면, 불안, 흥분 같은 증상에 대한 거의 유일한 약물 치료였다(그 외에 마취제로 클로로포름이나 디에틸에테르가 쓰이기도 했지만 이들은 오피오이드보다 훨씬 위험했고, 아트로핀이나 디기탈리스 같은 심장병 치료약이 쓰인 적도 있었지만 오늘날 기준으로 보면 이는 잘못된 가설에 근거한 사용이었다).[17]

그 후 아편전쟁을 계기로 오피오이드의 건강 피해가 널리 인식되면서 정신의학과 의료도 필사적으로 탈 오피오이드를 도모해 온 듯하다. 그러나 안타깝게도 이렇다 할 성과는 얻지 못했다. 20세기 초에 대체 치료제로 사용된 브로모발레릴요소, 바르비투르산 같은 약물은 모두 초기부터 안전성에 심각한 문제가 있다는 지적을 받았고,[18, 19] 게다가 병태의 본질에는 전혀 영향을 주지 못하는 전형적인 대증요법적 약물들일 뿐이었다.

그런 의미에서 20세기 중반에 돌연 일어난 정신의학과 약물 치료의 비약적 발전(항정신병약 클로르프로마진의 발견(1952년), 이미프라민의 항우울제

작용 발견(1957년), 최초의 벤조디아제핀 개발(1960년))은 적어도 그 시대에는 획기적인 사건이었을 것이다. 그것은 암흑과 같던 정신의학과 의료에 한 줄기 빛을 비추는 듯한 환상을 품게 했고, 어쩌면 정신의학과 의료를 둘러싼 사람들의 축제 분위기를 고조시키며 정신의학과 약물 치료의 낙관적인 미래를 순진하게 믿게 만드는 흐름을 강화했을지도 모른다. 1950년대 말에서 1960년대에 걸쳐 일본의 일반 수면제·항불안제 광고에서 보이는 그 태평함은 그런 분위기의 연장선에서 기획된 것일 수 있다.

그러나 그 안에는 함정이 있다. '사회에서 살아가기 힘든 현실'에 기인한 고통을 약물로 완화하고, 가혹한 환경에 과도하게 적응하는 과정에서 확실히 은폐되고 간과되는 문제가 있다는 사실을 잊어서는 안 된다.

롤링 스톤스가 1966년에 발표한 '마더스 리틀 헬퍼mother's little helper'라는 노래가 있다(앨범 〈Aftermath〉 수록, 작사·작곡: 믹 재거와 키스 리처즈). 이 노래는 당시 유행하던 최초의 일반 벤조디아제핀 약물 '발리움(클로르디아제폭시드)'을 다루며 그 작은 알약이 가사와 육아에 시달리는 전업주부 여성에게 '마음의 안식처'가 되고 있음을 노래한다. 가사에는 이런 구절이 있다.

> Mother needs something today to calm her down
> (엄마에겐 지금 마음을 가라앉힐 무언가가 필요해)
> And though she's not really ill
> (딱히 병에 걸린 건 아니지만)
> There's a little yellow pill
> (작고 노란 알약이 있어)
> She goes running for the shelter of a mother's little helper
> (엄마는 '엄마의 작은 구원자'를 찾아 달려가지)
> And it helps her on her way, gets her through her busy day
> (그것만 있으면 엄마는 바쁜 하루를 어떻게든 견뎌낼 수 있어)

이 가사는 당시 서구 사회에서 여성이 어떤 위치에 있었는지를 보여 준다. 아무리 서구라 해도 1960년대 당시 여성은 여전히 남성 우위 사회의 희생자였다. 즉 자신의 꿈과 바람을 포기하고 '현모양처'라는 환상에 과도하게 적응하며 남편과 아이들에게 소비되고 착취당하면서 살아가기 위해 벤조류를 필요로 했던 여성들의 모습이 비친다.

이것은 오늘날 일본 사회에도 그대로 통할 수 있지 않을까? 앞서 말했듯이 일본에서는 수면제·항불안제 의존증 환자가 30~40대 여성에게 많다는 특징이 있다. 그리고 지금까지 내가 만나 온 수면제·항불안제 의존증 환자들만 보아도 혼자 떠맡은 육아, 배우자의 정신적 학대, 가정폭력에 괴로워하면서도 '이상적인 가족상, 이상적인 아내상·어머니상'이라는 환상에 맞추려 애쓰던 여성들이 여럿 떠오른다.

그렇게 생각해 보면, 벤조류가 '좋은 약물'인가 '나쁜 약물'인가 하는 논쟁보다 더 중요한 것이 보인다. 그것은 벤조류를 '잘못된 방식'으로 사용하는 배경에는 어떤 힘겨운 현실이 있고, 진정으로 해결해야 할 문제가 무엇인지 생각해야 한다는 것이다.

참고 문헌

1 칼 에릭 피셔 지음, 조행복 옮김, 『중독의 역사-우리는 왜 빠져들고, 어떻게 회복해 왔을까』, 열린책들, 2024

2 AFPBB 뉴스, 「두테르테 필리핀 대통령, 강력 진통제 사용 인정… 건강에 우려도」, 2016년 12월 18일

3 마쓰모토 도시히코/우사미 다카시/후나다 다이스케 외, 「전국 정신의학과 의료시설 내 약물 관련 정신 질환 실태 조사」, 『2022년 후생노동 행정추진 조사사업비 보조금(의약품·의료기기 등 규제과학 정책 연구사업) 「약물 남용·의존 상황 실태 파악과 약물 의존증 환자의 사회 복귀를 위한 지원에 관한 연구(연구 대표자: 시마네 다쿠야)」 총괄·분담 연구 보고서』, 2023

4 마쓰모토 도시히코/오자키 시게루/고바야시 오우지 외, 「우리나라 최근 진정제(주로 벤조디아제핀 계열 약물) 관련 장애의 실태와 임상적 특징-각성제 관련 장애와의 비교」, 『정신신경학잡지』 113(12), 2011

5 마쓰모토 도시히코/나루세 노부야/우메노 미쓰루 외, 「벤조디아제핀 사용 장애의 임상적 특징과 그 발병 계기가 된 정신의학과 치료의 특징에 관한 연구」, 『일본 알코올·약물 의학회 잡지』 47(6), 2012

6 Ichikura, K., Okumura, Y., Takeuchi, T., "Associations of adverse clinical course and ingested substances among patients with deliberate drug poisoning: A cohort study from an intensive care unit in Japan," PLOS ONE, 11(8), e0161996, 2016

7 Okumura, Y., Sakata, N., Takahashi, K., et al., "Epidemiology of overdose episodes from the period prior to hospitalization for drug poisoning until discharge in Japan: An exploratory descriptive study using a nationwide claims database," Journal of Epidemiology, 27(8), 2017

8 Hirokawa, S., Matsumoto, T., Katsumata, Y., et al., "Psychosocial and psychiatric characteristics of suicide completers with psychiatric treatment before death: A psychological autopsy study of 76 cases," Psychiatry and Clinical Neurosciences, 66, 2012

9 마쓰에다 아키코, 「신경 안정제 유행-일반의약품 향정신성 약물 규제의 논거와 경과」, 『Core Ethics』 6, 2010

10 미우라 다이에이/호사키 히데오/다케마사 겐이치 외, 「금단 증상을 보인 만성 메프로바메이트 중독의 6사례」, 『정신의학』 6(6), 1964

11 Shimane, T., Matsumoto, T., Wada, K., "Prevention of overlapping prescriptions of psychotropic drugs by community pharmacists," 『일본 알코올·약물 의학회 잡지』 47(5), 2012

12 독립행정법인 의약품의료기기종합기구, 「PMDA의 의약품 적정 사용 부탁, 벤조디아제핀 수용체 작용제의 의존성에 대해」(https://www.pmda.go.jp/files/000268322.pdf)

13 오쿠무라 야스유키/이나다 겐/마쓰모토 도시히코 외, 「진료 보수 개정에 따른 항불안·수면제의 고용량·다제 처방의 변화」, 『임상 정신약리학』 18, 2015

14 Usami, T., Okita, K., Shimane, T., Matsumoto, T., "Comparison of patients with benzodiazepine receptor agonist-related psychiatric disorders and over-the-counter drug-related psychiatric disorders before and after the COVID-19 pandemic: Changes in psychosocial characteristics and types of abused drugs," Neuropsychopharmacology Reports, 44(2), 2024

15 오쿠무라 야스유키, 「벤조디아제핀 수용체 작용제에 대한 처방 억제 정책의 국제 동향」, 『월간 약사』 58(8), 2016

16 사토 겐타로 지음, 서수지 옮김, 『세계사를 바꾼 10가지 약』, 사람과나무사이, 2025

17 고이노 마사히코, 「메이지 시대 정신의학과 의료에서의 의약품-의학 자료 조사」, 『약사학 잡지』 56(1), 2021

18 가쿠다 신조/하야카와 젠페이/마쓰바 기로쿠, 「급성 '카르모틴' 중독 3사례에 대한 고찰」, 『소화기병학』 2(2), 1937

19 무라세 다케키치, 「자살을 목적으로 한 급성 중독 환자의 통계적 관찰」, 『소화기병학』 2(3), 1937

9장

담배(1)
두 대륙을 이어 준 이교도의 신성한 도구

최근 들어 입지가 좁아진 약물

지금까지 역사학자 코트라이트가 말한 빅 쓰리 중 두 가지인 알코올과 카페인을 다루었다. 하지만 남은 하나인 담배에 대해서는 보류한 채 앞의 두 장에서는 일반의약품과 처방약이라는 친숙한 약물들을 먼저 다루었다. 변명하자면 결코 담배를 건너뛴 채 이 책을 '도망치듯 마무리하려고' 생각한 것은 아니다. 오히려 처음부터 '마지막은 담배'라고 정해 두었다. 이 약물을 당사자의 입장에서 이야기해 보자고 마음먹고 있었다.

그동안 여러 자리에서 공언했듯이 나는 흡연자다. 그렇다. 쇼와 시대(20세기 중반 일본)에는 성인 남성의 흡연율이 80%를 넘기도 했는데 지금은 25%까지 떨어졌다. 최근 들어 흡연자의 입지는 확실히 좁아졌다.

세상이 변한 것은 사실이다. 최근 20년만 돌아봐도 옛 친구들을 만날 때마다 "사실 담배를 끊었어"라는 고백을 여러 번 들었다. 그럴 때마다 나는 한편으로 쓸쓸함을 느끼면서도 조금은 머쓱한 상대의 표정을 빤히 쳐다보며 이렇게 말하곤 했다.

"너, 의지가 약하구나?"

어쨌든 오늘날 흡연자는 박해와 비난을 달게 받아들여야 한다. 어느 정도까지는 말이다. 물론 쇼와 시대는 너무 심했다. 붐비는 전철 안이나 비좁은 여객기 좌석에서 담배를 피우는 것이 허용되던 시대였다. 어린 시절의 기억을 떠올리면 교사가 교실에서, 의사가 진료실에서 담배를 물고 있는 모습까지 떠오른다. 아무리 좋게 해석하려 해도 미친 시대였다. 아마도 담배 때문에 불쾌한 경험을 한 비흡연자들도 정말 많았을 것이다. 그래서 나는 죄 많은 흡연자로서 최대한 조심스럽게 다른 사람에게 피해를 주지 않으려고 노력하며 담배를 피운다.

하지만 그래도 가끔 세상의 부당함을 느낄 때가 있다. 최근 느낀 부당함은 도쿄역 신칸센 승강장에 설치된 흡연실이라는 이름의 '독가스실' 때문이다. 그 작은 방은 수요에 비해 터무니없이 좁아서 흡연자들이 서로 팔꿈치가 부딪힐 정도로 빽빽하게 들어서야 한다. 담배 끝이 앞사람의 목덜미를 태우지 않으려면 간신히 최소한의 공간을 확보하는 수밖에 없다. 실내는 금세 자욱한 연기로 가득 차 공기가 탁하고 시야가 흐릿해지며, 유리창은 니코틴으로 누렇게 변색되어 있다. 솔직히 말해 흡연 자체의 해로움보다 그 흡연실에 들어가는 해로움이 더 크다고 느껴질 정도다. 그런데도 그 작은 방 바깥에는 차례를 기다리며 서 있는 불쌍한 사람들이 줄을 잇는다.

나는 문득 이런 의심을 해본다. 그 공간을 설계한 사람은 징벌적 감정, 즉 '흡연자들아, 빨리 죽어라' 하는 마음에 사로잡혀 의도적이고 치밀하게 이 완만한 사형 장치를 고안한 것이 아닐까? 혹은 조금 더 호의적으로 해석한다면 이 치욕스러운 제재를 통해 '이 나라에서 흡연자에게 인권 따위는 없다', '이 독가스실에서 수명을 단축하고 싶지 않으면 당장 금연하라'라는 메시지를 전해 흡연자의 행동 변화를 유도하고 있는 것일지도 모른다. 그렇다면 그 배려에 감사할 수는 있겠지만 역시 오지랖이다.

자, 이제 익숙한 약물 시리즈의 마지막으로 나 자신이 당사자인 담배를 두 장에 걸쳐 다루겠다. 우선 이번 장에서는 담배라는 약물의 기본적인 성질과 기원, 전파의 역사를 살펴보고자 한다.

담배의 약리 작용, 유해성, 의존성

먼저 담배라는 식물과 그 식물에 들어 있는 의존성 물질인 니코틴에 대해 현대 의학적 지식을 정리해 두자.

◦ 담배의 식물학적 분류

담배는 감자, 토마토, 고추와 마찬가지로 아메리카 대륙, 즉 신세계에서 기원했고 이른바 '콜럼버스 교환'을 통해 구세계에도 전해졌다. 담배가 전 세계에 퍼진 것은 세계 상업적 확장의 결과였으며 유럽 중심의 인류사에서 보면 의외로 역사가 짧다.

담배는 가짓과 담배속에 속하며 원래는 남북 아메리카 대륙, 특히 남미 안데스 산맥에 자생하던 식물이다. 현재 담배 제조를 위해 재배되는 품종으로는 니코티아나 타바쿰과 니코티아나 루스티카 두 가지가 있다.[1]

◦ 니코틴의 약리 작용

건조된 담뱃잎에는 니코틴이 2~8% 정도 들어 있다. 니코틴은 알칼로이드의 일종으로 강력한 신경 독성을 가지고 있으며 모세혈관을 수축시키는 작용을 한다. 대량 섭취할 경우 혈압을 상승시키고, 동공 축소, 메스꺼움, 설사 등 자율신경계 증상을 일으키는 동시에 두통이나 불면 같은 중독 증상을 나타내기도 한다. 최악의 경우에는 구토, 의식 장애, 경련을 유발할 가능성도 있다.[2]

니코틴의 분자 구조는 아세틸콜린과 유사하며 체내의 아세틸콜린 수용체와 결합한다. 니코틴은 투여량에 따라 다른 약리 효과를 나타내는데 소량 투여 시에는 중추신경 흥분제로, 대량 투여 시에는 중추신경 억제제로 작용해 진정 효과를 발휘한다.

니코틴은 또 노르아드레날린, 아드레날린, 세로토닌, 도파민 등의 신경 전달 물질 분비를 촉진한다. 이 분비가 뇌의 활동성과 각성도를 높이고, 의욕을 고취시키며, 기분을 고양시켜 사고나 작업 효율을 일시적으로 향상시킨다. 그러나 한편으로는 혈관을 수축시켜 협심증이나 동맥경화를 일으키고, 심박수와 혈압을 상승시켜 부정맥이나 고혈압을 유발할 위험도 있다.

니코틴은 원래 체내에 존재하는 물질이 아니다. 일반적으로는 아세틸콜린이 스스로 뇌세포에 결합해 도파민이나 세로토닌을 분비하게 되는데, 흡연으로 흡수된 니코틴은 훨씬 강력하게 아세틸콜린 수용체를 매개로 도파민을 분비시킨다. 흡연 습관이 파킨슨병(도파민 작동성 신경세포의 변성으로 발생하는 질환) 발병을 막는 역할을 한다고 여겨지는 것도 니코틴의 이런 약리 작용과 관계가 있을지 모른다.[4]

또한 조현병 같은 정신 질환을 앓는 사람들 가운데 흡연자가 많은 것도 잘 알려져 있는데 이는 니코틴이 신경 전달 물질에 미치는 영향과 관계가 있을 것으로 생각된다.[4] 즉 흡연을 통해 도파민이나 세로토닌의 분비를 촉진함으로써 무의식적으로 정신 질환의 증상이나 치료약의 부작용을 완화하려는 것이다.

정신의학과 의사 노다 데쓰로는 정신 질환과 흡연에 관한 총설에서 니코틴이 조현병의 음성 증상(의욕 저하, 무기력 등), 추체외로 증상(파킨슨병과 유사한 떨림이나 근육 강직 등), 인지 기능, 정서 불안정을 개선하는 효과가 있으며 흡연이 일종의 자기 치료로 사용되고 있을 가능성을 시사하는 연구들을 소개하고 있다.[4]

○ 담배의 유해성

생물에게 니코틴은 독물로 작용한다. 그 독성은 매우 강력해 니코틴의 급성 치사량은 영유아의 경우 10~20mg(담배 0.5~1개비), 성인의 경우 40~60mg(2~3개비)이라고 한다.[2] 게다가 담배로 인한 건강 피해는 50종류에 이르는 것으로 알려져 있다. 대표적인 것으로는 암(폐암, 인두암 등 10종), 순환기 질환(혈관 수축, 심근경색, 협심증, 뇌졸중 등), 소화기계 질환(위궤양, 십이지장궤양, 식욕 저하 등), 그 외 충치, 치주병 등이 있다. 대략적으로 말하자면 암은 담배 연기에 포함된 타르가 원인이고, 순환기 질환은 니코틴이

원인이다.[2]

 덧붙여 니코틴은 의약품으로서의 활용 가치도 어느 정도 있다.[3] 니코틴의 독성은 말라리아를 매개하는 모기를 죽여 말라리아 감염 예방 효과를 가지며, 스트리키닌이나 뱀독에 대한 해독제로도 쓰일 수 있다. 게다가 혈관 수축 작용을 통해 지혈 효과를 내거나 뇌혈관 확장성 편두통에도 효과를 발휘한다. 또한 각성제 같은 효과도 있다. 과거 스페인 의사 살바도르 루이스 브라스코는 가사 상태로 태어난 아기에게 시가 연기를 불어넣는 처치를 했다. 그러자 그 아기는 생기를 되찾으며 소생했고 격렬하게 울기 시작했다. 훗날 이 아이는 파블로 피카소라는 이름으로 전 세계 미술 애호가들에게 알려졌다.[5]

◦ **의존성**

니코틴은 궐련(종이 담배)이나 시가, 파이프를 통해 기도로 흡수되거나 코 점막(코담배)이나 구강 점막(씹는담배)을 통해 흡수된다. 가장 빠르게 혈중에 흡수되는 방법은 기도를 통한 섭취다. 폐에서 흡수된 니코틴이 뇌에 도달하는 데 걸리는 시간은 불과 7초 정도다. 정맥 주사 시 14초가 걸리는 것과 비교하면 얼마나 빠른 속도인지 알 수 있다. 연초의 경우 최종적으로 15~20초 안에 니코틴이 몸 구석구석까지 도달한다.[1]

 약물이 가진 의존성은 약리 효과의 강도보다도 섭취에서 효과 발현까지 걸리는 속도에 크게 좌우된다. 이를 '보상의 즉시성'이라고 하며, 섭취 후 곧바로 약리 효과를 체감할 수 있어 사용자의 의식에 섭취 행위와 효과의 연관성이 강하게 각인된다. 그 결과 약물에 대한 의존도와 집착이 높아진다. 참고로 대마의 경우 흡연을 통해 기도로 섭취했을 때 효과가 나타나기까지 3~5분이나 걸린다. 이는 의존성 측면에서 담배가 대마보다 훨씬 강력하다는 것을 의미한다.

의외로 잘 알려지지 않았지만 니코틴의 의존성은 대마뿐만 아니라 다른 약물과 비교해도 강력하다. 정신 작용 물질의 사용 경험과 의존증에 관한 미국 역학 조사에 따르면, 사용 경험자 가운데 의존증에 걸리는 비율은 코카인이 15%, 알코올이 14%인 데 비해 담배는 무려 30%에 달하는 것으로 밝혀졌다(참고로 대마는 9%로 담배보다 확연히 낮은 수치다).[6]

담배의 경우 의존증 수준에 이른 사람이라면 갑작스러운 사용 중단으로 금단 증상이 나타난다. 구체적인 증상으로는 짜증, 갈망, 기분 저하, 불안, 주의력 저하, 수면 장애, 식욕 증가 등이 있다. 일반적으로 이런 증상은 마지막으로 담배를 피운 뒤 수 시간 이내에 시작되며, 금단 증상은 금연 시작 후 수일 내에 정점에 달했다가 시간이 지남에 따라 점차 완화된다.

담배의 기원과 문화적 의미

다음으로 담배의 기원과 담배를 둘러싼 문화에 대해 살펴보자.

◦ 폐쇄된 대륙에 자생하는 식물

약 4만에서 2만 년 전 빙하기에는 유라시아 대륙과 아메리카 대륙이 육교 역할을 하던 베링해협으로 이어져 있었다. 그리고 이 육교를 건너 시베리아에서 아메리카 대륙으로 건너온 몽골로이드 계통의 사람들이 이 지역의 원주민이 되었다. 하지만 빙하기가 끝나고 해수면이 상승하면서 육교가 물에 잠기자 두 대륙은 서로 단절되었다. 아메리카 대륙에는 비옥한 유라시아 대륙처럼 밀이나 쌀이 자생하지 않았다. 곡물이라 해봐야 옥수수나 감자 혹은 콩류 같은 발효가 쉽지 않은 식물뿐이었으며 아마도 그 때문인지 유라시아 대륙만큼 알코올 문화가 꽃피지 않았다.

물론 알코올음료가 전혀 없었던 것은 아니다. 잉카 제국에는 옥수수를 사람의 침으로 발효시킨 '치차', 고대 마야에는 꿀로 만든 '발체주', 아스테카 제국에는 오늘날 증류주 테킬라의 원료가 되는 용설란으로 만든 '풀케주' 같은 발효주가 있었다. 하지만 이들 모두 알코올 도수가 비교적 낮았고 증류 기술도 없었다는 점을 고려하면 신대륙에는 충분히 취할 수 있는 알코올 음료가 존재하지 않았을 가능성이 있다.

그것이 원인인지는 알 수 없지만 신대륙에서는 알코올이 일상적인 기호품으로 자리 잡지 못했고, 대신 담배가 주요 기호품으로 널리 퍼지고 자리 잡게 된다.

담배 재배는 기원전부터 남아메리카, 중앙아메리카 남부, 서인도 제도, 북아메리카 미시시피강 유역에서 이루어졌던 것으로 추정된다.[2] 하지만 담배에 관한 공식 기록은 좀 더 후대에 등장한다. 가장 오래된 공식 기록으로는 7세기 말 마야 문명 유적에서 확인된다. 마야 고대 유적 도시 팔렌케 신전 기둥에는 '엘 후마도르'라 불리는 '담배를 피우는 신'의 부조가 있다(그림 9-1). 이 신은 후대 학자들에 의해 'L 신'으로 분류되었으며,[1] 지하 세계 혹은 작물의 풍요를 가져오는 비와 관련된 존재로 여겨진다.

그림 9-1.
'담배를 피우는 신'의 부조
('담배와 소금 박물관' 소장 복제본)

∘ **마야 문명의 담배**

마야 문명은 기원전 2000년경(여러 설이 있다)부터 16세기경까지 현재의 멕시코,

과테말라, 벨리즈, 온두라스, 엘살바도르에 걸쳐 번성한 문명이다.

마야인들에게 담배는 신성하고 종교 의식에서 없어서는 안 될 존재였다. 과학 교육에 조예가 깊은 교육학자 사마키 다케오에 따르면, 마야 문명에서는 태양신을 숭배했는데 태양을 '불덩어리'로 연상하면서 불과 연기를 신성시했다고 한다.[2] 불을 붙인 담배가 타는 모습, 불꽃의 형상, 하늘로 올라가는 연기는 신들에게 바치는 공물이자 신탁을 내리고 전쟁의 승패를 점치는 데 사용되었다.

또한 담배는 향기로운 연기를 내뿜고 그 연기를 들이마시면 도취된 기분이 들 뿐만 아니라 환각 체험도 일으켰다(신대륙 의식에서는 상당히 고농도의 니코틴과 다른 여러 알칼로이드를 함유하는 품종의 담배가 사용되었던 것으로 추정된다).[1] 이런 이유로 담배 연기에는 불의 신령이 깃들어 있다고 믿었고, 주술적 효력을 기대해 질병 치료에도 사용되었다. 사람들이 병에 걸리는 것은 악령 때문이라고 생각했기에 주술사(샤먼, 메디슨맨이라고도 불렸다)는 담배를 사용해 악령을 쫓는 주술을 행했다. 그런 식으로 담배가 사용되었던 것이다.[3]

물론 담배는 기호품으로서도 즐겨졌다. 마야 문명이 번성한 지역인 메소아메리카의 경우 초기에는 귀족과 전사들이 특권으로 담배를 즐겼지만 이윽고 서민층에도 널리 퍼졌다. 이어 다양한 축하 자리에서 제공되면서 많은 사람이 흡연을 기호품으로서의 습관으로 삼게 되었다.

◦ 신대륙 원주민 생활에서의 담배의 역할

역사학자 와다 미쓰히로에 따르면 주술사나 부족의 유력자들은 중요한 문제를 협의할 때 담뱃잎을 잘게 썰어 가루로 만든 것을 코로 흡입하고, 취한 상태에서 우상에게 조언을 구했다고 한다.[1] 또한 원주민들은 다양한 질병 치료에도 담배를 사용했다. 담배는 외상, 기침, 치통, 매독, 류머티즘, 기생충,

발열, 딸꾹질, 천식, 동상, 편도염, 위장병, 두통, 비염 등의 치료약이었다.[2]

담배의 사용 방식은 남북 아메리카 대륙에서 차이를 보였다. 남미에서는 잎담배(시가)로 흡연했지만 북미에서는 파이프를 사용하는 방식이 일반적이었다.

북미 원주민에게 파이프는 단순한 흡연 도구가 아니라 의식에서 꼭 필요한 특별한 도구였다.[1] 대부분의 부족은 조상 대대로 전해지는 신성한 파이프를 보유하고 있었고, 종교적 의식에서는 성스러운 파이프를 사용해 흡연했다. 이 의식에서 파이프는 천상의 정령과 소통하는 통로가 되었고, 담배 연기는 양자를 연결하는 매개체 역할을 했다. 즉 파이프와 담배는 일종의 신성한 도구였던 것이다. 파이프는 또한 동료와의 유대를 만드는 역할도 했으며, 같은 파이프를 돌려 사용하며 담배를 나누는 것은 우정을 나타내는 의식이었다.[3]

◦ 유럽인들의 담배 발견

1492년 10월 12일 크리스토퍼 콜럼버스 일행은 산살바도르섬에 상륙했다. 그 섬은 '신세계'에서의 첫 상륙지였고, 그곳에서 그들은 섬 주민에게 선물한 유리구슬, 거울 등에 대한 답례로 신선한 채소와 함께 강한 향기가 나는 잎을 받았다. 이 잎이 바로 담배였다.[2]

그리고 16세기 전반 서인도 제도를 정복한 스페인 사람은 흡연 습관을 '타바코'라는 스페인어와 함께 유럽으로 가져왔다. 이 습관은 스페인에서 포르투갈로, 또 프랑스와 영국으로 퍼지며 사람들을 매료시켰다. 이렇게 흡연 풍습은 급속히 확산되어 눈 깜짝할 사이에 유럽 전역을 휩쓸었고, 이어 이슬람권과 아시아로도 퍼졌다. 이런 의미에서 담배사 연구자 조던 굿맨이 지적했듯이 담배는 오랫동안 단절되어 있던 두 대륙을 다시 연결하는 일종의 '다리' 역할을 했다고도 볼 수 있다.[3]

참고로 신대륙에 상륙한 스페인 사람들은 일찍부터 담배의 향정신 작용과 의존성을 알아차린 것으로 보인다. 스페인 선교사 라스 카사스는 저서 『인디아스 역사』[7]에 다음과 같이 기록했다.

"몇몇 마른 풀을 또 다른 마른 잎으로 말아서… 그 관의 한쪽에 불을 붙이고, 반대쪽으로 숨과 함께 그 연기를 들이마신다. 이 연기를 들이마시면… 몸의 피로를 느끼지 않는다고 한다.… 그들은 이것을 '타바코'라고 부른다."

"타바코를 피우는 습관에 익숙해진 스페인 사람들을 보았다. 그런 것은 나쁜 습관이라고 꾸짖자 그들은 이미 그것을 끊는 것이 자기 힘으로는 불가능하다고 대답했다."

담배에 대한 탄압과 저항

그렇다면 유라시아 대륙으로 건너간 담배에는 어떤 운명이 기다리고 있었을까?

◦ 담배의 유럽화

1559년 포르투갈 주재 프랑스 대사 장 니코(그의 이름이 바로 '니코틴'이라는 단어의 유래다)는 프랑스 왕국의 프랑수아 2세와 왕비 카트린 드 메디시스에게 약품으로서 담배의 마른 잎을 바쳤다. 카트린 왕비는 곧 이것을 두통약으로 애용하기 시작했고, 그런 연유로 처음에는 담배를 '왕비의 약초'라고 부르기도 했다.[2]

그러나 담배가 유럽 사회에서 시민권을 얻는 데 큰 역할을 한 인물은 단연 세비야의 내과의사 니콜라스 모날데스였다. 그는 1571년에 저술한 약초서에서 담배를 '만병통치약'으로 소개했고, 이를 당시의 정통 의학 체계였

던 갈레노스의 체액설(사체액설)에 적절히 위치시켰다.[3]

이런 의학적 의미 부여는 담배의 유럽 문화 편입을 촉진했다.[8] 본래 담배가 지니고 있던 종교적·주술적 의미를 잘라내고 오로지 '의약품'으로 한정해 받아들인 현상을 굿맨은 '담배의 유럽화'라고 부르며 그것이 사람들의 담배 수용을 쉽게 만들었다고 지적했다.[3]

그 후 담배는 세계 각국으로 확산되어 중국과 동남아시아, 더 나아가 오세아니아 제도 등 세계 구석구석으로 전파되었다.[5] 늦어도 1630년까지 담배는 '세계 일주'를 완수했고 차나 커피, 설탕보다도 빠른 시기에 '세계 상품'으로 유통되었다.[3]

여기서 한 가지 의문이 생긴다. 그것은 신대륙의 또 다른 '의존성' 식물인 코카가 왜 담배처럼 기호품으로 유럽 사회에 퍼지지 않았는가 하는 점이다. 굿맨에 따르면 코카 역시 담배와 마찬가지로 약품으로 사용되었지만 서민들이 널리 사용하기보다는 잉카 제국의 신관 같은 특권 계급이 사용을 독점했다고 한다.[3] 이후 잉카 제국이 멸망하자 서민도 코카를 쓰게 되었지만 유럽에서 온 선교사들은 '잉카의 기억을 불러일으킨다'라는 이유로 사람들의 코카 사용을 탄압했고 당연히 유럽으로 들여오지도 않았다. 그 결과 코카의 사용은 '안데스 고지 민족의 지역적 풍습'에 머물고 말았다.

코카가 유럽 의학에 도입된 것은 훨씬 뒤인 19세기 후반 프로이트 같은 의학자가 국소 마취제 코카인으로서 효용을 발견할 때까지 기다려야 했다.

○ **담배에 반발한 사람들**

그러나 담배를 의약품으로 받아들인 유럽에서도 담배에 반발하는 세력이 있었다. 바로 종교 관계자들이었다. 예를 들어 로마 교황 우르바누스 8세는 1642년에 반反담배 교서를 발표해 성직자가 담배를 사용하는 것을 규탄하고 금지했다.[9] 뿐만 아니라 교황청은 성직자의 담배 사용에 관해 여러 차례 금지령을 내렸다.[1] 그 이유로는 화재 위험, 담배의 습관성, 만병통치약이기는커녕 몸에 해롭다는 주장, 심지어는 흡연 행위가 보기에 좋지 않다는 등 표면적인 이유는 그때그때 달랐다. 하지만 역시 가장 크고 근본적인 이유는 '우상 숭배를 하는 이교도의 풍습이기 때문'이었다. 이것은 로마 교황 클레멘스 8세에게 인정을 받는 데 성공한 커피와의 결정적인 차이였으며, 오늘날 사람들의 담배에 대한 혐오 감정에도 무시할 수 없는 영향을 끼친 것으로 보인다.

의학자들 가운데에도 담배는 만병통치약이 아니라 몸에 해롭다고 주장하는 이들이 있었다. 덴마크의 궁정 의사 시몬 파울리였다. 그는 저서에서 다음과 같이 분개했다.[5]

"왜 유럽인이 천박하고 교활한 아시아인을 흉내 내야 하는가. 더구나 우리는 이미 사람을 잡아먹는 인디언에게서 매독이 옮았는데, 또다시 담배로 똑같은 일을 반복하려 한다.… 우리가 이처럼 난폭하게 야만인의 습관을 따르고 그들보다 훨씬 뛰어난 우리의 이성에 귀 기울이지 않다니."

말할 것도 없이 파울리의 주장은 의학적 견해와는 전혀 거리가 먼, 완전히 인종차별적인 것이었다.

◦ 통치자들의 탄압과 허용

종교인들의 반발이 있었음에도 약품이라는 명목으로 담배를 어느 정도 받아들인 유럽 국가들과 달리 비유럽 사회에서는 담배가 통치자들에 의해 철저히 배격되었고, 사용 자체가 엄벌의 대상이었다.

오스만 제국 통치자들은 담배가 병사의 전투 능력을 약화시킨다고 생각했고, 백성이 그것을 남용할 것을 우려했다.[9] 특히 황제 무라트 4세는 1620~1630년대에 걸쳐 흡연자를 잇따라 가혹하게 처벌한 것으로 유명하다. 이미 무라트 4세의 아버지 아흐메트 1세는 공공연히 흡연한 자의 코를 파이프 자루로 꿰뚫은 뒤 본보기로 당나귀에 태워 거리를 행진시키는 굴욕적인 형벌을 시행했다. 그의 아들 무라트 4세는 잔혹함에서 아버지를 능가했는데, 전장에서 흡연하는 병사를 발견하면 즉시 참수하거나 사지를 찢고 손발을 짓이기는 등의 엄벌을 내렸다.

이상한 점은 이처럼 잔혹한 형벌을 시행했음에도 담배는 오스만 제국 내에서 끊임없이 퍼져 나갔다는 사실이다. 오히려 무라트 4세에게 처형된 병사들 중에는 죽기 직전 마지막 한 모금을 피우려고 소매 속에 파이프를 숨긴 이조차 있었다고 전해진다.[8]

또한 러시아에서는 파이프 애호가들은 입술이 잘리고, 코담배 애호가들은 코를 베여 수치스러운 얼굴을 한 채 국외로 추방당했다. 담배 판매자에게는 죽을 때까지 채찍질을 하거나 거세하는 등 역시나 지나치게 가혹한 형벌이 가해졌다고 한다.[5, 9]

중국에는 16세기 말 명나라 시대에 담배가 전래되어 청나라 시대에는 남녀노소 할 것 없이 흡연 습관이 널리 퍼졌다. 청나라 초기에는 담배를 즐기지 않는 사람은 '명나라 사람'이라 불리며 시대에 뒤떨어졌다고 조롱당할 정도였다.

그러나 이런 중국에서의 담배 인기는 문제를 낳았다. 원래 밀이나 쌀을 재배하던 밭을 담배 재배로 바꾸는 농민들이 속출하면서 식량 생산량이 감소한 것이다.[1] 이 때문에 강희제와 옹정제는 흡연을 엄격히 금지하고 판매자는 처형 후 효수했다.[5] 하지만 두 황제 모두 코담배를 좋아해 예술적인 코담뱃갑을 수집하고 제작하는 데 집착하는 등[1] 그들의 대책에는 일관성이 부족한 면이 있었다.

한편 청나라 정부의 금연 정책은 아이러니하게도 담배의 대체물로서 아편 흡연을 사람들 사이에 퍼뜨리는 간접적 원인이 되었다. 그 후 아편 문제가 본격적으로 만연하면서 금연령은 유명무실해졌고 결국 사라졌다.[1]

◦ 대영제국의 담배 정책

사실 약품으로 받아들여진 유럽에서도 담배를 혐오한 통치자가 있었다. 영국 왕 제임스 1세다. 그는 왕권신수설을 내세워 의회와 대립하며 다음 시대 청교도 혁명의 불씨를 만든 인물이지만 동시에 담배를 싫어한 왕으로도 유명하다. 그는 1604년에 『담배 배격론』이라는 저서를 출판했다.[8] 그 책에서 의약품으로서 담배의 효능에 의문을 제기하는 동시에 '죄 많고 야만적인 원주민의 불결한 행위, 특히 악취를 풍기는 나쁜 풍습'[8]이라며 담배를 비난하고 야만인의 풍습을 모방하는 신하들을 엄하게 꾸짖었다. 그렇다고 해도 그의 담배 비난에는 아무런 의학적 근거가 없었고, 철저히 개인적 감정에서 비롯된 것이었다.

그런 제임스 1세도 결국 금연령을 내리지는 않았다. 이미 담배는 지나치게 널리 퍼져 있었고 금연령을 내리면 민중의 반발을 살 위험이 있었기 때문이다. 그보다는 차라리 담배에 무거운 세금을 매겨 왕실의 재원으로 삼는 것이 훨씬 현명했다.

17세기 초 그는 무려 담배세를 40배까지 인상하는 결단을 했다. 당연하게도 이 정책은 실패로 돌아갔다. 결과적으로 담배의 밀수입과 밀매가 성행했고, 아이러니하게도 영국 내 흡연 인구는 오히려 더 증가했다.[1] 게다가 당시 담배는 무역상 경쟁국인 스페인이 보유한 남미 식민지에서 들여오는 수입품이었다. 따라서 영국 국민이 그것을 많이 구매한다는 것은 스페인을 부유하게 하고, 반대로 영국에게는 국부 감소로 이어질 수밖에 없었다. 이에 영국 정부는 방침을 전환한다. 담배 수입처를 버지니아 등 영국령 식민지로 한정하는 동시에 터무니없는 담배세를 폐지하고 오히려 거래를 장려한 것이다. 그 결과 효율적인 관세 징수에 성공했고, 영국은 식민지로부터 큰 수익을 얻게 되었다.[8]

이런 조치들이 순풍이 되어 담배는 야만인의 풍습에서 신사의 취향으로 영국 문화에 자리 잡았다. 또한 영국령 식민지로부터 안정적인 공급이 이루어지면서 가격이 급격히 낮아진 것도 담배의 대중화에 기여했다고 할 수 있다. 덧붙이자면 17~18세기 영국에서 유행한 커피 역시 담배의 정착에 한몫했다. 당시 런던 시내에는 수많은 커피하우스가 생겨났는데 그곳에서는 커피와 함께 담배를 즐기는 것이 관례였다. 니코틴은 카페인을 분해해 혈중 농도를 낮추므로 손님의 커피 소비량을 늘리는 역할을 한다. 그야말로 '윈-윈' 관계였던 셈이다.

기묘한 이야기지만 17세기 후반 런던을 덮친 페스트도 담배 보급을 촉진했다. 1665년의 페스트 유행으로 당시 런던 시민의 4분의 1이 사망했다고 전해지는데,[10] 이 무렵 담배에는 페스트균 감염 예방 효과가 있다는 미신이 퍼졌다(사실 담배에는 말라리아 감염 예방 효과는 있지만 페스트에는 그런 효과가 없다). 그 결과 흡연 습관이 없던 사람들까지 무리해서 담배를 피우기 시작하는 어처구니없는 상황이 여기저기서 나타났다. 예컨대 영국의 명문 사립학교인 이튼칼리지에서는 1665년에 전교생에게 흡연을 의무화했다. 이를 따르지 않은 학생은 벌로 매질을 당했다고 한다.[9]

한편 이듬해인 1666년 런던은 대화재를 겪는다. 그때부터 사람들은 불을 사용하는 파이프 담배를 경계하게 되었다. 대신 담뱃잎을 잘게 빻아 가루로 만든 것을 코 점막에 대는, 이른바 코담배로 사용법을 바꾸었고 이번에는 그것이 유행하게 되었다.[3]

◦ 담배 규제와 혁명

영국에서 나타난 '담배 규제를 위해 시작된 과세가 차츰 중요한 국가 재원이 되어 정부가 오히려 적극적으로 사람들의 담배 소비를 장려하는 정책으로 전환하는'[8] 패턴은 이후 많은 나라에서 반복되었다.

러시아가 그렇다. 17세기 말 러시아의 표트르 대제는 담배 밀매가 곳곳에서 횡행하는 현실을 마침내 직시하고 그동안 부과하던 가혹한 처벌을 폐지한 뒤 세금을 매겨 담배의 판매와 사용을 허가했다. 요컨대 정부가 담배를 막을 수 없다면 그것으로 돈을 버는 편이 낫다는 생각이었다. 또 프랑스의 재상 리슐리외 추기경, 독일과 오스트리아의 합스부르크가 등 유럽의 여러 지도자들도 마찬가지로 이 새로운 작물에서 세수나 독점에 따른 이익을 얻고자 잇따라 담배 금지 정책을 포기하게 되었다.[11]

그러자 이번에는 높은 담배세가 사람들의 불만의 씨앗이 되었다. 그 대표적인 사례가 1789년 프랑스 혁명이다. 파리의 바스티유 감옥 습격에서 비롯된 이 혁명이 사실은 담배세에 관한 민중의 불만을 배경에 두고 있다는 사실은 의외로 잘 알려지지 않았다.[12] 당시 프랑스는 7년 전쟁(1756~1763년)과 미국 독립전쟁(1775~1783년) 등 연이은 분쟁에 휘말려 심각한 재정 위기에 빠져 있었다. 이를 타개하기 위해 루이 16세는 담배를 국가 전매 상품으로 지정하고 각지에 국영 소매점을 설치해 국민에게 담배 소비를 장려했다. 이 정책은 효과를 거두어 한때 담배세는 프랑스 정부 전체 세입의 7% 이상을 차지하기에 이르렀다.

그러나 국가 독점 판매로 인해 담배 가격은 폭등했고, 더불어 담배 밀수나 국내 불법 재배에 대한 정부의 강압적인 단속은 정부에 대한 시민들의 반감을 키웠다. 당시 많은 프랑스인은 이미 담배를 생활필수품으로 여겼고, 특히 가난한 농민들은 배고픔을 달래기 위해 담배를 상용하고 있었다.

그리고 마침내 1789년 7월 프랑스 혁명이 발발한다. 바스티유 감옥 습격 이틀 전인 7월 12일 팔레 루아얄에서 "무기를 들어라, 시민이여"라는 연설에 고무된 6,000명의 군중이 군대와 충돌했는데, 같은 날 또 다른 분노한 군중은 세관을 습격해 세무 관리들을 내쫓고 감옥을 공격해 구금된 담배 밀수업자들을 석방했다. 그 결과 1791년 5월 1일에 담배와 다른 많은 소비재에 대한 간접세가 폐지되었다. 프랑스 정부의 담배 판매 독점은 종언을 고하고, 담뱃잎의 생산과 판매는 완전히 자유화되었다. 형법학자 소노다 히사시에 따르면, 당시 유럽에서 세금 없이 담배를 즐길 수 있었던 이들은 프랑스인들뿐이었다고 한다[12](다만 1810년에는 담배 전매제가 부활한다).

◦ 일본에 전래된 담배 - 규제와 수용

이쯤에서 일본에 담배가 전래되고 받아들여진 역사에도 잠시 눈을 돌려보자. 일본에 담배가 전해진 것은 포르투갈인 선교사에 의한 것이라고 여겨진다. 1543년 다네가시마에 표류한 포르투갈 선박이 총과 함께 담배도 전했다는 설이 있다. 그로부터 70여 년이 지난 1615년 8월 7일 히라도의 영국 상관장 콕스는 자신의 일기에 다음과 같이 기록했다.[13]

"이 일본인들이 남녀노소 할 것 없이 흡연에 열중하는 것을 보면 신기함을 금할 수 없다. 게다가 담배가 처음 사용된 지 아직 10년도 되지 않았다."

다른 나라와 마찬가지로 일본에서도 담배가 전해진 뒤 금령이 내려지기까지는 그리 오랜 시간이 걸리지 않았다. 1609년 에도 막부는 일찌감치 첫 담배 금지령을 내렸고, 이후 1623년까지 여러 차례 금연령을 내렸다.[11] 이렇게 거듭 금령을 내린 것은 역시 농정상의 이유 때문이었다. 농민들이 담배를 재배하면 쌀 생산이 방해를 받는데, 이는 막부의 통치 체제의 근간을 뒤흔들 수 있는 사태였다. 그러나 막부의 금연령에도 불구하고 담배 밀조는 끊이지 않았다. 담배 재배야말로 농민들이 현금 수입을 얻을 수 있는 몇 안 되는 수단이었기 때문이다.

결국 막부는 담배 금지를 포기한다. 1623년 마지막 금령을 내린 다음 해 막부는 말을 철회할 수밖에 없었고, 담배 재배와 사용이 허용되었다. 그 뒤로도 기근이나 담배 불씨로 인한 대화재가 있을 때마다 일시적으로 담배에 대한 규제가 강화된 적은 있었지만 기본적으로 담배는 서민들의 생활에 뿌리를 내렸다. 그리고 일본에서는 담뱃잎을 0.1mm 정도로 가늘게 썰어 끝

에 작은 화구(불 붙이는 그릇)가 달린 곰방대로 흡연하는 독자적인 문화가 발전했다.[11]

담배 혐오의 밑바탕에 깔린 차별 의식

이 장에서는 담배의 기원과 전파의 역사를 빠르게 훑어보았는데, 나는 이 과정을 통해 두 가지가 분명해졌다고 느낀다.

하나는 담배가 가진 강력한 의존성이다. 아메리카 대륙에서 유럽으로 건너간 담배는 여러 나라에서 가혹한 금지령과 무자비하고 잔혹한 탄압을 겪으면서도 콜럼버스의 신대륙 발견으로부터 고작 100여 년 만에 광대한 유라시아 대륙 구석구석으로 퍼져 나갔다. 하지만 코카인이나 아편의 경우에는 이런 현상이 발생하지 않았다. 이는 아무래도 니코틴의 의존성이 엄청나게 강력하다는 것을 의미하지 않을까?

그리고 또 하나는 담배에 대한 증오나 비난은 그 유해성이 밝혀지기 이전부터 존재했다는 점이다. 이런 혐오감은 단순히 연기가 매캐하다거나 냄새가 난다는 표면적 불쾌함 이상으로 '우상 숭배를 하는 이교도'나 '야만인의 풍습'에 대한 차별 의식과 멸시 감정에서 비롯되었다. 유럽인들의 이런 편견은 원주민의 문화와 신앙을 부정하고 착취와 노예화에 의문을 품지 않는 태도를 낳았으며, 결과적으로 식민지 정책과 제국주의를 준비하는 토대가 되었다고 볼 수 있다.

이쯤에서 신대륙 침략에 대해 유럽인이 얼마나 잔혹하고 비인간적인 방법을 사용했는지를 상기해야 할 것이다. 라스 카사스는 저서 『눈물의 인디언 문명 파괴사』에 이렇게 기록했다.[14]

"그리스도교인들은 약탈하고 살해하고 살아남은 자들을 모조리 잡아 죽을 때까지 노예로 삼아 학대했지만 인디오에게는 그 원인이나 죄가 전혀 없었다.…"

역사를 중립적으로 조망한다면 본래 이렇게 생각해야 한다. 비옥한 유라시아 대륙에서 인류의 친구가 술이었다면 유라시아 대륙에서 분리된 아메리카 대륙에서는 담배가 그것이었다. 혹은 와인이 그리스도의 피라면 자욱한 담배 연기는 신대륙 원주민들이 믿는 신의 숨결이었다고 말이다. 따라서 두 문화 사이에는 선악의 구별도 우열의 차이도 있을 수 없다. 이런 평등한 시각으로 다른 신을 믿는 사람들과 그들의 문화를 존중하는 태도가 글로벌 커뮤니케이션의 첫걸음이 아닐까?

아무튼 일부에게는 이교도의 풍습으로 멸시받고 통치자들에게 탄압을 받으면서도 최종적으로 담배는 유럽 사회에 수용되었다. 그런데 이후에는 왜 사회의 적으로 변해버렸을까? 다음 장에서는 그 과정과 결과에 대해 생각해 보고자 한다.

참고 문헌

1 와다 미쓰히로 지음, 『담배가 이야기하는 세계사』, 야마카와출판사, 2004

2 사마키 다케오 지음, 『절대 재미있는 화학 입문-세계사는 화학으로 이루어져 있다』, 다이아몬드사, 2021

3 Jordan Goodman 지음, 『Tobacco in History: The Cultures of Dependence』, Routledge(London & New York), 1993

4 노다 데쓰로, 「정신 질환과 흡연·금연의 영향」, 『건강심리학연구』, 28(특별호), 2016

5 데이비드 T. 코트라이트 지음, 이시은 옮김, 『중독의 시대-나쁜 습관은 어떻게 거대한 사업이 되었는가?』, 커넥팅, 2020

6 Anthony, J. C., Warner, L. A., Kessler, R. C., "Comparative epidemiology of dependence on tobacco, alcohol, controlled substances, and inhalants: Basic findings from the National Comorbidity Survey," Experimental and Clinical Psychopharmacology, 2(3), 1994

7 Bartolomé de las Casas 지음, 『Brevísima relación de la destrucción de las Indias』, La Editorial Católica, 1552

8 칼 에릭 피셔 지음, 조행복 옮김, 『중독의 역사-우리는 왜 빠져들고, 어떻게 회복해 왔을까』, 열린책들, 2024

9 Petr Skrabanek 지음, 『The Death of Humane Medicine and the Rise of Coercive Healthism』, Social Affairs Unit, 1994

10 CNN, 「17세기 영국 페스트 대유행, DNA 감정으로 처음 원인을 특정」(https://www.cnn.co.jp/fringe/35088909.html)

11 우에노 가타미 지음, 『담배의 역사』, 다이슈칸서점, 1998

12 소노다 히사시, 「담배를 피우고 바스티유로」(https://note.com/sonodahisashi/n/n66432250b25c)

13 기시모토 미오 지음, 노영구 옮김, 『동아시아의 근세』, 와이즈플랜, 2018

14 바르톨로메 데 라스 카사스 지음, 이제순 옮김, 『눈물의 인디언 문명 파괴사』, 판도라, 2017

10장

담배(2)
사회를 분열시키는 둡 스틱

사람을 게으른 바보로 만드는 약물?

나는 흡연자가 없는 가정에서 자랐다. 부모님은 흡연자를 싫어했고, 심지어 멸시하기까지 했다. 흡연자에 대한 부모님의 평가는 '게으른 사람', '거짓말쟁이', '바보' 같은 인격 부정 그 자체였으며, 담배를 피우는 친척을 만나고 온 뒤에는 "저 사람은 담배를 피우니까 피부가 늙었어… 전형적인 담배 얼굴이지"라며 외모를 깎아내리곤 했다. 그래서 고등학교 2학년 때 몰래 담배 피우는 것을 들켰을 때 아버지는 크게 실망했고 바보가 될 것이라고 엄하게 꾸짖었던 기억이 있다.

물론 그 뒤에도 나는 계속 담배를 피웠다. 바보가 되었는지는 잘 모르겠다. 다만 분명히 말할 수 있는 것은 책상 앞에 앉을 때면 내 손가락에는 언제나 담배가 끼워져 있었다는 사실이다. 고등학교 시절 재미있어 보이는 책(물론 하찮은 책도 상당수 섞여 있었지만)을 닥치는 대로 탐독할 때도, 그 뒤 대학 입시나 의과대학 공부, 더 나아가 의사가 된 후 학술 논문을 읽거나 쓸 때도 내 손가락에는 늘 흰 막대가 끼워져 있었고 그 막대 끝에서는 담배 연기가 하늘로 오르는 용처럼 피어올랐다.

출처는 일부러 밝히지 않겠지만 혐연파로 알려진 어떤 심리학자가 흡연자는 '지연보상 장애'를 안고 있다고 쓴 글을 읽은 적이 있다. 지연보상 장애란 장차 받을 수 있는 큰 보상보다 눈앞에서 바로 얻을 수 있는 보상을 선택하는 심리적 성향을 뜻한다. 예를 들어 지금 당장 10만 엔을 받을 수 있는 것과 10년 뒤에 100만 엔을 받을 수 있는 것 중 하나를 고르라고 하면 지금 10만 엔을 선택하는 식이다. 요컨대 흡연자는 건강이나 장수라는 장래의 큰 보상보다 담배에 대한 갈망이 충족되는 눈앞의 보상을 택하는 생각이 얕고 즉흥적인 사람이라는 것이다.

하지만 정말 그럴까? 예전에 정신의학과 의사 나카이 히사오(그 역시 한때는 흡연자였다)는 담배를 '무리를 하기 쉽게 만드는 도구'라고 평한 적이 있는데,[1] 이는 당사자인 나에게 정말로 납득이 가는 말이다. 사람은 누구나 시작하기 싫지만 꾹 참고 매일 꾸준히 해나가야 하는 일을 가지고 산다. 내 경우 공부와 연구, 원고 집필이 그런 일의 대표 격이다. 무거운 몸을 이끌고 그런 작업을 시작할 때 나는 담배를 한 대 피우며 각오를 다진다. 혹은 '한 문단만 더 쓰고 한 대 피워야지'라며 담배를 '코앞에 매달린 당근'으로 삼아 스스로를 분발하게 한다. 그렇게 함으로써 나는 게으르게 지내는 눈앞의 즐거움을 포기하고 조금 무리해서라도 미래의 보상(학문적 성과와 평가)을 꿈꾸며 힘든 일에 맞선다. 그런 의미에서 담배는 오히려 지연보상을 위한 도구가 아닐까 하는 생각마저 든다.

자, 앞 장에서는 담배의 기원과 확산의 역사를 돌아보았다. 이번 장에서는 사람들이 어떻게 담배의 유해성을 깨닫고, 담배를 규탄하며 배제하게 되었는지 생각해 보도록 하자.

사회 시스템에 의한 담배 의존증 확대

○ 궐련이라는 위험한 사용법

평범한 기호품이 강력한 의존성 약물로 변모할 때 그 배경에는 반드시 과학 기술의 발전이 있다. 예를 들어 알코올은 증류 기술의 발명이고, 아편은 모르핀 정제 성공과 주사기의 발명이다. 그렇다면 담배는 어떨까? 역시 궐련 담배 대량 생산기의 발명일 것이다.

궐련은 담배 섭취 방식 중에서는 역사적으로 짧은 후발 주자다. 속설에 따르면 보급의 기원은 19세기 중반 크림전쟁(1853~1856년) 무렵이라고 한다.[2, 3] 크림전쟁에 출병한 영국 병사들이 아군인 튀르키예 병사, 그리고 일부 적군이었던 러시아 병사들로부터 전장에서의 필수품으로 소개받은 것을 귀환할 때 본국으로 가져갔고, 그것이 대서양을 건넌 이민자들에 의해 미국으로 전해졌다고 한다.

그러나 그 뒤 곧바로 미국 전역에 퍼진 것은 아니었다. 미국에서 궐련이 제조되기 시작한 것은 남북전쟁 무렵이었지만 당시에는 작은 담배 공장에서 수작업으로 조금씩 제조되는 정도였고 생산량도 미미했다.[4] 적어도 19세기 후반의 미국에서 궐련은 매우 마이너한 존재였고, 수요도 없었기 때문이다. 실제로 1880년 시점에서 담뱃잎 전체 소비량 중 58%가 씹는담배 형태로 사용되었고, 여기에 시가와 파이프 담배가 각각 19%, 코담배가 3%를 차지했으며, 궐련은 고작 1% 정도였다고 한다.[4] 그런데 궐련의 운명은 1880년대에 크게 바뀌게 된다.

24세의 젊은 나이에 아버지로부터 파이프용 담배를 제조하는 회사를 이어받은 제임스 뷰캐넌 듀크가 자신의 회사를 궐련 제조에 특화하기로 결단한 것이다. 그가 궐련에 주목한 이유는 이미 경쟁사들이 씹는담배와 파이프 담배 시장에서 높은 점유율을 차지하고 있었고, 또 연방 정부가 궐련에만 세율을 낮출 예정이었기 때문이었다.[4]

그는 저가 상품을 박리다매하는 도박에 뛰어들어 뛰어난 사업 수완으로 궐련을 통해 세상을 휩쓰는 데 성공했다. 가장 큰 성공 요인은 제임스 본삭이 발명한 궐련 제조기에 주목해 다른 회사들이 도입을 망설일 때 가장 먼저 본삭과 독점 사용 계약을 맺은 것이었다.[5] 처음에는 이 기계가 고장이 잦아 뜻대로 일이 풀리지 않았지만 몇 년 뒤에는 궐련의 대량 생산을 실현하며 대폭적인 비용 절감에 성공했다.

듀크는 마케팅에도 능통한 경영자였다. 그는 대량 생산된 상품을 대량 소비로 연결하기 위해 매출액의 약 20%를 광고비로 쏟아부었고, 담뱃갑 속에 미인 여성의 사진이나 그림 카드를 경품으로 넣었다.[5] 동시에 해외 시장

개척에도 나서 대량 생산된 상품을 미국 이외의 나라에도 팔아치웠다. 게다가 경쟁사들을 차례차례 인수·합병해 1890년에 아메리칸타바코사를 설립했고, 1910년에는 그 회사가 전체 담배 제품의 약 75%를 제조하는 상황에 이르러 업계를 독점하게 되었다. 이런 전략은 기막히게 성공했고 궐련 흡연자 수와 소비량은 순식간에 폭발적으로 증가했다.5

하지만 아메리칸타바코사의 성공은 단순히 듀크의 경영 수완만으로 이루어진 것은 아니었다. 무시할 수 없는 기여는 바로 상품 자체가 가진 '중독성'이었다. 궐련이야말로 가장 의존성이 높은 니코틴 섭취 방식이었기 때문이다. 실제로 가늘고 작은 막대 모양의 궐련은 '둡 스틱dhoop stick'(직역하면 '위험한 막대' 정도 될까?)이라는 별명으로 불릴 만큼 중독되기 쉬웠고6 1955년 시점에서 미국 내 15세 이상 남성의 절반 이상이 습관적으로 흡연했으며, 그 대부분이 궐련 흡연자였다.7

이런 사태를 목격하고 '궐련 담배에 아편이나 코카인이 섞여 있는 게 아니냐'라고 의심하는 사람까지 있었다.6 물론 그럴 리는 없다. 사용법만 잘 설계하면 니코틴만으로도 충분히 강력한 의존성을 형성할 수 있기 때문이다.

○ 자본주의에 의한 담배 에피데믹의 확대

의존증 에피데믹(유행병)은 산업이 상품의 유해성을 은폐하고, 말하자면 사람들을 속이는 방식으로 발생하기도 한다. 오늘날 북미를 휩쓸고 있는 오피오이드 위기가 그 전형이지만 세계사에서 가장 큰 것은 역시 담배였다고 생각한다.

예를 들어 제2차 세계대전 이후 흡연과 암의 관계를 규명하려는 연구 프로젝트가 시작되자 담배 업계는 사람들로 하여금 흡연이 안전하다고 믿게 하기 위해 수백만 달러를 광고에 쏟아부었다. 이게 얼마나 사기성이 짙은 방식이었는지는 이미 1963년 시점에 담배 기업의 간부들이 내부 문서에서 니코틴의 의존성을 인정했다는 점에서도 알 수 있다.[8] 그럼에도 공적인 자리나 의학계 논의에서는 그런 견해에 격렬히 반박했고, 자신의 의지로 금연이나 절연을 할 수 있는 사람도 있다는 연구 결과를 이용해 교묘하게 비난의 화살을 소비자에게 돌렸으며, 사용자의 '의지 부족'에 책임을 전가했다. 요컨대 안전성을 속여 선전하고 해악의 증거를 없애고 개인에게 책임을 떠넘긴 것이다.

게다가 1950년대 이후 담배와 폐암의 관계를 부정할 수 없게 되자 이번에는 필터가 장착된 '저타르 고니코틴' 담배를 유통하기 시작했다. 실제로 1982년부터 1991년 사이에 미국산 궐련의 평균 니코틴 함유량은 10% 이상 증가했다. 이로 인해 소비자들은 담배를 더욱 끊기 어려워졌다.[6]

◦ 아메리카 대륙 이주민의 담배 재배

다시 시대를 거슬러 올라가 16세기 말에서 17세기 초로 무대를 옮기자. 초기 아메리카 대륙 이주민(대부분은 스페인인이었다)은 원주민이 바치는 담배에는 가치를 두지 않고 관심은 오로지 금과 은에 있었다. 실제로 신대륙에서 가져온 막대한 금과 은은 틀림없이 스페인을 풍요롭게 만들었다. 그러자 당연하게도 다른 유럽 국가 출신의 이주민들(특히 영국인 이주민들)은 그런 스페인인 이주민들을 질투하며 금과 은을 가득 실은 스페인 배를 습격해 약탈을 되풀이하기 시작했다. 그러나 스페인의 수송선이 대형화되고 전투력이 강화되자 그런 사략 행위는 이득이 적고 위험하기만 한 일이 되어버렸다.[5]

영국인 이주민들은 목표를 다른 상품으로 옮겨야 했고, 그 결과 선택된 것이 담배였다. 그 시작은 존 롤프였다. 그는 1612년 버지니아의 제임스타운에서 담배 재배에 성공했다. 담배는 생장 주기가 짧아 심은 뒤 출하까지 9개월이면 가능했기 때문에 식민지 체류 기간 동안 본국에서 비싸게 팔리는 상품을 만들어 낼 수 있었다. 게다가 담배는 다양한 토지와 기후 조건에서도 재배할 수 있다는 장점도 있었다. 머지않아 담배는 이주민들의 경제적 기반이 되었고 당시 식민지에서 최대의 환금 작물이 될 정도였다.[5]

덧붙여 존 롤프는 파문키 인디언 추장 포우하탄의 딸인 포카혼타스(1595?~1617, 그림 10-1)의 남편으로도 알려져 있다. 포카혼타스라고 하면 디즈니 애니메이션에서 잘생긴 백인 청년 존 스미스와 사랑에 빠지고, 추장인 아버지가 그의 머리를 곤봉으로 내리치려 하자 몸을 던져 그의 목숨을 구하는, 만들어진 미담의 주인공으로 유명하다.[9]

그림 10-1.
포카혼타스의 초상(판화)

물론 포카혼타스가 포우하탄족 추장의 딸이었고, 원주민과 백인 이주민 사이를 중재한 인물이라는 점은 사실이다. 포우하탄족을 비롯한 원주민들은 백인 이주민들의 식량과 금 약탈에 시달렸고, 백인 이주민들과는 일촉즉발의 대립 관계에 있었다. 그리고 존 롤프와 결혼하기 전의 포카혼타스는 원주민과의 평화 협상을 유리하게 이끌려던 백인 이주민들에게 납치되어 인질 신세에 놓여 있었다.[9]

그러나 제임스타운의 백인 지도자였던 롤프는 포카혼타스를 기독교로 개종시키고 그녀와 결혼하게 된다. 이를 통해 원주민들과의 관계는 개선되었고, 제임스타운의 담배 재배는 순조롭게 궤도에 올랐다. 곧 롤프는 아내 포카혼타스를 데리고 영국으로 돌아갔는데 그녀는 '아메리카 원주민 공주'로서 영국 내에서 단숨에 인기인이 되었다. 그녀의 존재는 식민지 사업의 상징으로서 투자자들의 관심을 모았고 담배 사업의 발전에도 기여했다.(그 후

포카혼타스는 질병으로 젊은 나이에 사망했지만 아들의 아버지가 자신이 아닌 다른 남성이라는 사실을 끝내 마음에 품고 있던 롤프가 그녀를 독살했다는 설도 있다.)10

◦ 정부의 담배 의존

9장에서 언급했듯이 담배를 싫어했던 영국 왕 제임스 1세는 스페인령 담배에 부과한 불합리한 고율 관세 정책에 실패한 뒤 담배의 수입원을 자국 식민지로 일원화하고 그에 과세하는, 사실상 전매에 가까운 정책으로 전환했다. 이때 앞서 말한 버지니아를 중심으로 한 담배 재배 사업이 크게 기여하면서 식민지와 본국 모두가 부를 얻는 경제 선순환이 이루어졌다.2

그러나 동시에 이 정책으로 정부는 심각한 담배(세금) 의존에 빠지게 되었다. 영국에서는 담배세로 인한 세수가 국가 재정 수입의 5%를 차지하게 되었기 때문이다.6 그 결과 훗날 담배의 해악이 명백해진 뒤에도 정부가 과감한 담배 규제를 할 수 없게 되는 딜레마를 안게 되었다.

비슷한 상황은 미국에서도 나타났다. 1920~1933년의 금주법 시행은 연방 정부에 있어 주세라는 막대한 재원을 잃는 것을 의미했다. 결과적으로 담배세가 주요 세수원으로 의지할 곳이 되었고, 정부는 담배 기업의 마케팅에 간섭하기 어려운 상황에 놓였다.8

일본도 예외는 아니었다. 메이지 시대 이후 일본 정부는 담배의 중독성을 활용해 과세의 수단으로 삼고, 중요한 재원으로 여겨 왔다. 처음에는 듀크가 이끄는 아메리칸타바코 회사와 제휴한 무라이 형제 상회가 일본에서의 궐련 판매에 뛰어들어 큰 이익을 얻는 데 성공했다.2 그러나 1904년에 담배 전매법이 성립하자 무라이 형제 상회는 담배 판매에서 철수했고 일본은 정부 주도의 담배 전매 체제로 방향을 선회했다. 그리고 청일전쟁, 러일전쟁, 나아가 제2차 세계대전까지 전쟁 때마다 재원 확보를 위해 정부가 국민에게 흡연을 장려하는 일이 되풀이되었다. 이런 정책은 결국 1960년대의 '성인 남성 흡연율 80% 이상'이라는 비정상적인 사태로 이어졌다.

1950년대 이후 선진국에서 금연 운동이 활발해졌음에도 일본의 금연 운동은 다른 나라들에 비해 뒤처졌다. 그 배경에는 지나치게 오랫동안 정부의 세수가 국민의 흡연에 의존했던 사실이 있었다. 이후 일본 전매공사가 해체되고 '일본담배산업주식회사JT'로 민영화될 때도 초기에는 정부(재무대신)가 해당 회사 주식의 과반수 이상을 보유했으며, 거기에는 중대한 이권 구조가 존재했다.(현재도 정부는 3분의 1을 넘는 의결권을 보유하고 있다.)

◦ 가장 중요한 군수품으로서의 담배

전쟁은 의심할 여지없이 사람들 사이에 담배 의존증을 확산시킨 가장 큰 요인 중 하나였다. 물론 군사 재원을 확보하기 위해 정부가 국민의 담배 소비를 필요로 한 것은 말할 것도 없지만 동시에 전쟁터에 있는 병사 개개인에게도 담배는 없어서는 안 될 가장 중요한 군수품이었다. 담배에 들어 있는 니코틴은 신경을 진정시키고, 허기를 억누르며, 지루함을 달래고, 부상자를 위로하는 효과가 있을 뿐만 아니라 병사들의 동료 의식을 높이고 사기를 끌어올리는 효과까지 있었기 때문이다.

코트라이트에 따르면, 제1차 세계대전 당시 YMCA와 적십자사 직원들이 전장에서 병사들에게 직접 궐련을 나누어 주었다고 한다. 당시 YMCA 자원봉사자는 "남성이라면 누구나 시가렛(궐련)을 손에 쥐는 순간 고민을 잊는 것처럼 보였다"라고 말했으며, 또 어떤 영국 사격병은 "시가렛은 탄약만큼이나 중요했다"라고 회고했다고 한다.[6]

소노다 히사시에 따르면 제2차 세계대전 당시 미군 병사들은 하루에 약 30개비의 담배를 피웠으며, 당시 미국 담배 생산량의 3분의 1이 군대에서 소비된 셈이었다.[11] 이 무렵 전장에서 촬영된 사진을 보면 지쳐서 진흙투성이가 된 미군 병사들이 거의 예외 없이 담배를 입에 문 채 멍하니 웃고 있었다. 그리고 그들은 제대 후에도 가정과 지역사회로 흡연 습관을 가져왔다.

한편 독일에서는 히틀러가 완강하게 흡연에 반대했다. 이미 나치 치하의 독일에서는 히틀러가 지원한 연구자들에 의해 폐암과 담배의 인과관계가 밝혀졌고, 인종 위생학 관점에서 흡연의 유해성이 중요하게 다루어졌다. 따라서 나치는 건전하고 강한 게르만 민족을 만들기 위해 금연을 강하게 권장했다.

하지만 현실은 나치의 의도대로 되지 않았다. 당시 독일 남성의 80%가 흡연자였기 때문이다. 소노다는 이런 모순의 원인이 독일 담배 기업들이 나치당에 막대한 정치 자금을 상납했기 때문이라고 지적한다.[11] 그 결과 나치 정부는 표면적으로는 흡연을 금지하면서도 실제로는 병사 1인당 하루 6개비의 담배를 지급했고, 동시에 담배에 무거운 세금을 매겨 전비를 조달하는 모순된 정책을 펼쳤다. 뿐만 아니라 나치 친위대에게는 '슈투름 치가레테(폭풍의 담배)'라는 독자 브랜드의 담배를 마음껏 피우게 했다고 한다.[11]

담배의 쇠퇴

◦ 근거 없는 담배 혐오

이렇게 해서 담배는 전 세계로 퍼지고 사람들에게 받아들여졌지만 그럼에도 담배의 확산에 저항하는 사람들이 있었다. 앞 장에서 언급했듯이 일관되게 담배에 부정적이었던 것은 종교계였다. 처음부터 '이교도의 풍습'으로서 흡연을 비난하는 목소리는 뿌리 깊었고, 교황청은 성직자에게 담배 금지령을 여러 차례 내렸다.

의학자 중에서도 건강 피해를 이유로 담배를 비난하는 이들이 있었다. 다만 최소한 1930년대 이전까지는 유해성에 관한 과학적 근거가 명확하지 않았고, 감정론이나 생리적 혐오감에 의존해 억지 논리를 늘어놓는 경우가 대부분이었다. 9장에서 소개한 시몬 파울리처럼 담배를 '식인 인디언 같은 야만인의 풍습'으로 단죄하는 노골적 인종차별은 드물었지만 근거도 없이 단순한 선입견에서 담배를 비난하는 의학자는 결코 드물지 않았다.

예를 들어 에든버러대학교 교수 존 리저스는 담배의 의학적 해로움으로 구토, 설사, 궤양, 무기력, 뇌 울혈에 더해 매독의 유행이 담배 파이프의 공유를 통해 사람들에게 퍼졌고 그 결과 영국 사람들의 육체와 정신, 도덕성까지 퇴화시켰다고 망상에 가까운 주장을 했다.5 또한 프랑스 담배 남용 반대 협회를 이끈 의학자 H. A. 뒤피에리는 프랑스가 보불전쟁에서 패한 이유가 "담배라는 마약적 효과가 있는 식물이 초래한 심신의 파멸 때문이며… 이로 인해 프랑스인은 지성을 잃고 호흡이 어렵고 손발이 쇠약해졌다"라고 말했다. 영국의 의학자 피닥은 담배의 유해성을 입증하기 위해 흡연자의 혈액을 빨아들인 거머리가 즉시 죽어버렸다고 주장하는 우스꽝스러운 논문까지 발표하기에 이르렀다.5

◦ 초기 금연 운동의 발흥과 쇠퇴

이렇게 미약한 근거에도 불구하고 19세기 말에는 각지에서 반담배 운동이 일어났다. 마침 듀크가 이끄는 아메리칸타바코 회사가 궐련 담배의 대량 생산·대량 판매를 시작한 지 얼마 안 된 무렵이었다. 운동 자체는 일시적인 것이었지만 이런 초기 반담배 운동의 특징은 건강 대책이라기보다 일종의 배외적 운동 성격이 강했다는 점이다. 실제로 영국의 금연 운동에서는 흡연이 튀르키예인의 영향으로 인한 퇴폐 행위라고 주장되었고, 미국에서는 흡연 습관을 퍼뜨린 장본인으로서 스페인 사람이 지목되어 책임을 추궁당했다.

초기 금연 운동의 투사라면 루시 페이지 개스턴(1860~1924)이 유명하다.[2] 그녀는 교사 시절 학생들의 흡연 문제로 고민했던 경험을 바탕으로 아동 흡연을 사회문제로 제기했다. 그리고 같은 시기에 발흥한 금주 운동과 합류해 '청소년에게 담배는 알코올로 가는 게이트웨이 드럭(입문 약물)'이라는 주장을 펼쳤다.(대마도 그렇지만 유해성이 불분명한 약물을 규제할 때 이 '게이트웨이' 논리는 편리하게 남용된다.)

다만 개스턴 등은 모든 담배를 배척한 것이 아니라 오로지 궐련 담배에만 초점을 맞춰 일부 흡연자를 운동에 끌어들이려 했다. 그리고 1899년 시카고에서 '반 시가렛 연맹'을, 이어 1901년에는 '전국 반 시가렛 연맹'을 설립했다. 이후 이 금연 운동은 미국 중서부를 중심으로 확산되었고, 각 주에서는 미성년자에게 담배 판매를 금지하는 법이 제정되었으며, 1913년까지 11개 주에서는 궐련 담배 판매를 불법화하는 '금연법(반 시가렛법)'이 시행되었다.[2]

그러나 이 금연법은 반드시 실효성을 동반한 것은 아니었고 금연 운동 자체도 연방법 수준의 규제로 발전하지는 못했다. 오히려 미국이 제1차 세계대전에 참전한 이후에는 반작용이 일어났다. 대량의 궐련이 전장으로 보내져 병사들에게 무상 배급되면서 후방에서도 궐련 담배가 점점 더 확산되었기 때문이다.[2]

전쟁 이후 1920년대에 들어서자 금연 운동은 점차 힘을 잃었고, 금연법을 폐지하는 주가 속속 등장했다. 배경에는 이미 언급했듯이 금주법 시행으로 인한 세수 손실을 보충하기 위해 담배 세수가 필수적이었음이 작용했다.

◦ 담배의 유해성에 관한 결정적 증거

오늘날 담배와 폐암의 관계는 결정적이지만 그 근거는 오랫동안 불분명했다. 가장 큰 이유는 20세기 초까지 폐암이 의학의 핵심 과제가 아니었기 때문이다. 당시에는 폐암보다 폐결핵으로 인한 사망자가 훨씬 많았고, 폐암은

일부가 걸리는 직업병에 불과해 매우 드문 질병이었다.⁴

폐암이 '국제 질병 분류'에 정식으로 등록된 것은 1923년이다. 그때 미국에서 폐암 발생 건수는 기껏해야 연간 수백 건 정도로 추정되었다. 하지만 그 후 발생 건수는 꾸준히 늘어 1940년에는 약 7,100건에 달하게 되었다. 이런 증가의 배경에는 X선 같은 의료 장비의 개발로 폐암 진단이 용이해진 것, 예방의학의 발전으로 감염병의 폭발적 유행을 억제할 수 있게 된 것, 나아가 국민의 수명이 점차 늘면서 발병에 비교적 오랜 시간이 걸리는 폐암이 임상적 과제로 표면화된 것을 들 수 있다(참고로 1910년 50세였던 평균 수명은 1940년 62.9세로 상승했다.⁴ 아이러니하게도 흡연 인구가 현저히 늘었음에도 영양 상태와 위생 상태 개선은 사람들의 수명을 늘렸다).

하지만 이런 배경을 고려하더라도 궐련 담배의 유행이 폐암 환자를 급격히 증가시켰다는 사실은 틀림없다. 이는 이제 흔들리지 않는 정설이지만 1920년대 이전에는 '혐의' 단계에 불과했다. 그럼에도 의사들 사이에서는 폐암이라는 병명은 쓰지 않았지만 궐련 담배가 어떤 호흡기 질환을 일으킬 가능성은 이미 인식되고 있었다. 궐련 담배는 시가나 파이프 담배보다 연기가 부드러워 사용자의 대부분이 자극을 느끼기 위해 연기를 폐 깊숙이 들이마신다. 이런 점이 일찍부터 우려된 것은 확실하다.⁴

1920년대 후반부터는 폐암과 흡연의 관계를 보여 주는 데이터가 차차 나오기 시작했다(물론 이때는 아직 담배의 발암 물질이 타르가 아니라 니코틴이라고 오해하고 있었다). 1950년대에는 폐암으로 인한 사망자가 전체 암 사망자의 15%까지 늘어나면서 담배와 폐암의 관계를 밝히려는 분위기가 비로소 높아졌다.⁵ 그리고 마침내 1954년 담배와 폐암에 관한 보고서가 발간되면서 흡연과 폐암의 관계를 의심하는 것은 더 이상 어렵게 되었다.⁴

이후 담배의 유해성에 결정타가 된 연구가 등장한다. 1981년 『영국 의학 회지』에 발표된 국립암센터 히라야마 다케시의 논문이었다. 이 논문은 남성 흡연자와 함께 사는 비흡연자 아내의 폐암 발병 위험이 높아질 가능성을 지적하며 단순히 자신의 건강만 해치는 것이 아니라 타인의 건강까지 해친다는 흡연의 타해적 성질을 명확히 밝혔다.[12]

이에 대해 담배 산업은 히라야마 논문의 결과를 부정하려고 혈안이 되어 네거티브 캠페인을 벌였지만 이후 히라야마 논문의 타당성은 국가와 지역이 다른 연구에서도 확인되었고, 실험 연구를 통한 암 발생 메커니즘도 밝혀져 2000년경에는 뒤집을 수 없는 사실이 되었다.[13] 이를 계기로 담배를 둘러싼 논조는 급격히 바뀌었고, 다른 나라에 비해 담배 대책이 늦었던 일본에서도 금연 세력의 승리가 명백해졌다. 그런 분위기는 소송에도 영향을 미쳤다. 실제로 2004년 에도가와구 직원이 에도가와구를 상대로 구내 직원들이 자기 자리에서 흡연하는 것을 허용한 데 대해 소송을 제기했고 보기 좋게 승소했다.[14]

그리고 코로나 사태가 한창이던 2020년 4월 일본에서 개정 건강증진법이 시행되었다. 이에 따라 다수의 이용자가 있는 시설과 여객 운송 사업의 선박·철도, 음식점 등에서 원칙적으로 실내 흡연이 금지되었고 시설 종류에 따른 흡연 가능 여부, 흡연 장소 규칙, 흡연실 설치 요건 등이 정해지게 되었다.

건강 파시즘의 폭주인가?

◦ 과도한 예방 계몽이 초래하는 것

과학적 근거라는 명분을 얻은 금연·혐연 계몽 운동은 전 세계에서 점점 과격해졌다. 가장 두드러진 사례는 금연 계몽 포스터 등 건강 교육이었다. 이런 것들은 증오로 가득한 캐치프레이즈로 넘쳐났고, 그 대부분이 흡연자의

외모를 경멸하는 뉘앙스를 전면에 내세웠다. 몇 가지 예를 들면 '담배를 피우는 사람은 위험하고 고약한 냄새가 난다', '담배는 얼굴빛을 인디언처럼 만든다', '흡연은 여성의 코를 붉게 하고 수염이 나게 한다' 등이다.15

더욱 노골적으로 '담배 중독자(흡연자)의 얼굴'을 본보기로 전시한 의학 잡지도 있었다. 1985년 『영국 의학회지』는 상습 흡연자의 얼굴 사진집을 게재하는 명예훼손 수준의 폭거를 저질렀다. 흡연자가 얼마나 추한지 보여주기 위한 것이었다. 거기에는 시인 W. H. 오든15(부엌 쓰레기통에 담배를 버려 작은 화재 소동을 일으킨 적이 있다)의 얼굴도 있었다.

미국은 더 과격했다. 독물학자이자 의사인 페트르 스크라바넥에 따르면, 미국의 건강 증진 프로모션은 '흡연보다 더 심한 것은 핵무기로 인류가 멸종하는 것뿐'이라는 주장으로 발전했다고 한다.15 폭력이나 교통사고처럼 실제로 타인에게 피해를 주는 알코올이 '현대의 주요 공중보건 문제'라는 중립적이고 절제된 표현으로 다루어지는 것과 비교하면 담배에 대한 태도는 지나치게 가혹하고 불균형하다.

여기에 예방 계몽의 함정이 있다. 의학과 도덕은 종종 혼동되기 쉽고, 지나친 건강 신봉이나 예방 계몽은 지배와 배제를 정당화하는 도구가 될 수 있다. 애초에 많은 나라에서 공중보건학의 기원은 부국강병책에서 비롯되었고, 따라서 사소한 계기로도 쉽게 파시즘이나 우생학으로 변질되어 이단자나 소수자의 배제로 기울 위험성을 내포하고 있다. 우리는 나치 독일이 일찍부터 공중보건 지식을 정책에 강력하게 활용한 국가였다는 사실을 잊어서는 안 된다. 혹은 코로나19 사태에서 다양한 감염 대응 정보에 불안을 느낀 사람들 사이에서 다른 지역 번호판 차량에 대한 괴롭힘, 자율적 단속 행위, 감염자 가족에 대한 비방과 중상, 괴롭힘이 난무했던 일도 되새겨 볼 필요가 있다.

기묘한 인식의 역전도 일어난다. 최근 대마 관용 정책으로 방향을 틀고 있는 국제적 흐름 속에서 일찍이 대마의 기호용 사용이 합법화된 캐나다나 미국 캘리포니아주에서는 대마초보다 담배가 훨씬 기피되고 차별과 편견의 대상이 되고 있다. 실제로 캐나다에 거주하는 지인에 따르면 담배를 피우고 있으면 "그렇게 몸에 나쁜 걸 피우지 말고, 조인트(대마초)로 바꿔"라는 조언을 받는다고 한다. 물론 중독성이나 심혈관계에 미치는 해악이라는 점에서는 담배가 더 위험하지만 그렇다 해도 놀라운 인식 변화다.

◦ 용인되는 의료인의 증오

담배의 유해성이 명확해지는 가운데 의료인이 공개적으로 흡연자에 대한 악의를 드러내는 것이 허용되는 분위기마저 형성되었다. 예를 들어 유명한 〈가디언〉지에는 줄담배를 피웠던 사담 후세인에게 금연을 제안한 것을 후회한다는 한 의사의 인터뷰 기사가 실렸다. 그는 이렇게 말했다.

"솔직히 말해서 내가 조언하지 않았다면 사담은 몇 년 전에 이미 죽었을 거라고 생각한다. 정말 큰 실수를 저질렀다고 생각할 수밖에 없다."[15]

의사의 윤리라는 관점에서 이런 발언이 용납될 수 있는지 나는 크게 의문을 갖는다.

스크라바넥은 의학 전문지에서 흡연자가 비흡연자와 동일한 수준의 의료서비스를 받아야 하는지에 관한 논쟁이 정기적으로 제기된다고 지적한다. 실제 사례로 영국 왕립내과의학회 회장은 흡연자와 음주자에게 그들의 치료에 들어가는 비용에 상응하는 사회적 기여를 요구하자고 제안한 적이 있다고 한다. 그러나 현실적으로 흡연자와 음주자는 이미 담배세와 주세를 과도할 만큼 납부하고 있다. 그럼에도 사람들은 더 큰 추가 부담을 요구하는 셈이다. 물론 일본에도 비슷한 의견을 공공연히 말하는 의사들이 있으며, 종종 생활습관병을 개인의 책임론으로 몰아붙이곤 한다.

어쨌든 간접흡연 피해로부터 사람들을 보호하기 위해 전 세계 곳곳에서 흡연자 격리 정책이 추진되고 있다. 이 또한 스크라바넥의 인용이지만 〈뉴사이언티스트〉지는 "흡연자를 불가촉천민이라 불러야 할 때가 왔다"라는 견해를 발표했다고 한다.[15]

◦ 불공정한 논쟁과 언론의 자유 제한

담배의 유해성을 주장하기 위해서라면 다소 자의적인 해석에도 눈을 감고, 마치 그것이 올바른 과학적 지식인 양 포장하는 예방 홍보 활동도 행해지고 있다. 예를 들어 모 의사 단체가 만든 금연 홍보 책자에는 "담배를 피우면 자살 위험이 높아진다"라는 주장이 버젓이 적혀 있다.[16]

물론 그런 해석의 여지를 남기는 연구가 있는 것도 사실이다. 그 연구는 40~69세 일본인 남성 5만 7,714명을 대상으로 한 코호트 연구로 1년에 60갑 이상 담배를 피우는 흡연자는 비흡연자와 비교했을 때 자살 위험이 2배 이상 높고, 하루 흡연량과 자살 위험 사이에는 양의 상관관계가 있다는 결과를 보여 준다.[17] 그러나 원 논문에서는 다량의 니코틴 섭취가 우울증 같은 정신 질환을 유발할 가능성을 암시하는 선에서 멈추었고, 결코 '담배가 자살을 유발한다'라고 단정하지는 않았다.

앞 장에서도 언급했듯이 조현병 같은 정신 질환을 앓는 사람은 우울한 기분, 의욕 저하, 불안, 초조 같은 정신 증상을 스스로 다스리기 위해 니코틴의 약리 작용을 찾는 경향이 있어 일반인보다 흡연율이 매우 높은 것으로 알려져 있다.[18] 정신의학과 의사로서 임상적 경험에 비추어 보면 위 연구에서 관찰된 흡연 습관은 단순히 정신적 불안정성을 반영한 것일 뿐이며, 흡연과 자살 사이에는 직접적인 인과관계가 없다고 보는 것이 타당할 것이다. 그럼에도 불구하고 마치 결정적 증거라도 발견한 듯 '담배를 피우면 자살한다'라는 식의 계몽은 도저히 정당화될 수 없다.

또한 담배가 질병 예방에 도움이 된다는 주장의 연구는 공중보건 관계자들에 의해 전력으로 부정되거나 그 가치가 축소된다. 가장 인상적이었던 것은 흡연자의 경우 코로나19에 감염되기 어렵다는 논문[19, 20]이 발표되었을 때 전문가들의 반응이었다. 연구 설계의 허점을 찾아내기 위해 히스테리컬할 정도로 집착하거나 그래도 허점이 보이지 않으면 '설령 감염이 덜 되더라도 일단 감염되면 흡연자는 중증으로 진행되기 쉽다'라는 식으로 논점을 교묘히 바꾼다. 이후 '흡연자라고 해서 반드시 중증화되는 것은 아니다'[21]라는 연구 결과가 발표되자 이번에는 일제히 침묵을 지키며 그런 연구는 애초부터 존재하지 않았던 것처럼 외면한다.

가열식 담배의 유해성에 대해서도 마찬가지다. 이미 비연소 가열식 담배의 에어로졸은 기존의 궐련 담배 연기에 비해 독성이 낮고, 유해 물질이나 일산화탄소량이 현저히 적다는 것이 밝혀졌다. 당연히 주변 사람들에게 미치는 간접흡연의 해도 종이 담배에 비하면 훨씬 낮다[22](그렇다고 해서 100% 안전하다는 뜻은 아니다). 물론 니코틴 함유량은 궐련 담배와 다르지 않기 때문에 심혈관계 건강에 대한 해악은 전혀 줄어들지 않지만 폐암 발병 위험이나 주변에 주는 유해성은 분명히 줄어든 것이 사실이다.[22]

하지만 금연을 주장하는 공중보건학자들은 이를 결코 인정하지 않는다. 그 이유는 '앞으로 알 수 없는 유해성이 발견될 가능성이 있다. 아직 안전하다고 말할 수 없다'라는 것이다. 무엇보다 이상한 점은 해악을 줄이는 접근 harm reduction, 즉 의존성 약물을 도저히 끊지 못하거나 끊으려 하지 않는 사람의 존재를 전제로 해서 약물 사용 자체를 완전히 중단하거나 줄이는 것이 아니라 약물 사용으로 인한 2차적 해악을 최소화하는 공중보건 정책 개념에 대해 이해가 있는 학자들조차 '담배'라는 단어만 들어도 얼굴을 찌푸리며 혐오감을 드러내고, "해악이 완전히 제로라는 보장이 없다"라며 극도로 신중한 태도를 보인다는 것이다.

기묘한 이야기다. 말할 필요도 없이 과거 궐련 담배가 그랬던 것처럼 가열식 담배 역시 미래에 어떤 유해성이 새롭게 밝혀질 가능성은 충분히 있다. 그러나 해악 저감이란 어디까지나 해악을 줄이는 대책이지, 결코 해악을 제로로 만드는 대책이 아니다. 애초에 헤로인 의존증 환자에게 투여되는 대체 치료용 오피오이드 약물인 메사돈이나 부프레노르핀도 해악이 제로가 아니라 '헤로인보다는 낫다'라는 수준일 뿐이다.

한 걸음 더 나아가 말하자면 해악 저감을 논하면서 신체적 건강에만 초점을 맞추는 것은 너무 근시안적이고 시야가 좁은 태도가 아닐까? 내 생각에 현재 니코틴 의존자에게 담배가 가져다주는 가장 큰 해악은 사람들로부터 배척당하고 고립되는 것이다. 알다시피 최근 WHO는 "고독과 사회적 고립은 우리의 건강과 웰빙 전반에 심각한 영향을 미친다"라는 견해를 표명했다.[23] 이를 고려하면 비연소 가열식 담배는 결코 무해하다고 할 수는 없지만 최소한 사용자가 사회적 고립에 빠질 위험을 조금이나마 줄여 줄 가능성이 있다고 볼 수 있지 않을까?

그럼에도 불구하고 가열식 담배조차 엄격하게 제한해야 한다고 주장하는 사람이 있다면, 혹은 가열식 담배 사용자에게 어떤 제재를 가해 그로 인해 '불편함'을 느끼게 하고 완전히 니코틴과 결별하라는 결단을 촉구해야 한다고 주장하는 사람이 있다면, 그 사람은 건강에 집착한 나머지 인간성을 상실했다고 말할 수밖에 없다.

공중보건 정책은 현대의 '이단 심문관'인가?

말할 필요도 없이 담배에는 매우 강력한 의존성이 있다. 그 사실은 앞에서 살펴보았듯이 그렇게나 잔혹한 탄압에도 불구하고 콜럼버스의 신대륙 발견으로부터 불과 100여 년 만에 거의 전 세계로 퍼져 나갔다는 사실만으로도 변명의 여지가 없을 것이다.

하지만 그 이상으로 담배가 다루기 힘든 점은 의존증 시스템이라고 부를 만한 환경을 만들어 냈다는 데 있다. 즉 어느 순간부터 정부는 재정적으로 담배에 의존하게 되었고, 전쟁이 있을 때마다 그 상황은 더욱 심각해졌으며, 한편 산업계는 거짓된 안전성을 집요하게 선전했다. 이처럼 다양한 이해관계와 이권이 복잡하게 얽혀 의존 당사자를 옭아매고 헤어 나올 수 없게 만드는 사회 구조가 형성되었다. 그 결과 사람들의 뇌 내 보상계는 거대한 손에 움켜쥐어지고, 나아가 사회 전체가 늪에서 뻗어 나오는 수많은 촉수에 발이 휘감겨버리는 상황에 빠졌다. 헤로인이나 코카인과 같은 하드 드럭조차 이렇게 강력한 침투력을 보이진 않았다.

이런 역사를 돌아보면 한때 성인 남성의 80%를 넘었던 흡연율이 이제 20% 아래로 떨어지려 한다는 사실에 다른 의미에서 놀라게 된다. 아마 그 배경에는 제2차 세계대전 이후 세계적 규모의 전쟁이 발생하지 않고 비교적 평화로운 시대가 오랫동안 지속된 것을 무시할 수 없을 것이다. 게다가 담배의 건강 피해가 밝혀진 지 70년 이상이 지나고, 그동안 많은 공중보건학 연구가 활발히 이루어짐과 동시에 각국 정부가 담배세 의존 상태에서 벗어나고자 오랜 노력을 기울여 온 성과라고 할 수 있다. 특히 담배 가격 상승은 미성년자나 젊은 세대가 담배를 멀리하게 촉진해 장기적인 흡연율 저하에 큰 영향을 준 것으로 추측된다.

그러나 잊지 말아야 할 것이 있다. 그럼에도 여전히 담배를 끊지 못하는 사람, 혹은 담배를 너무나도 사랑하는 사람은 존재한다. 그리고 소수자 내지는 이단자로 전락한 그들은 이제 담배 자체의 건강 피해보다 훨씬 더 심각한 해악에 직면하고 있다. 그것은 바로 고립이다.

오늘날 공중보건 정책은 마치 중세 유럽의 이단 심문관 역할을 하는 듯하다. 스크라바넥은 워싱턴 D.C. 의학회 흡연건강위원회가 후원하는 회의에서 한 윤리학자가 흡연에 대해 언급한 발언을 소개한다. 그 발언은 대략 다음과 같은 취지였다.

"흡연은 본질적으로 도덕에 반한다. 흡연은 적어도 세 가지 점에서 도덕의 원칙을 어기고 있기 때문이다. 첫째, 흡연은 생명이 신성하다는 원칙을 부정한다. 둘째, 흡연은 중독을 일으켜 개인의 자유의지를 부정한다. 셋째, 흡연은 '비흡연자에게 불쾌감을 준다'라는 점에서 '인간 사회의 유기적 연관성'을 파괴한다.…"15

반박할 점이 너무 많다. 우선 첫째와 둘째에 관해서는 "그렇다면 알코올이나 카페인은 어떤가?"라고 반문하고 싶다. 특히 알코올은 각종 장기 손상에 더해 수많은 타해적 해악을 일으키고 있으며, 담배만을 특히 문제 삼아야 할 특별한 이유는 없어 보인다.

그렇다면 셋째는 어떨까? 다수파 입장에서 '불쾌한 면'을 가진 소수파의 존재가 정말로 '인간 사회의 유기적 연관성'을 파괴하는 것일까? 만약 그 논리를 인종이나 민족, 문화나 풍습의 차이, 혹은 성적 지향이나 사회적 계층의 차이에 적용한다면 인간 사회는 어떻게 될까? 유기적 연관성이 실현될까? 아니면 분열과 대립, 갈등이 일어날까? 답은 너무나 명백하다.

오히려 나는 이렇게 생각한다. 흡연자가 비흡연자에게 피해를 주지 않고 담배를 즐길 수 있는 공간을 만든다면 흡연자는 비흡연자와 공존하며 '인간 사회의 유기적 연관성'을 유지할 가능성이 있지 않을까? 아니면 그 윤리학자는 자신의 시야에 흡연자가 존재하는 것 자체를, 아니 설령 시야에 들어오지 않더라도 지구 어딘가에 흡연자라는 인종이 존재해 같은 하늘을 바라보고 같은 공기를 마신다는 사실조차도 용납할 수 없는 것일까?

이제 정리하자. 여기서 내 생각을 가장 간결하게 표현하는 말을 인용해 이 장을 마무리하고 싶다. 그것은 영화 전체가 흡연 장면으로 가득해 시대에 역행하는 영상으로 화제가 되었던 〈스모크〉(1995)의 원작자이자 각본가인 폴 오스터(미국을 대표하는 소설가이며 2024년 4월 30일 77세에 폐암 합병증으로 세상을 떠났다)의 말이다.

"담배를 피우는 사람은 아주 많다. 내가 틀리지 않았다면 전 세계에서 매일 10억 명 이상이 담배에 불을 붙인다.… 나도 흡연이 몸에 좋다고 말하는 것은 아니다. 하지만 매일 벌어지는 정치적, 사회적, 생태학적 만행과 비교한다면 담배는 사소한 문제에 불과하다. 사람들은 담배를 피운다. 이것은 사실이다. 사람들은 담배를 피우고, 비록 몸에 좋지 않더라도 흡연을 즐기고 있다."24

참고 문헌

1 나카이 히사오, 「금연 방법에 대하여-사적 매뉴얼에서」, 『나카이 히사오 컬렉션 '전하는 것'과 '전달되는 것'』, 지쿠마학예문고, 2012

2 와다 미쓰히로 지음, 『담배가 이야기하는 세계사』, 야마카와출판사, 2004

3 우에노 가타미 지음, 『담배의 역사』, 다이슈칸서점, 1998

4 오카모토 마사루 지음, 『미국에서의 담배 전쟁의 궤적-문화와 건강을 둘러싼 논쟁』, 미네르바쇼보, 2016

5 Jordan Goodman 지음, 『Tobacco in History: The Cultures of Dependence』, Routledge(London & New York), 1993

6 데이비드 T. 코트라이트 지음, 이시은 옮김, 『중독의 시대-나쁜 습관은 어떻게 거대한 사업이 되었는가?』, 커넥팅, 2020

7 요시미 이쓰로/소후에 도모타카, 「일본의 담배 문제에 관한 현황, 역사적 배경, 향후 전망에 대해-우리나라에서의 흡연 실태」, 『일본호흡기학회지』, 42(7), 2004

8 칼 에릭 피셔 지음, 조행복 옮김, 『중독의 역사-우리는 왜 빠져들고, 어떻게 회복해 왔을까』, 열린책들, 2024

9 아베 주리 편저, 『미국 원주민을 알기 위한 62장』, 아카시쇼텐, 2016

10 Custalow, L. "Little Bear," Daniel, A. L. "Silver Star," The True Story of Pocahontas: The Other Side of History, Fulcrum Publishing, 2007

11 소노다 히사시, 「전투 전에 우선 한 모금」(https://note.com/sonodahisashi/n/nff90b0ed7220)

12 Hirayama, T., "Non-smoking wives of heavy smokers have a higher risk of lung cancer: A study from Japan," British Medical Journal(Clinical Research Edition), 282(6259), 1981

13 가타노다 고타, 「간접흡연의 건강 영향과 그 역사」, 『보건의료과학』, 69(2), 2020

14 후생노동성, 「간접흡연을 둘러싼 소송의 동향」(https://www.mhlw.go.jp/shingi/2009/07/dl/s0709-17j.pdf)

15 Petr Skrabanek 지음, 『The Death of Humane Medicine and the Rise of Coercive Healthism』, Social Affairs Unit, 1994

16 도쿄도 의사회 담배대책위원회, 「담배 Q&A【개정 제2판】」(https://www.tokyo.med.or.jp/wp-content/uploads/application/pdf/nosmokingQandA.pdf)

17 Iwasaki, M., Akechi, T., Uchitomi, Y., Tsugane, S., "Cigarette smoking and completed suicide among middle-aged men: A population-based cohort study in Japan," Annals of Epidemiology, 15(4), 2005

18 노다 데쓰로, 「정신 질환과 흡연·금연의 영향」, 『건강심리학연구』, 28(특별호), 2016

19 De Lusignan, S., Dorward, J., Correa, A., et al., "Risk factors for SARS-CoV-2 among patients in the Oxford Royal College of General Practitioners Research and Surveillance Centre primary care network: A cross-sectional study," The Lancet Infectious Diseases, 20(9), 2020

20 Williamson, E., Walker, A. J., Bhaskaran, K., et al., "OpenSAFELY: Factors associated with COVID-19-related hospital death in the linked electronic health records of 17 million adult NHS patients," Nature, 584, 2020

21 Rentsch, C. T., Kidwai-Khan, F., Tate, J. P., et al., "Patterns of COVID-19 testing and mortality by race and ethnicity among United States veterans: A nationwide cohort study,"

PLOS Medicine, 17(9), 2020

22 오시마 아키라, 「비연소·가열식 담배의 평가와 향후 과제 [OPINION]」, 『Web 의사신보』, 4882, 2017년 11월 18일

23 WHO, "WHO launches commission to foster social connection"(https://www.who.int/news/item/15-11-2023-who-launches-commission-to-foster-social-connection)

24 Paul Auster 지음, 『Smoke & Blue in the Face』, Hyperion Books, 1995

11장

**좋은 약물과
나쁜 약물의 차이**

빅 쓰리와 리틀 쓰리

우리 주변에서 흔히 접할 수 있는 약물을 둘러싼 여행도 이제 마무리를 향해 가고 있다. 이 책에서는 데이비드 T. 코트라이트[1]가 말하는 '빅 쓰리(알코올, 카페인, 담배)'를 중심으로 이런 익숙한 약물과 인류의 관계에 대한 역사, 현대에서의 사용 실태와 건강상 피해를 돌아보았다.

이 세 가지 약물에는 공통된 이야기가 있다. 바로 규제의 실패다. 어느 약물이든 부당한 규제나 금지령에 부딪혔고 사용자가 탄압을 받거나 판매자가 박해당하고, 때로는 잔혹한 형벌이 가해지던 시기도 있었다. 그럼에도 이런 약물은 굴하지 않고 끈질기게 사회에 퍼져 나가 결국 사람들의 일상생활에서 없어서는 안 될 친숙한 존재가 되었다.

그래서 오히려 의문이 든다. 왜 '리틀 쓰리(아편-오피오이드계, 코카인, 대마)'의 경우에는 규제가 그렇게 쉽게 성공한 것일까? 즉 규제 정책의 성공 여부를 떠나 기본적으로 사람들이 리틀 쓰리에 대한 규제를 순순히 받아들이고, 공개적으로 저항 운동을 하거나 반대 목소리를 내지 않았다. 적어도 18세기 프랑스에서 담배 세율 인상 때 일어난 폭동이나 혁명은 발생하지 않았고, 러시아 황제 니콜라이 2세가 금주령을 공포했을 때나 구소련 고르바초프 서기장이 단행한 반 알코올 캠페인 때처럼 민심이 이반해 통치자가 실각하는 일과도 무관했다.

왜일까? 그렇다면 '빅 쓰리'와 '리틀 쓰리'를 갈라놓는 것, 두 집단 사이의 본질적인 차이는 도대체 어디에 있는 것일까? 마지막 장인 이 장에서는 사족이 될 위험을 감수하고서라도 과감하게 '가까이하기 어려운 약물'에 대해 생각을 좀 더 확장해 보려 한다.

약물을 사용하는 인류

◦ 약물의 발견

먼저 복습부터 시작하자. 이 책에서 살펴본 것처럼 인류는 각자가 살아가는 땅에 자생하는 식물에서 '마음에 드는 약물'을 찾아내고 말 그대로 '마음껏 이용'해 왔다.

예를 들어 유라시아 대륙의 경우 역사와 확산이라는 점에서 가장 강력한 약물은 알코올이다.(물론 대륙 동부인 중국에는 차가 있었지만 역사적 측면에서는 알코올에 미치지 못한다.) 한편 아프리카 대륙 북부에는 커피가 조용히 존재했다가 약 400년 전 마치 때를 기다린 듯이 유럽을 비롯한 지역에서 화려하게 퍼져 나갔다. 그리고 오랫동안 고립되어 있던 아메리카 대륙에는 담배가 있었다(초콜릿과 코코아의 원료인 카카오도 있었지만 확산력과 의존성 측면에서는 담배에 뒤처진다). 담배는 약 500년 전 대항해시대를 계기로 단기간에 유라시아 대륙 전역을 휩쓸었다.

이런 약물은 모두 식물에서 유래했다. 동물과 달리 식물은 태어난 장소에서 움직일 수 없고, 해충으로부터 도망칠 수도 없고, 번식에 적합한 비옥한 땅을 찾아 이주할 수도 없다. 그래서 자신을 보호하기 위해 해충의 중추신경계를 교란하거나 생명 활동을 정지시키는 물질을 만들어 냈고, 혹은 매혹적인 향이나 맛을 분비해 씨앗을 멀리까지 퍼뜨리게 하는 능력을 얻었다. 인류는 이런 식물을 우연히 발견했고, 결국 의도적으로 정제해 유효 성분을 추출하거나 개량해 일반의약품이나 기호품으로 삶 속에 받아들였다.

◦ 약물이 가져온 혜택

인류가 어떤 약물을 받아들일 때는 일정한 순서가 있다. 처음에는 종교적 의식에서 신성한 도구로 사용되고, 그다음에는 병을 고치고 심신의 피로를 풀어 주는 일반의약품으로 쓰인다. 하지만 결국에는 일상 속에서 기쁨과 풍요로움을 주는 기호품으로서 서민들의 삶에 깊이 뿌리내리게 된다. 사람들은 약물을 매개로 서로 교류하고, 마음의 벽을 허물며 관계를 맺고, 유대를 돈독히 하며, 외부의 적에 맞서는 데 필요한 연대감을 키운다.

이런 맥락에서 기록상 가장 오래된 기호적 약물 사용은 4장에서 소개한 수메르인의 맥주 항아리[2]였다고 생각한다. 사람들이 항아리를 둘러싸고 각자 빨대를 꽂아 하나의 항아리에서 맥주를 마신다. 이 '한솥밥'이 아니라 '한 항아리 맥주'를 함께 마신 사람들 사이에는 친근감과 신뢰가 싹텄고, 그 연장선상에서 향토애와 지역 사랑 같은 공동체에 대한 충성심이 길러졌을 것이다.

아마도 같은 현상은 런던의 커피하우스나 파리의 카페에서 같은 테이블에 둘러앉은 사람들, 혹은 원을 이루어 같은 파이프를 돌려 가며 담배를 피운 북미 원주민들에게서도 일어났을 것이다. 그리고 그런 경험은 동료나 부족의 결속을 굳건하게 했음에 틀림없다.

'익숙한 약물'과 '익숙하지 않은 약물'의 차이점

◦ 과학기술의 발전에 따른 약물의 변모

하지만 과학기술의 발전은 이런 '익숙한 약물'을 위험한 것으로 바꾸어 놓았다. 예를 들어 알코올을 증류해 적은 양으로도 충분히 취할 수 있는 진을 만들거나 저렴한 궐련 담배의 대량 생산을 실현함으로써 애연가들이 쉴 새 없이 줄담배를 피울 수 있는 상황을 만들었다. 그 결과 이런 약물이 초래하는 건강상 피해는 여전히 공중보건의 중요한 과제로 남아 있다.

같은 현상은 '익숙하지 않은 약물' 즉 '리틀 쓰리(아편-오피오이드계, 코카인, 대마)'를 비롯한 규제 약물에도 해당한다. 오피오이드계의 경우 유럽과 중동 사람들은 수천 년 전부터 이를 사용해 왔다. 특히 유럽에서는 양귀비 열매의 즙을 에탄올에 녹여 만든 아편 팅크를 기침이나 설사를 멈추고 불안을 가라앉히며 잠을 유도하는 일반의약품으로 사용했다. 때로는 놀랍게도 밤에 심하게 우는 갓난아기에게까지 투여했다. 이렇게 가볍게 자주 사용했음에도 적어도 19세기 초까지는 건강상 피해가 문제시되지 않았다.

그러나 19세기 중반 무렵 상황은 급변했다. 그 단초가 된 사건이 두 가지 있었다. 하나는 1805년 독일의 약제사 프리드리히 제르튀르너가 아편에서 모르핀을 분리·정제하는 데 성공한 것이고, 또 하나는 1853년 영국 개업의 알렉산더 우드가 피스톤식 주사기를 발명해 모르핀을 피하 주사해 세계 최초로 국소 마취에 성공한 것이었다.

○ '익숙한 약물'과 '익숙하지 않은 약물'의 기묘한 관계

흥미로운 점은 '익숙한 약물'에 대한 대책이 오히려 '익숙하지 않은 약물'의 확산을 초래하기도 한다는 것이다. 사실 아편 확산의 배경에는 '빅 쓰리(알코올, 카페인, 담배)' 약물이 깊이 관여한다. 예를 들어 청나라 황제가 내린 담배 금지령은 사람들이 담배를 대신할 기호품으로 아편에 손을 대도록 부추겼다. 게다가 19세기에 들어서는 그동안 경구 복용으로 사용하던 아편을 마치 금지된 담배를 흉내 내듯 아편 덩어리를 담뱃대에 넣어 '가열 흡연'하기 시작했다. 9장에서 언급했듯이 기도를 통한 이런 섭취 방식은 의존성이 매우 강하다.[3]

이것은 중국만의 이야기가 아니었다. 영국에서는 18세기 전반에 일어난 '진 크레이즈'에 대한 대책으로 과세를 강화한 결과 알코올음료의 가격이 폭등했다. 그 여파로 사람들은 아편 사용으로 눈을 돌리게 되었다. 의약품으로 분류되어 과세 대상에서 제외된 아편 팅크나 아편 환약은 알코올음료에 비해 훨씬 저렴했다. 그리하여 가혹한 노동과 불합리한 착취를 견뎌야 했던 사람들은 하루의 고단함을 달래 주는 벗으로 이 값싼 일반의약품에 손을 댔고, 19세기 중반 무렵부터 영국에서도 오피오이드 문제가 점차 심각해졌다.[4]

'익숙한 약물'에 대한 한 나라의 욕망이 다른 나라의 '익숙하지 않은 약물' 소비를 촉진하는 현상도 있었다. 영국 내에서 차(카페인)에 대한 수요가 높아진 것은 중국에서의 아편 소비를 부추겼다. 다시 말해 대영제국이 중국에 대해 벌인 악명 높은 삼각 무역은 중국 국내로의 아편 유입을 촉진했을 뿐 아니라 대량의 은이 국외로 유출되게 했다. 그 결과 중국인들의 경제 상황은 악화되었고, 생활고에 시달리던 그들은 일상의 고통과 굶주림을 잊기 위해 어쩔 수 없이 아편에 탐닉했다.

결국 한때 세계 각지에서 일어난 아편 남용 사태의 배경에는 알코올, 담배, 카페인에 대한 인류의 욕망과 그 충족의 좌절이 있었다는 것이다. 그 모습은 마치 '하나를 때리면 다른 하나가 튀어나오는' 두더지 잡기 게임 같은 양상을 보였다.

○ 약물 규제는 정치적 문제

2장에서 소개한 '약물 위해성 목록'[5]만 봐도 합법 약물과 불법 약물 사이에는 유해성에 관한 명확한 의학적 근거가 없다. 다시 말해 '합법이니까 안전하고 불법이니까 유해하고 위험하다'라고는 말할 수 없다.

오해를 무릅쓰고 말하자면 약물의 합법/불법 여부를 결정하는 것은 의학이 아니라 정치다. 다수의 애호가로부터 지지를 얻으면 다수결이라는 이른바 민주주의 원리에 의해 규제가 어려워진다. 결국 '익숙한 약물'이란 다수의 사람에게 지지받고 애용되는 약물을 의미한다. 그리고 다수의 지지자를 얻기 위한 필요조건은 아이러니하게도 의존성의 강도다.

그러나 의존성이 강한 것만으로는 충분하지 않다. 결국 주류 집단, 즉 서구의 백인을 중심으로 한 기독교 문화권 사람들이 무엇을 자기들 문화권의 내부적인 것으로 느끼고, 무엇을 외부적인 것으로 느끼는지가 중요하다. 예를 들어 같은 아메리카 대륙에서 원주민이 사용하던 두 가지 약물(담배와 코카-코카인)을 떠올려 보자. 유럽인들에게 발견된 후 이 둘은 각각 어떤 운명을 맞이했을까?

이미 살펴보았듯이 담배는 주류 문화로 들어오는 데 멋지게 성공했다. 그 요인으로 니코틴 자체가 가진 강한 의존성과 확산력도 있었지만 많은 나라에서 재정적 이익을 안겨 주었고, 각 나라만의 독자적 상품이 만들어졌다는 점도 무시할 수 없다. 그 결과 아무도 더 이상 담배를 '이민족·이교도의 풍습'으로 여기지 않게 되었고, 오히려 자신들의 문화에 예전부터 존재하던 습관이라고 착각하기까지 했다. 이런 '친근함'은 비교적 최근까지도 담배를 '세계적인 상품'이라고 부를 만한 지위에 군림하게 했다.

반면 코카는 시간이 지나도 여전히 '이민족·이교도의 풍습'이었다. 9장에서도 언급했듯이 코카는 잉카 제국의 흔적을 짙게 남기고 있었다. 따라서 잉카 제국을 멸망시키고 새로운 통치자가 된 스페인으로서는 코카 사용이 피정복민인 원주민의 뇌리에서 지워버리고 싶은 골치 아픈 풍습이었다.[6] 그런 이질성과 타자성 때문에 일시적으로는 의약품(국소 마취약)으로 사용된 적도 있었지만 결국 백인 공동체 외부에 있는 '위험한 약물'로 간주되어 사회의 적의를 한 몸에 받게 되었다.

같은 현상은 오피오이드계에도 적용될 수 있다. 의존증 전문의 칼 에릭 피셔는 미국에서 오피오이드계에 대한 부정적 감정이 샌프란시스코나 뉴욕의 차이나타운에 존재했던 아편굴(그림 11-1) 이미지에서 비롯되었다고 지적한다.[7] 즉 누운 채로 긴 원통형 파이프를 이용해 아편을 흡연하는 게으른 중국인의 모습과 오피오이드계가 연결되면서 주류 문화권 사람들의

그림 11-1. 아편굴의 모습

혐오감을 자극했고 오피오이드계는 완전히 '외부의 약물'이 된 것이다.

결국 어떤 약물을 규제할지 결정할 때는 배타성이나 차별 의식 같은 요소가 영향을 미친다고 볼 수 있다.

대마가 불법이 된 이유

○ 대마의 역사

배타성이나 차별 의식과 약물 규제의 관계를 논하려면 대마 규제의 역사를 들여다봐야 한다. 그러니 이쯤에서 오피오이드계와 코카인에 이어 '리틀 쓰리'의 마지막 하나인 대마에 대해 생각해 보자.

대마는 이미 기원전 5세기경 현재 중동 부근에서 스키타이인과 트라키아인이 사용한 것으로 보인다. 하지만 과연 어떤 목적으로 사용되었는지는 불분명하다. 그 후 1~2세기경에는 대마가 주로 진통·진정 효과를 지닌 의약품으로 사용되었다. 실제로 후한 시대에 만들어진 것으로 알려진 고대 중국 한방 약서 『신농본초경』에는 대마에 관한 항목이 존재한다. 내용을 살펴보면 대마는 독성이 없고 일상적으로 사용할 수 있는 양생약이며 변비, 통풍, 류머티즘, 생리 불순에 효능이 있다고 기록되어 있다.[8]

7세기에 들어 대마는 약초로서 일본에도 도입되었다. 근대 일본에서도 대마는 의약품으로 사용되었고, 1886년 이후 65년 동안 대마는 『일본약국방』(의약품 규격 기준서)에 진통제와 천식 치료제로 수록되어 있었다.

오락으로서의 대마 사용이 확산된 것은 대항해시대 이후의 아메리카 대륙에서였다.[9] 대마가 자생하지 않던 아메리카 대륙에 처음 대마를 들여온 것은 16세기 중반 무렵 앙골라 출신의 흑인 노예들이었다. 그리고 중남미의 사탕수수 농장에서 가혹한 노동에 시달리던 흑인 노예들은 사탕수수밭 한구석에서 대마를 재배하고 일하는 틈틈이 대마를 피웠다. 노동을 감독하던 백인들은 대마를 피우면 노예들의 생산성이 높아진다는 것을 깨닫고 대마 흡연을 용인했던 것으로 보인다. 이렇게 중남미에서 대마가 퍼졌고, 특히 멕시코에서는 대마 사용이 대중의 오락으로 일반적인 습관이 되었다.[9]

어쨌든 적어도 그때까지 인류는 대마와 잘 지내고 있었다.

○ 대마 규제의 시작

대마가 사회에서 적대시된 것은 비교적 최근인 20세기 전반기 미국에서였다. 미국이 규제에 나선 것은 결코 대마로 인한 건강상 피해나 사회적 폐해가 문제화되었기 때문이 아니다. 단지 13년간 이어진 금주법이 1933년에 폐지되면서 연방 금주국이라는 조직의 운명과 그 조직에 속한 알코올 수사관(알 카포네 같은 밀조·밀매 조직을 단속하기 위해 신설된 직책)의 고용이 위기에 처했기 때문이다.[10]

이 상황을 타개하기 위해 당시 금주국 부국장 해리 J. 앤슬링거는 '다른 무언가'를 규제하기로 마음먹었고, 거기에 대마가 낙점된 것이다. 이렇게 금주국은 마약국으로 간판을 바꿔 달았고, 앤슬링거는 연방 마약국 초대 국장에 취임했다. 앤슬링거는 유색인종에 대한 차별 감정을 교묘히 이용해 대마 단속을 정당화하고 남용 방지 계몽 캠페인을 펼쳤다.

당시 미국에는 많은 멕시코인이 속속 이주해 왔다. 1910년에 시작된 멕시코 혁명으로 멕시코 국내 치안이 악화되자 사람들은 미국에서 안전과 풍요를 찾았다. 그러나 공교롭게도 1930년대 미국은 대공황 후 경기 침체에 허덕이고 있었고, 백인들 사이에서는 고용 경쟁자인 멕시코인 이민자에 대한 적대감과 차별 감정이 고조되어 있었다. 그런 만큼 멕시코인 이민자들의 습관인 대마초 흡연에 대한 혐오감을 부추기는 것은 쉬운 일이었다.

그 첫걸음으로 앤슬링거는 대마의 명칭을 의도적으로 바꾸었다. 공식 학명 '칸나비스' 대신 일부러 멕시코식 속칭 '마리화나'를 사용하게 한 것이다. 이는 사람들의 잠재의식 속에서 대마와 멕시코인 이민자와의 결합을 강화하는, 일종의 잠재적 기법이라고 할 수 있다.

대마 혐오는 흑인에 대한 차별 의식과도 관련이 있었다. 대마는 흑인 재즈 음악가들에게 사랑받았고, 당시 흑인 음악가들에게는 환호성을 지르는 백인 여성들이 몰려들었다. 이런 광경에 많은 백인 남성이 막연한 위기감을 느낀 것도 있어 흑인 음악가들이 피우는 대마는 충분히 혐오의 대상이 될 수 있었다. 앤슬링거는 대마 확산이 흑인 남성과 백인 여성 사이의 혼혈아를 늘릴 것이라는 유언비어를 퍼뜨려 백인 남성의 불안을 자극하고 도덕적 공황을 일으키는 전략을 취했다.[11]

그림 11-2. 영화 <리퍼 매드니스>

게다가 예방 홍보를 위해 1936년에는 <리퍼 매드니스>(그림 11-2)라는 제목의 선전 영화까지 제작해 미국 내 각지역 영화관에서 대대적으로 상영했다.[10] 이 영화는 상당히 우스운 내용으로, 교육 영화가 아니라 컬트 영화로 알려져 있다. 대마의 폐해를 비현실적일 정도로 과장해 '대마는 성욕을 자극하고 사람을 미치게 만든다. 여성은 모두 음란해지고 남성은 살인자가 되거나 자살한다'라는 취지의 작품이기 때문이다.

이 영화가 계기가 되어 '약물의 공포를 알리기 위해서는 터무니없는 과장을 해도 괜찮다'라는, 오늘날까지 이어지는 약물 남용 예방 시청각 자료의 전형적인 계보가 시작되었다.

◦ 인종차별과 언론 탄압

이처럼 어떤 약물이 불법화되면 그로 인해 인종차별이 심해지고 사회 내부의 격차와 분열이 커질 수 있다. 미국의 코카인 규제 사례에서 이런 현상이 두드러졌다. 부유한 백인은 정제된, 고가의 흰색 가루 형태의 코카인을 사용한 반면, 빈곤에 허덕이는 흑인은 중탄산소다로 처리해 부서진 돌조각처럼 보이는 저가의 크랙 코카인을 사용하는 경향이 있었다.

1980년대 후반 크랙 코카인 남용 문제가 사회문제로 부각되고 언론 매체가 떠들어댄 결과, 연방 정부는 같은 코카인 소지라도 크랙 코카인의 경우 형량을 가루 코카인의 '100배'로 무겁게 설정하는 터무니없는 법을 제정했다(가루 코카인 500g 소지와 크랙 코카인 5g 소지가 같은 형량이었다).[12]

게다가 경찰관들은 유독 흑인을 겨냥해 불심 검문을 했다. 많은 경찰관이 '흑인을 불심 검문하는 것이 약물을 발견할 확률이 높아 효율적'이라고 생각했기 때문이다. 그 결과 코카인 사용 경험률에는 인종 간 큰 차이가 없었음에도 중죄를 선고받고 교도소에 수감되는 사람은 왜인지 흑인뿐인 사태가 벌어졌다.[10]

그뿐만이 아니다. '크랙을 흡연한 흑인은 극도로 흉포해져 일반 권총으로는 총에 맞은 후에도 계속 난동을 부린다'라는 황당무계한 유언비어가 퍼지면서 경찰이 휴대하는 권총은 더 강력한 파괴력을 가진 구경이 큰 것으로 교체되었다. 말할 것도 없이 그 권총으로 많은 흑인의 생명이 희생되었다.[10, 12]

또한 약물 엄벌 정책은 종종 집권자가 반대파의 언론을 탄압하거나 지지율을 높이는 수단으로 이용되기도 했다. 1971년 닉슨 대통령이 시작한 '마약과의 전쟁'은 바로 이런 언론 탄압의 전형이었다. 당시 시민권 운동의 격화와 베트남 전쟁의 장기화 같은 사건들은 젊은이들에게 연방 정부에 대한 불신감을 품게 했고, 카운터컬처를 통한 반전 운동이 일어나는 등 미국 내 정치 상황은 매우 불안정했다.

닉슨의 약물 엄벌 정책에는 이런 반전 운동의 주역인 젊은이들을 대마 소지죄로 투옥해 운동 자체를 억누르려는 의도가 있었다.[12] 게다가 반문화에서 신격화되었던 LSD나 MDMA 같은 환각제 역시 의식 변화 경험을 통해 반체제적인 인간을 만들어 내는 약물이라며 차례로 규제 약물 목록에 추가했다.

1994년 클린턴 대통령은 5년 동안 국내 경찰관을 10만 명 증원하겠다는 계획을 발표하며 약물 엄벌 정책을 가속화했다. 여기에는 백인 유권자들의 지지를 회복하려는 의도가 있었다고 알려진다. 그 결과 클린턴 행정부 시절 교도소 수감자는 70만 명이 늘어나 총 200만 명에 육박했다. 게다가 수감자의 대부분이 흑인 등 유색인종으로, 전과자라는 이유로 유색인종은 점점 사회 계층의 밑바닥으로 전락하게 되었다.[12]

약물 의존증을 전문으로 연구하는 신경과학자 칼 L. 하트는 이런 미국의 약물 정책을 신랄하게 비판하며 '형사 사법 제도를 이용한 합법적 인종차별이자 유색인종 학대'라고 지적했다.[12]

국제적 흐름의 대전환

◦ '마약과의 전쟁'의 패배

연방 마약국 초대 국장인 앤슬링거는 무려 30년 넘게 그 자리에 머물렀다. 관료 인사로서는 있을 수 없는 이런 이례적인 장기 집권은 20세기 후반 세

계의 약물 정책에 무시할 수 없는 영향을 미쳤다.[10]

미국은 제2차 세계대전 승전국이자 경제 대국이며 군사 강국이다. 그 나라의 마약국장이 국제기구에서 얼마나 큰 발언권과 영향력을 가졌을지는 쉽게 짐작할 수 있다. 실제로 그는 거의 제멋대로라고 해도 좋을 만큼 무리한 규제를 시행했다. 오늘날 각국의 약물 규제법의 근거가 되는 UN의 마약에 관한 단일 협약(1961년)에서는 대마를 '의료적 용도가 없는 유해 약물' 범주에 포함했는데(2020년에는 의료적 용도 있음으로 범주 변경) 사실상 그의 의사가 그대로 반영된 것이었다.

'마약에 관한 단일 협약' 이후 협약을 비준한 국가들은 이를 근거로 약물 규제법을 정비하고 법과 형벌을 통한 약물 정책을 실천해 왔다. 하지만 이런 정책이 얼마나 효과가 있었을까?

협약 공포 50년이 지난 2011년 각국의 전직 지도자와 학식 있는 전문가들을 중심으로 조직된 비정부기구 '세계마약정책위원회[GCDP]'는 지난 50년간 세계의 약물 문제 동향과 '마약과의 전쟁'의 성과를 검토했다. 그 결과 위원회는 이 '전쟁'에는 전혀 승산이 없으며 지금 당장 철수해야 한다는 결론을 내렸다.[13]

위원회 보고서는 1961년 이후 50년 동안 세계의 약물 문제가 더욱 심각해졌음을 밝히고 있다. 실제로 규제 약물의 소비량과 약물 관련 범죄로 교도소에 수감되는 사람의 수는 이 기간 현저히 늘어났고, 약물 사용자 중 신규 HIV 감염자 수와 약물 과다 복용으로 인한 사망자 수도 해마다 증가하는 추세를 보였다. 게다가 약물 사용자가 '범죄자'라는 낙인이 찍혀 의료 및 복지적 지원에서 소외되는 실태도 구체적으로 드러났다. 하지만 그보다 더 심각한 것은 규제 강화가 아이러니하게도 밀매 조직에 막대한 이익을 가져다주어 이제는 국가 권력으로도 마약 카르텔을 통제할 수 없게 되었다는 점이다.

이 보고서는 UN의 방침에 큰 영향을 미쳤다. 먼저 2013년 UN은 "법의 지배는 약물 문제를 해결하는 수단의 일부일 뿐이며, 형벌은 만능 해결책이 아니다"라고 기존의 엄벌 정책을 180도 뒤집는 성명을 발표했다.[14] 이어 2016년 4월 18년 만에 열린 UN 마약 특별총회에서는 "세계 각지에서 발생하는 다양한 범죄와 폭력은 약물 사용이 아니라 약물 규제의 결과"이며 "본래 건강과 복지 향상을 위해 이루어져야 할 약물 규제가 약물 사용자를 고립시키고 있다"라는 선언을 내렸다.[15] 최근에는 2023년 UN 인권최고대표사무소OHCHR가 "약물 문제의 범죄화는 의료 접근을 방해하고 인권 침해를 초래한다"라는 성명을 발표하기도 했다.[16]

실제로 엄벌 정책은 너무 많은 생명을 희생시켰다. 예를 들어 필리핀의 두테르테 전 대통령은 마약·각성제 관련 범죄 용의자를 재판에 넘기지도 않고 체포 즉시 사살하는 초법적 살인 지시로 유명했다. 놀랍게도 그는 2016년 대통령 취임 후 불과 6개월 만에 6,000명이나 살해했다.

반면 관용 정책은 피해를 최소화하고 사망자를 줄인다. 2001년 모든 규제 약물의 사용과 소량 소지를 비범죄화(불법이지만 형벌 대상에서는 제외)한 포르투갈에서는 정책 전환 10년 후 국내 헤로인 사용자가 10만 명에서 2만 5,000명으로 줄었다. 또한 2016년 약물 사용으로 인한 사망자를 보면 여전히 엄벌 정책을 시행 중인 미국은 인구 100만 명당 312명이었지만, 비범죄화를 시행한 포르투갈은 100만 명당 6명으로 압도적으로 낮은 수치를 기록했다.[12]

이런 근거가 축적되면서 세계는 약물 규제법 자체가 최대의 약물 폐해일 수 있다는 사실을 깨닫기 시작했다. 앞서 소개한 UN의 여러 제언도 이런 맥락을 바탕으로 이루어진 것이다.

○ 신화의 붕괴

'마약에 관한 단일 협약'에서 '의료적 용도가 없는 유해 약물'로 분류되어 온 대마나 환각제에 대해서도 최근 다양한 의료적 유용성이 밝혀지고 있다.

대마의 경우 대마 유래 성분을 포함한 약물이 난치성 뇌전증에 효과적임이 입증되어 이미 많은 나라에서 공식 치료제로 승인받았다. 하지만 그보다 더 충격적인 화제는 단연 환각제를 이용한 치료가 의존증이나 난치성 우울증, 외상 후 스트레스 장애PTSD에 효과적이라는 점이다.

이 새로운 시도의 선두에 서 있는 인물이 2장에서 소개한 데이비드 너트 박사다. 2009년 그는 "MDMA는 승마보다 건강 피해가 적다"라고 주장해 영국 내무장관의 역린을 건드리며 영국 약물남용 자문위원회 회장직에서 해임당한 영국을 대표하는 정신약리학자이자 정신의학과 의사다. 근래 그는 LSD와 MDMA를 비롯한 환각제의 의료적 가능성을 추구하며 놀라운 연구 성과를 내고 있다.[17] 그중에서도 가까운 미래에 실용화될 가능성이 가장 큰 것은 매직머시룸에 포함된 환각 성분 실로시빈을 이용한 의존증 및 난치성 우울증 치료다.

너트 박사에 따르면, 실로시빈 같은 환각제는 뇌의 기본 모드 네트워크를 일시적으로 멈추게 해 인위적으로 명상 상태를 만들고, 신경영양 인자를 증가시키는 것으로 보인다.[17] 아마 이를 통해 뇌 내 네트워크 재구성을 촉진하고 무언가에 사로잡힌 인간의 의식을 변화시키는 것일 것이다.

실제로 그럴 법한 이야기다. 알코올 중독 당사자 자조 모임인 알코올 중독자 갱생회AA의 창시자 빌 윌슨이 경험한 유명한 '화이트 라이트 체험(금주 성공의 실마리가 된 환각 체험)'이 빌의 주치의였던 윌리엄 D. 실크워스 박사가 투여한 환각제(벨라도나 알칼로이드의 일종이었다고 전해진다)에 의한 것이었다는 그럴싸한 소문이 있기 때문이다.[18]

실로시빈의 치료 효과에 관한 문헌을 읽다 보면 가까운 미래에 정신의학과 약물 요법에 혁명이 일어날지도 모른다는 기대가 커진다. 그 혁명이란 기존의 '반영구적으로 계속 복용하는 약물 요법'에서 '단 한 번의 복용으로도 영속적인 효과를 내는 약물 요법'으로의 전환이다. 그 첫걸음은 이미 시작되었다. 2023년 7월부터 호주에서는 MDMA와 실로시빈이 외상 후 스트레스 장애에 대한 공식 치료제로 승인되었기 때문이다.[19]

이는 바로 1960년대에 '의료적 용도가 없는 유해 약물'로 단정되어 규제 대상이 되었던 약물이 패자부활전에서 살아남아 마침내 결승전에 오른 상황을 연상시킨다. 실제로 과거 신대륙에 사는 미개 부족의 괴상한 풍습으로 유럽 문명에 의해 부정당하고 멸시받았던 페요테(남미에 자생하는 환각 작용이 있는 선인장의 일종으로 유효 성분으로 메스칼린을 함유하고 있다)나 아야와스카(남미에 자생하는 환각 식물로 유효 성분으로 디메틸트립타민을 함유하고 있다)를 이용한 주술적 의료가 이제 부활의 조짐을 보이고 있다.[17]

환각제를 둘러싼 일련의 사실들은 지금까지의 약물 규제법의 근거를 흔드는 것을 넘어 아예 뒤집을 수도 있는 것이다. 이제 약물에 대해 '어느 것이 좋은 약물이고, 어느 것이 나쁜 약물인가'를 간단히 판단할 수 없는 시대가 왔기 때문이다. 이런 현실을 앞에 두고 나는 이렇게 자문하지 않을 수 없다.

"마약과의 전쟁에서 인류는 대체 무엇과 싸워 온 것일까?"

이 물음에 답하기는 쉽지 않지만 이 전쟁이 헛되고 무의미한 것이라는 사실만은 분명하다.

'좋은 약물'도 '나쁜 약물'도 없다

우리의 긴 여정도 이제 정말 마지막에 이르렀다. 마무리에 앞서 내가 이 책에서 주장해 온 바를 다시 한 번 정리해 보겠다. 대략 세 가지로 요약할 수 있다.

첫째, 약물의 불법/합법 여부는 의학적이 아니라 정치적으로 결정된다는 것이다. 여기서 말하는 '정치적'이란 어떤 약물을 지지하는 사람이 다수

파에 속해 있는지 여부에 따른다는 의미다. 물론 다수파의 지위를 얻으려면 그 약물이 어떤 탄압이나 금지에도 굴하지 않는 확산력, 즉 강력한 의존성을 가져야 한다. 하지만 동시에 인종적·민족적으로 '외부'의 풍습이라는 차별적 이미지를 불식하고, 그 공동체의 주류 사람들이 자기들의 '내부' 습관으로 인식하게 되는가도 중요하다. 이런 조건을 충족한 약물군이 바로 이른바 '빅 쓰리'인 것이다.

둘째, '좋은 약물'도 '나쁜 약물'도 없고, 다만 '좋은 사용법'과 '나쁜 사용법'이 있을 뿐이다. 약물 정책은 약물을 '좋은 약물'과 '나쁜 약물'로 나눈 뒤 전자의 폐해에는 눈을 감거나 모른 척하고, 후자만을 법과 형벌로 규제하는 방식으로 이루어져 왔다. 그러나 이미 보았듯이 병으로 인한 고통을 완화하기 위한 처방약이나 일반의약품도 사용법에 따라서는 다양한 건강상의 피해를 일으킬 위험이 있다.

실제로 일반의약품 중에는 오늘날의 의학적 기준으로 볼 때 많은 의사가 '이건 아무리 봐도 위험하다'라고 느낄 만한, 시대에 뒤떨어진 위험한 성분을 함유한 것도 있다. 그리고 오늘날 일반의약품 남용이 이처럼 사회문제가 되고 있음에도 그런 제품이 여전히 약국에서 판매되고 있다. 이제 우리는 일반적으로 '좋은 약물'로 여겨지는 약물에 대해서도 그 평가를 맹신해서는 안 될 것이다.

그리고 마지막으로 '나쁜 사용법'을 선택한 사람은 어떤 어려움을 겪고 있다는 것이다. 이 책에서도 다루었듯이 증류주와 담배가 퍼져 나간 배경에는 심각한 사회문제가 있었다. 예를 들어 진 크레이즈의 배경에는 산업혁명 시기의 가혹한 노동 환경이 있었고, 흡연율 상승의 배경에는 잇따른 전쟁(병사들이 혹독한 전쟁터를 견디고 정부가 전쟁 비용 재원을 확보해야 할 필요에 처한 사정)이 무시할 수 없는 영향을 미쳤다.

같은 현상은 '익숙하지 않은 약물'에도 해당한다. 1장에서 다루었듯이 미국에서 두 차례에 걸쳐 일어난 오피오이드 위기에도 남북전쟁이 남긴 마음의 상처, 즉 외상 후 스트레스 문제와 중서부에서 오대호 일대 공장 노동자들의 실업과 경제적 곤궁이라는 문제가 있었다.

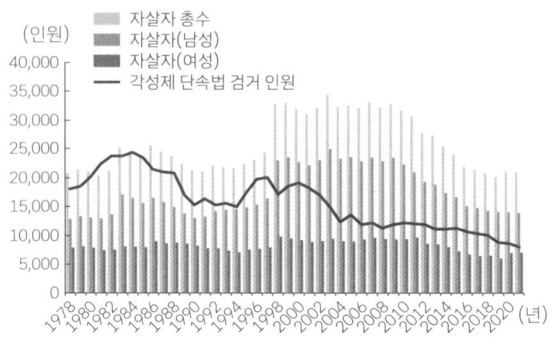

그림 11-3.
일본의 자살자 총수 및 각성제 단속법 위반 검거 인원의 추이 (후생노동성 『자살대책백서』 및 법무성 『범죄백서』를 근거로 작성함)

이런 경향은 일본이 경험한 각성제 남용 사태에도 해당할지 모른다. 이를 뒷받침하는 데이터가 있다. 최근 50년만을 봐도 일본에서 자살자 총수의 정점(1983~1987년, 1998~2011년)은 같은 시기의 각성제 단속법 위반으로 인한 검거 인원의 정점(1978~1987년, 1996~2003년)과 묘하게 시기가 겹친다(그림 11-3).

나는 이것이 단순한 우연이 아니라고 생각한다. 아마도 사회에 만연한 어떤 숨 막히는 답답함이나 그 시대 사람들이 안고 있던 삶의 고단함이 한쪽에서는 중독 문제로 드러나고, 다른 한쪽에서는 자살 문제로 나타난 것이 아닐까?

결론적으로 약물 문제의 본질은 '약물'이 아니라 '인간과 사회'에 있다는 것이다. 아리스토텔레스를 끌어들일 것도 없이 인간은 사회적 동물이면서 동시에 약물을 사용하는 동물이기 때문이다.

참고 문헌

1 데이비드 T. 코트라이트 지음, 이시은 옮김, 『중독의 시대-나쁜 습관은 어떻게 거대한 사업이 되었는가?』, 커넥팅, 2020

2 마크 포사이스 지음, 임상훈 옮김, 『주정뱅이 연대기-술 취한 원숭이부터 서부시대 카우보이까지, 쉬지 않고 마셔온 술꾼의 문화사』, 비아북, 2024

3 Kapoor, L. D., Opium Poppy: Botany, Chemistry, and Pharmacology, The Haworth Press Inc., 1995

4 마키시마 히데유키, 「아편의 사회학-'에드윈 드루드의 미스터리'를 중심으로」, 『Seijo English monographs(아오키 다케시 교수 퇴직 기념호)』, 43, 2012

5 Nutt, D. J., King, L. A., Phillips, L. D., et al., "Drug harms in the UK: A multicriteria decision analysis," Lancet, 376(9752), 2010

6 Jordan Goodman 지음, 『Tobacco in History: The Cultures of Dependence』, Routledge (London & New York), 1993

7 칼 에릭 피셔 지음, 조행복 옮김, 『중독의 역사-우리는 왜 빠져들고, 어떻게 회복해 왔을까』, 열린책들, 2024

8 국립연구개발법인 과학기술진흥기구 사회기술연구개발센터, 「안전한 삶을 만드는 새로운 공/사적 공간 구축」 연구개발 영역 ATA-net: 제1회 티치인 '대마초-금지된 역사와 의료로의 미래'(https://ata-net.jp/joint/teach-in/teach-in1)

9 Pinho, A. R., "Social and medical aspects of the use of cannabis in Brazil," Rubin, V. ed., Cannabis and culture, De Gruyter Mouton, 1975

10 Johann Hari 지음, 『Chasing the Scream: The Search for the Truth About Addiction』, Bloomsbury Publishing, 2015

11 야마모토 나오, 「1930년대 미국에서의 대마 규제-재즈·도덕적 공황·인종차별」, 『불교대학사회학』, 44, 2020

12 Carl L. Hart 지음, 『Drug Use for Grown-Ups: Chasing Liberty in the Land of Fear』, Penguin Press, 2021

13 Global Commission on Drug Policy, "War on drugs: Report of the Global Commission on Drug Policy"(https://www.globalcommissionondrugs.org/reports/the-war-on-drugs)

14 국제연합홍보센터, 「세계 마약 남용 및 불법 거래 방지의 날(6월 26일) 사무총장 메시지」(https://www.unic.or.jp/news_press/messages_speeches/sg/4276/)

15 United Nations Office on Drugs and Crime, Outcome Document of the 2016 United Nations General Assembly Special Session on the World Drug Problem

16 United Nations Human Rights Office of the High Commissioner, UN Experts Call for End to Global 'War on Drugs'

17 David Nutt 지음, 『Psychedelics as Psychiatric Medications』, Oxford University Press, 2024

18 William L. White 지음, 『Slaying the Dragon: The History of Addiction Treatment and Recovery in America』, Chestnut Health Systems, 1998

19 Haridy, R., "Australia to prescribe MDMA and psilocybin for PTSD and depression in world first," Nature, 619, 2023(https://www.nature.com/articles/d41586-023-02093-8)

마치며

의존증 임상의로 막 발을 들여놓던 시절 종종 이런 생각을 했다. 만약 어느 날 갑자기 담배가 법으로 금지된다면 나는 꽤 질이 나쁜 남용자, 아니 상습범이 될 거라고. 아마도 온갖 방법으로 숨어서 흡연을 이어 가고, 아무리 여러 번 복역해도 고쳐지지 않으며, 설령 강제로 병원이나 치료시설에 집어넣어도 마술사처럼 탈출할 거라고 말이다. 동시에 나는 또 이런 질문을 던졌다. 왜 알코올이나 니코틴, 카페인은 괜찮은데 각성제나 대마는 안 되는 것일까. 일반의약품도 의존증에 빠지는 사람이 있는데 왜 의약품은 괜찮고 불법 약물은 나쁜 것일까? 둘 사이에 근본적인 차이가 있기는 한 것일까?

물론 이 책에서 거듭 말해 온 것처럼 의학은 이런 질문에 답할 수 없다. 답은 역사학이나 사회학에 있으며, 따라서 그 탐구는 임상의의 능력을 넘어선다. 그렇지만 언젠가는 나 나름대로 이런 익숙한 약물에 대해 깊이 파고들어 보고 싶다고 생각했다.

물론 일본에도 약학이나 역사학 연구자가 쓴 그런 책은 있다. 하지만 의존증 전문의가 쓴 책은 존재하지 않는다. 이상하기 짝이 없는 이야기다. 정부가 약물을 규제하는 이유는 약물 사용으로 인한 다양한 건강상 피해로부터 사람들을 보호하기 위해서인데, 그중에서도 가장 큰 건강상 피해는 의존증, 즉 해로운 줄 알면서도 약물을 놓지 못하는 병이기 때문이다.

오히려 이 주제야말로 의존증 전문의가 진지하게 다뤄야 한다고 다짐했지만 실제 집필은 매우 어려웠다. 돌이켜보면 이 책의 집필은 2장에서 소개한 "스트롱계 츄하이는 위험하다"라는 발언으로 SNS에서 논란이 된 직후인 2020년 초 이와나미쇼텐 출판사에서 제안을 받으면서 시작되었다. 처음에는 흔쾌히 수락했지만 이후 단 한 줄도 쓰지 못한 채 세월이 흘렀고, 어느덧 의뢰를 받았을 때 시작된 코로나19 팬데믹도 지나갔다. 몇몇 주류 제조사는 '스트롱계 주류 시장'에서 철수하겠다고 발표하는 등 세상에는 스트롱계의 악명이 점차 퍼져 가고 있었다. 나는 '미적대는 사이에 시기를 놓쳐버렸나!' 하며 초조했던 기억이 난다.

변명을 좀 하자면, 나는 내가 마주한 주제의 거대함에 압도당했다. 구상 단계에서 익숙한 약물들의 역사를 조사하면서 인류와 약물의 깊은 관계를 절감했고, 컴퓨터 앞에 앉으면 가위에 눌린 것처럼 손가락이 움직이지 않았다. 하지만 그럼에도 쓰고 싶다는 마음은 사그라지지 않았다. 겉으로는 '스트롱계의 폐해'가 잠잠해졌다 해도 인류에게 가장 익숙하면서 가장 해로운 약물은 여전히 알코올이며, 더불어 니코틴과 카페인 역시 결코 방심할 수 없기 때문이다. 그리고 역사가 증명하듯 이런 것들을 아무리 규제해 보았자 그 효과에는 한계가 있다.

4년에 걸친 '쓴다고 해놓고 쓰지 않는' 나날을 보낸 후 마침내 결심했다. 편집부에 "귀사의 웹 매거진에 매달 한 장씩 기사를 쓰겠다. 그걸 1년간 계속 해서 책으로 만들겠다"라고 선언하고 더 이상 도망칠 수도 숨을 수도 없는 상황으로 스스로를 몰아넣었다. 그런 이유로 이 책은 웹 매거진 <씨앗을 뿌리다>에 연재되었던 「익숙한 약물 이야기」를 수정 및 보완해 만들어졌다. 작업을 마친 지금, 결과가 어떻든 간에 일단은 안도하고 있다. 진료와 연구, 출장 강연 틈틈이 한 달에 한 번 연재를 하는 시간들은 지금도 꿈에 나타날 정도로 힘들었지만 오타케 히로아키 씨의 남다른 인내심과 세심한 동행 덕분에 완주할 수 있었다. 이 자리를 빌려 깊이 감사드린다.

이 책이 의존증에 관심 있는 사람은 물론 알코올이나 카페인, 니코틴 중 어느 하나라도 사랑하는 모든 이에게 읽히길 진심으로 바란다.

2025년 1월
마쓰모토 도시히코

술, 담배, 카페인, 의약품

익숙한 약물 이야기

발행일 2025년 12월 5일 초판 1쇄 발행
지은이 마쓰모토 도시히코
옮긴이 오시연
발행인 강학경
발행처 시그마북스
마케팅 정제용
에디터 신영선, 최윤정, 최연정, 양수진
디자인 강서형, 강경희, 김문배, 정민애

등록번호 제10-965호
주소 서울특별시 영등포구 양평로 22길 21 선유도코오롱디지털타워 A402호
전자우편 sigmabooks@spress.co.kr
홈페이지 http://www.sigmabooks.co.kr
전화 (02) 2062-5288~9
팩시밀리 (02) 323-4197
ISBN 979-11-6862-413-9 (03330)

MIJIKA NA YAKUBUTSU NO HANASHI: TABAKO, KAFEIN, SAKE, KUSURI
by Toshihiko Matsumoto
© 2025 by Toshihiko Matsumoto
Originally published in 2025 by Iwanami Shoten, Publishers, Tokyo
This Korean edition published in 2025
by Sigma Books, Seoul
by arrangement with Iwanami Shoten, Publishers, Tokyo

이 책의 한국어판 저작권은 신원에이전시를 통해 저작권자와 독점 계약한 시그마북스에 있습니다.
저작권법에 의해 한국 내에서 보호를 받는 저작물이므로 무단 전재와 무단 복제를 금합니다.

파본은 구매하신 서점에서 바꾸어드립니다.

* **시그마북스**는 ㈜**시그마프레스**의 단행본 브랜드입니다.